地理标志法学

THE LAW OF GEOGRAPHICAL INDICATIONS

陈 星 胡 刚 ◎ 主编

知识产权出版社
全国百佳图书出版单位
—北 京—

图书在版编目（CIP）数据

地理标志法学 / 陈星，胡刚主编 .—北京：知识产权出版社，2023.10
ISBN 978-7-5130-8913-5

Ⅰ.①地… Ⅱ.①陈…②胡… Ⅲ.①地理—标志—法律—研究—中国 Ⅳ.① D923.434

中国国家版本馆 CIP 数据核字（2023）第 177879 号

内容提要

本书以地理标志为研究对象，围绕地理标志权相关的实体性知识、地理标志注册申请相关的程序性知识展开研究，在体系上形成完整系统的地理标志研究框架，以培养地理标志复合型人才为目标，以理论联系实际为基准，从基础理论知识、典型案例和实务三个方面展开，旨在打造集理论型、应用型为一体的地理标志法学教材。

本书适合知识产权领域研究者、学生阅读。

责任编辑：李 婧　　　　　　　　　责任印制：刘译文

地理标志法学
DILI BIAOZHI FAXUE

陈　星　胡　刚　主编

出版发行：**知识产权出版社** 有限责任公司	网　　址：http://www.ipph.cn
	http://www.laichushu.com
电　　话：010-82004826	
社　　址：北京市海淀区气象路50号院	邮　　编：100081
责编电话：010-82000860转8594	责编邮箱：laichushu@cnipr.com
发行电话：010-82000860转8101	发行传真：010-82000893
印　　刷：三河市国英印务有限公司	经　　销：新华书店、各大网上书店及相关专业书店
开　　本：720mm×1000mm　1/16	印　　张：21
版　　次：2023年10月第1版	印　　次：2023年10月第1次印刷
字　　数：320千字	定　　价：88.00元

ISBN 978-7-5130-8913-5

前　言

　　2022年10月，习近平总书记在党的二十大报告中指出，加强知识产权法治保障，形成支持全面创新的基础制度。2020年11月习近平总书记在主持中央政治局第二十五次集体学习时强调"要加强地理标志等领域立法"，"重视知识产权人才队伍建设"。2021年，中共中央、国务院印发了《知识产权强国建设纲要（2021—2035年）》明确提出"营造更加开放、更加积极、更有活力的知识产权人才发展环境"，同年，国家知识产权局发布的《地理标志保护和运用"十四五"规划》中提出，加强人才交流，加快培养一支精通地理标志政策研究、国际合作、品牌培育、行业管理、保护运用的高水平、高层次人才队伍。知识产权强国建设中地理标志人才培养不可或缺，截至2023年全国已有100多所高校开设知识产权本科专业，200多所高校开展知识产权硕士人才培养，但开设地理标志专门课程的高校不多，兼具理论与实务的系统性、适用于高等院校教学的地理标志法学方面的教材匮乏。借助中华商标协会成立商标法律前沿问题研究专题组的契机，本书两位主编组成《地理标志法学》编写组，以我国现行地理标志相关立法与国际条约为基础，按照"地理标志基本制度—地理标志申请与认定—地理标志运用与管理—侵犯地理标志法律责任—地理标志国际保护—地理标志发展与展望"的框架，介绍了地理标志的基本理论、基本知识和基本制度，力图打造一本契合实际、通俗易懂的《地理标志法学》，主要适用于法学专业与知识产权专业学生课程学习，兼顾地理标志各类从业人员培训需求。本书主要有以下几个特色：

　　从学理上系统梳理了地理标志的构成要件。地理标志作为独立的知识产权客体，与商标、专利、作品等相比较，现行立法对其构成要件尚无规定。本书第二章对地理标志的构成要件区域性、独特性、关联性进行论述与分析，结合相关案例对地理标志构成要件的内涵、认定标准进行阐释，使其更直观，更容易理解。

全面介绍了我国地理标志"三元模式"的制度现状。我国通过地理标志商标、地理标志产品保护与农产品地理标志对地理标志进行保护，即"三元模式"。本书全面梳理了地理标志"三元模式"的制度现状，第一章对地理标志与地理标志法展开介绍，第三章至第六章对地理标志"三元模式"的申请注册、审查认定、运用、管理、法律责任分类进行阐释与介绍，以期读者对我国现行地理标志保护制度有整体了解。

以丰富的案例、图例、示例全方位呈现地理标志申请、审查、运用、管理与保护的实务知识。为避免读者所学局限于理论，本书每章节在阐释相关地理标志法律制度时，通过案例、图例等方法，同时在地理标志注册和审查部分引用国家知识产权局《商标审查审理指南》，引导读者深入理解地理标志实务。第三章借助《西游记》故事情节，以虚拟"天宫蟠桃"地理标志证明商标和"五庄观人参果"地理标志保护产品为示例，展示了现有两类地理标志申请所需的材料与流程，使得地理标志实务知识学习具有趣味性、直观性和实操性。

对地理标志法律制度未来发展进行展望。地理标志法律制度充满无限生机，正在蓬勃发展。本书第八章对地理标志法律制度未来发展进行思考与展望，提出地理标志统一立法的思考，对地理标志权进行学理证成，探索完善地理标志认定与保护体系，引导读者关注地理标志法律制度的前沿问题。

在章节内容设计上，不仅以地理标志的基本知识为主体内容，而且注重提高读者独立思考和延伸阅读的能力。本书每章的结尾均附有思考题与延伸阅读，思考题依据每章的核心内容提出，引导读者对书中的内容进行全面分析思考与回顾；延伸阅读基于每章基本内容进行拓展，通过静态与动态的结合，为读者提供更广阔的思考空间，使其所学并不局限于书本。

本书由主编约请长期从事知识产权教学与实务的青年学者和实务专家合作完成，撰稿人分工如下：第一章"地理标志与地理标志法概述"由胡刚［中国专利代理（香港）有限公司］撰写，第二章"地理标志的构成要件"由陈星（广西民族大学法学院／知识产权学院）撰写，第三章"地理标志的申请与认定"由祝高

峰（桂林电子科技大学法学院 / 知识产权学院）、陈星（广西民族大学法学院 /
知识产权学院）撰写，第四章"地理标志的运用"由佟秀毓（上海政法学院经济
法学院）撰写，第五章"地理标志的管理"由叶爱义（浙江智美知识产权运营有
限公司）、李维波（重庆大学法学院）撰写，第六章"侵犯地理标志的法律责任"
由何培育（重庆理工大学重庆知识产权学院）撰写，第七章"地理标志的国际保
护"由王基岩（郑州大学法学院 / 知识产权学院）撰写，第八章"地理标志法律
制度的发展与展望"由陈星（广西民族大学法学院 / 知识产权学院）撰写。全书
由主编陈星、胡刚统稿，庞玥、何雨珊为统稿作了大量工作。

陈星　胡刚

2023 年 4 月

目　录 *CONTENTS*

第一章　地理标志与地理标志法概述

• • • • • • • • • • •

要点提示

本章节需要重点掌握的知识：（1）地理标志的概念、地理标志权的内容、地理标志与商标的辨析、地理标志的产品范围；（2）地理标志国际条约中的基本内容、保护地理标志的不同法律模式、我国对地理标志保护的不同路径。

本章思维导图

```
                                    ┌ 地理标志的缘起与发展
                                    │ 地理标志的概念与特征
                                    │ 地理标志与其他概念的辨析
                      地理标志概述 ┤ 地理标志的名称
                                    │ 地理标志的产品范围
                                    │ 地理标志的多元价值
                                    └ 地理标志权
地理标志与地理标志法概述 ┤
                                    ┌ 地理标志国际保护的法律渊源及发展
                      地理标志法概述 ┤ 世界主要国家地理标志立法概况
                                    └ 我国地理标志立法概况
```

第一节 地理标志概述

一、地理标志的缘起与发展

传统意义上的地理标志被认为是人类历史上最早用于区别商品产地来源的标志，历史非常久远。例如在古埃及，建造金字塔的砖石上便有产地来源标记作为砖石品质的保证。在古希腊，某些畅销葡萄酒也会主动标明其特定产区，与其他地区出产的葡萄酒相区分。我国国土广袤，历史悠久，优越的自然资源禀赋和厚重的人文底蕴积淀了丰富的地理标志产品资源。如在春秋时期的著作《吕氏春秋》就有记载"绍兴黄酒"，从绍兴古越龙山酒厂施工出土的黄酒坛看，绍兴黄酒具有2700 多年的酿造历史。

地理标志在法律意义上的渊源最早可追溯到 14 世纪。时任法国皇帝查理五世颁发了关于洛可福奶酪（Roquefort）的皇家许可证，被视为地理标志法律保护制度的萌芽和开端。其后，欧洲一些国家开始陆续在葡萄酒、奶制品等货物上广泛采用产地名称标示产品并实施管控，标志着地理标志法律保护制度的初步建立。第一次工业革命后，资本主义在全球得到极大发展。在经济贸易全球化的推动下，越来越多的国家意识到产地标记的多重价值与功能，开始积极建立国内法律保护体系强化保护力度。同时，在《保护工业产权巴黎公约》（以下简称《巴黎公约》）、《制止商品产地虚假或欺骗性标记马德里协定》《保护原产地名称及其国际注册里斯本协定》（以下简称《里斯本协定》）、《与贸易有关的知识产权协定》（以下简称"TRIPs 协定"）、《原产地名称和地理标志里斯本协定日内瓦文本》（以下简称《里斯本协定日内瓦文本》）等国际公约、国际协定中对地理标志的保护方式也在不断发展演变，但对于地理标志的适用范围依然没有统一的法律界定。直到20世纪末世界经济呈现全球化发展，国际贸易水平不断提升，"地理标志"这一专业术语首次于1991年乌拉圭回合谈判中提出，并在1994年马拉喀什会议上通过的TRIPs协定中被使用为一个正式的国际法律术语。

二、地理标志的概念与特征

世界贸易组织（World Trade Organization，WTO）于1995年1月1日生效的TRIPs协定是第一个将地理标志作为独立的知识产权客体类型予以保护、正式对地理标志（Geographical Indications）作出定义并为其设置专章规定的多边国际协定，其第22条明确定义："本协定所称的地理标志是识别原产于一成员国境内或境内某一区域或某一地区的商品的标志，而该商品特定的质量、声誉（Reputation）❶或其他特性主要可归因于其地理来源。"世界知识产权组织（World Intellectual Property Organization，WIPO）在其官方网站中对地理标志的概念作了阐述："地理标志是用于具有特定地理来源的产品的标志，这些产品因该地理来源而具备相应的品质或声誉。一个标志要作为地理标志发挥作用，必须能够识别产品源自特定产地。此外，该产品的品质、特征和声誉在本质上也要归因于其原产地。由于产品质量取决于地理产地，因此产品和原产地之间存在明显的联系。"这一概念的提出是基于WTO框架下的TRIPs协定所采用的地理标志定义，如今已广为国际社会接受，被大多数国家的立法所参考采纳。

我国现行《中华人民共和国商标法》（以下简称《商标法》）第16条则将地理标志定义为："标示某商品来源于某地区，该商品的特定质量、信誉或者其他特征，主要由该地区的自然因素或者人文因素所决定的标志。"可以看出，我国《商标法》中对地理标志概念与TRIPs协定所采用的表述有一定差异。具体而言，《商标法》将决定地理标志特定的质量、信誉或其他特性的"地理来源"，明确为"该

---

❶ TRIPs协定使用单词"reputation"，中文一般译为"声誉"，但我国《商标法》《农产品地理标志管理办法》使用"信誉"，《地理标志产品保护规定》使用"声誉"。因此本书在商标法、农产品地理标志保护模式下使用"信誉"，其他部分表示为"声誉"。

地区的自然因素或者人文因素"。

根据以上概念，可以总结地理标志应具有三个基本特征：

1. 地域指示性

地理标志是一种指示性标记，标示了某项具体商品的现实且明确的来源地。地理标志一般以"地理区域名称＋产品通用名称"为核心特征予以表述，如西湖龙井、库尔勒香梨、章丘大葱、淄博陶瓷等。需要明确的是，来源地并非特定的行政区域，而只是具有特定风土特色区域的范围。这个区域范围有可能是一个国家，如首个在欧盟获得注册保护的非欧盟国家地理标志"哥伦比亚咖啡"（Café de Colombia）；甚至可能是横跨地理上毗邻的几个国家，如通过中欧地理标志产品互认互保机制在我国得到保护的欧盟地理标志"仁内华"（Genever），该烈酒的地理产区就横跨了比利时、德国、法国、荷兰四个欧盟国家。

2. 产品特有性

地理标志所指向的具体商品应具有特定的质量、声誉或者其他特征。这种特定的质量、声誉或者其他特征是相对于其他地区的同类产品而言的，并且具有一定的历史传承性，能够经消费者口口相传而被广泛认知。因此，具备区别于其他地区同类产品的特定质量、声誉或者其他特征是地理标志受到法律保护的本质所在。例如，我国地理标志保护产品"阳澄湖大闸蟹"体大、味美、营养丰富，并因有青背、白肚、金爪、黄毛四大特征而著称。

3. 因素关联性

地理标志依附于特定地理区域的自然因素或者人文因素。一般来讲，自然因素是指产地的土壤、水质、温度、光照、气候、物种等自然条件；人文因素是指产地特有的产品栽培技术、配方施肥、生产工艺、加工流程等经验条件。这也是地理标志所标示的具体商品具有特定的质量、声誉或者其他特征的根本原因。

必须符合上述三个特征，才能是具有法律保护意义的地理标志。而平常所能看到的带有地名的标志，如"美国加州牛肉拉面"，其原料、制作工艺等元素与美国加州地域的自然因素和人文因素毫无关联，与标志的区域范围没有任何联系，因此"美国加州牛肉拉面"仅是一种采用了市场营销策略的拉面名称而已。

三、地理标志与其他概念的辨析

（一）地理标志与商标

地理标志和商标是两种不同类型且独立的标识性知识产权客体。尽管两者都具有识别商品产源的功能，但两者具有明显区别。首先，两者的标识作用不同，商标旨在表明商品或服务的商业来源，标示的不是产品的原产地而是特定的企业，地理标志则旨在表明具有特有品质产品的特定产地，该产品的质量和声誉来源于该产地；其次，两者标示商品的地域要求不同，商标标示的商品没有产地范围限制，地理标志标示的商品则只能产自特定的自然区域；最后，两者的权利主体不同，商标专用权归属于商标权人，地理标志不为单个生产经营者所有，只要是在其生产区域内达到标准的生产经营者均可使用，这也导致理论上商标可以转让或许可给世界上任何地方的任何企业或个人，而地理标志则不能转让或许可给该产地之外的企业或个人。

依照我国《商标法》第10条的规定，非县级以上行政区划的地名允许作为商标申请，有获得注册的可能。例如，风味名吃"逍遥镇胡辣汤"中的"逍遥镇"属于非县级以上的行政区划地名，是由西华县逍遥镇胡辣汤协会申请并获得注册的普通地名商标。此外，依照我国《商标法》第16条的规定，地理标志可以申请注册为集体商标或证明商标得到保护，如地方特产"潼关肉夹馍"是由潼关肉夹馍协会申请注册为集体商标的地理标志。需要说明的是，无论是地理标志集体商标还是地理标志证明商标，它们与含地名的商标在本质上是不同的，具体反映在功能及作用、注册条件及使用和维权方面均存在一定差异。此外，地理标志可以申请商标并不意味着只要是地理标志就一定可以申请成功并获得注册商标保护。反之亦然。

正是由于地理标志与商标的这种纠葛，欧盟与美国对于如何处理两者的权利采取迥然不同的立场。简言之，欧盟赋予地理标志优于商标的法律地位。欧盟不允许在后商标与在先地理标志并存，但允许在后地理标志与在先商标共存。而美国则坚持认为根据知识产权既有的地域性、独占性、优先权和诚信原则，地理标志与商标两者之间的冲突必须且只能根据"时间在先，权利在先"的原则予以解决。

典型案例 **地理标志与商标的冲突**

在 13 世纪，捷克的布杰约维采小镇就开始生产啤酒（如图 1-1 所示），随着名气越来越大，影响逐渐扩散到欧洲各国。哥伦布在 1492 年"发现"新世界后，在随后的数百年中，大批欧洲移民怀着对美好生活的向往到达美洲大陆。其中有德国移民于 1876 年创立啤酒厂生产名为"Budweiser"的啤酒。1883 年"Budweiser"在美国被注册为商标，通过对口味不断改良，市场迅速扩张并很快在世界占据了主导地位（如图 1-2 所示）。"Budweiser"啤酒于 1995 年进入中国市场，2012 年，"Budweiser"对应中文翻译"百威"商标被我国的商标局认定为驰名商标。

图 1-1　布杰约维采啤酒（欧盟地理标志）　　图 1-2　百威啤酒（美国商标）

自 1894 年开始，围绕"Budwiser"名称归属的跨世纪诉讼蔓延了整个欧洲。双方各执一词：美国百威认为自己源于德国移民，在 1876 年就开始生产并使用该商标；捷克"Budweiser"则坚持认为美国百威啤酒口味淡爽，完全不同于源自本地的甘苦味道，自己才是"正宗"并应独家享有"Budweiser"。在市场竞争下，目前捷克"Budweiser"啤酒市场已被极度压缩，但依然独立存在和运营，成为一种民族的骄傲和文化传承的象征。2022 年，源自捷克的"Budweiser"作为《中欧地理标志协定》中互保互认的 175 件欧盟地理标志之一在中国得到保护，中文名称确定为"布杰约维采啤酒"。

（资料来源：国家知识产权局. 公告第 407 号［EB/OL］.（2021-03-01）［2023-01-05］. http://ipr.mofcom.gov.cn/hwwq_2/chn_eu_gi/file/CNIPA-407.pdf.

界面新闻. 捷克百威走红背后，还有场世纪商标大战［EB/OL］.（2018-11-07）［2023-01-05］.https://www.jiemian.com/article/2601462.html.）

（二）地理标志与名牌

名牌在一般理解下指的是著名的、有信誉的品牌，是产品标志、质量、性能、使用可靠程度的集中表现，是企业形成的有别于竞争对手的独特市场形象，反映了消费者对企业及其产品、服务、文化价值的一种认知、评价和信任。在市场环境下，名牌形象远比产品和服务本身重要，代表着企业质量和信誉的保证，是企业核心价值的体现，是具有溢价能力的重要无形资产。

名牌和地理标志都是商业标识，两者具有共同之处：首先，表现为在市场中都有较高的知名度；其次，现实中存在一些商品的品牌既是名牌，也被认定注册为地理标志，如茅台酒。但是两者的差异更为明显，主要体现在以下三点：首先，名牌不是一个法律概念，而地理标志有明确的法律定义；其次，名牌存在于商品和服务的每个领域，地理标志则仅存在于生长或生产环境和自然条件密切相关的商品或服务领域；最后，名牌是属于具体所有人的无形资产，地理标志则是地理标志产业全体生产经营者的集体性权益。

（三）地理标志与原产地名称

原产地名称（Appellation of Origin）是源于欧洲并逐渐兴起的概念。原产地名称一般认为是一个国家、地区或城市、乡镇等的名称，该名称被用来表示来源于该地方的产品，该产品的质量和特征归因于其地理环境，包括自然因素和人文因素，如意大利著名的原产地名称"戈贡佐拉奶酪"（Gorgonzola），该种奶酪外形是圆柱形的，直径在 20 ~ 32 厘米，高约 13 厘米，重 5.5 ~ 13.5 公斤，奶酪外表呈灰色，象牙色的奶酪内芯里分布着均匀的蓝绿色霉菌脉纹，质地柔软细腻，闻起来有明显气味，吃起来带有辛辣味道。"Gorgonzola"名称的意思是"源自戈贡佐拉镇（Gorgonzola）的奶酪"，戈贡佐拉镇是位于米兰（Milan）郊区的一个小镇。

原产地名称实际上是一种特殊的地理标志。地理标志和原产地名称均要求其指向的产品与产地之间存在质量上的关联，二者均提示消费者产品的地理来源，以及产品与产地有关的质量或特征。两个概念的根本区别有以下两点。首先，地理标志是指一种标识（单词、短语、符号等），不限于地理名称也无须是地理区域的实际名称，同时还可能包括具有地理含义的其他标识，而"原产地名称"范围较窄，仅指地理名称。其次，原产地名称与产地的关联更为紧密，受原产地名称保护的产品，其质量或特征必须完全或主要取决于地理来源，这一般是指原材料应取自产地，并且产品的加工也应在产地进行，但对于地理标志而言，只需一项归因于地理来源的标准——无论是质量还是产品的其他特征，甚至仅是产品的声誉亦可——即可成为地理标志。

无论是原产地名称还是地理标志均属于货源标记/来源标识（Indications of Source）。原产地名称对于产品的要求最为严格，适用于满足质量和特征双重要求的产品。地理标志注册条件较宽，纳入了声誉作为考量因素。货源标记与地理标志相比，覆盖范围更广，只需表明某地理来源，对标记物的质量、特征、声誉等要素均无特定要求。因此，地理标志可视为特殊的货源标记。原产地名称、地理标志和货源标记/来源标识三者之间的关系可用图 1-3 表示。

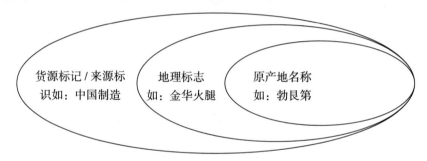

图 1-3　原产地名称、地理标志和货源标记/来源标识关系

（四）地理标志与原产地证明

原产地证明（Certificate of Origin）是证明商品原产地，即货物的生产或制造地的一种证明文件。具体而言，原产地证明是由出口商应进口商要求而提供的、由公证机构、政府或出口商出具的证明货物原产地或制造地的一种证明文件，是贸易双方交接货物、结算货款、索赔理赔、进口国通关验收、征收关税的有效凭证。根据签发对象不同，原产地证明主要有三大类：第一类是优惠原产地证明，主要包括普惠制原产地证书和区域性优惠原产地证明，可以享受比最惠国待遇更加优惠的关税待遇；第二类是一般原产地证明，享受进口国正常关税（最惠国）待遇；

第三类是专业原产地证明，针对一些特殊行业的特殊产品，如农产品、葡萄酒、烟草等，根据进出口监管的特殊需要而签发。

因此，可以将原产地证明理解为货物在国际贸易行为中的"原籍"证书。原产地证明的地域指示性一般仅到国家，而地理标志的地域指示性则不确定。原产地证明可用于包括地理标志产品在内的范围广泛的出口货物，而地理标志一般仅涉及与自然因素或者人文因素紧密关联的商品。地理标志产品如果要出口海外，为了能够享受优惠的关税待遇，仍需申请原产地证明。

（五）地理标志与非物质文化遗产

非物质文化遗产被誉为民族记忆的背影、历史文化的"活化石"。联合国教育、科学及文化组织（United Nations Educational, Scientific and Cultural Organization, UNESCO）于 2003 年 10 月通过，并于 2006 年 4 月生效的《保护非物质文化遗产公约》将"非物质文化遗产"定义为：被各社区、群体，有时是个人，视为其文化遗产组成部分的各种社会实践、观念表述、表现形式、知识、技能，以及相关的工具、实物、手工艺品和文化场所。非物质文化遗产具体概括为五个方面：口头传统和表现形式，包括作为非物质文化遗产媒介的语言；表演艺术；社会实践、仪式、节庆活动；有关自然界和宇宙的知识和实践；传统手工艺。我国自 2011 年 6 月 1 日起施行的《中华人民共和国非物质文化遗产法》（以下简称《非物质文化遗产法》）则将非物质文化遗产的表现形式细分为：传统口头文学以及作为其载体的语言；传统美术、书法、音乐、舞蹈、戏剧、曲艺和杂技；传统技艺、医药和历法；传统礼仪、节庆等民俗；传统体育和游艺等。

非物质文化遗产与地理标志既有联系亦有区别。两者的联系体现在以下两个方面：首先，在地域性、人文性、集体性、公共性等内在属性上多有契合之处；其次，在命名上都倾向采用具有明确地理指向的地域名称和产品名称的组合形式。两者的区别在于：地理标志保护的是产品，如浏阳花炮、绍兴黄酒；而非物质文化遗产保护的是技艺，如浏阳花炮制作技艺、绍兴黄酒酿造技艺，它们的质量依赖于制造技艺，而制造技艺最终又通过产品这个载体得到体现。

根据《非物质文化遗产法》第 44 条的规定，使用非物质文化遗产涉及知识产权的，适用有关法律、行政法规的规定。目前，在现有知识产权部门法中，尚未就非物质文化遗产的保护作出具体规定。对非物质文化遗产，尤其是对于与产品的特定质量、声誉等具有密切联系的传统技艺类非物质文化遗产，有必要给予其地理标志保护，这将能够使得特定技艺通过其制造的产品，在可持续的生产中受到法律保护，从而得以长久地传承与发展。

典型案例　**手工艺品地理标志**

枝江布鞋的历史可以追溯到两千多年前，传承了长江流域多年以来灿烂的文化。清同治五年《枝江县志·风俗》记载："冬至谓之亚岁，子妇以袜履献舅姑。"枝江布鞋作为枝江市的地方传统手工艺品，当地至今仍流传着生育送"祝米鞋"（虎头童鞋），结婚作"压箱鞋"，庆寿作生送"长寿鞋"等风俗。枝江市地处长江北岸，居三峡之末、荆江之首，为粮棉生产和水生植物的生长提供了得天独厚的气候条件。枝江布鞋，用三峡地区特有的天然植物制品蒲草编制的"元宝席子"来作鞋底骨架，再用枝江百里洲所产的土棉线和土棉布铺鞋底，再用枝江地区特有的"锁边锁底"技艺纳制鞋底，用"米面糊"来粘贴鞋帮，整个过程纯手工完成。

成品图案精美、针脚细密，每双布鞋鞋底约耗用 200 米土棉线，锥纳不下 5000 个针眼，整体舒适轻便、透气耐磨，其制作技艺也被列入国家级非物质文化遗产名录。2018 年 6 月，"枝江布鞋"获准注册地理标志证明商标（如图 1-4 所示）。

枝江布鞋

图 1-4　第 21018137 号商标

（**资料来源：**宜昌市人民政府.枝江布鞋［EB/OL］.（2022-02-07）［2023-01-05］. http://www.yichang.gov.cn/content-62936-1038657-1.html.）

（六）地理标志与植物品种名称

植物品种名称（Name of Plant Varieties）并没有明确的法律界定概念，一般特指法定部门登记的植物品种名称，与植物新品种权相联系。植物新品种权，与专利权、著作权、商标权一样，属于知识产权的范畴，是指完成育种的单位或个人对其授权的品种依法享有的排他使用权。但是拥有植物新品种权利的植物育种者，仅控制新品种的繁殖材料（包括播种、插条、分株、组织培养）和收割材料，有权收取若干年的使用费，无权控制注册植物品种名称的使用。

经审定的植物品种名称是该品种的通用名称。通用名称不具有显著性，不仅不能注册为商标，也不能获得地理标志保护。例如，欧盟制定的《保护农产品和食品的地理标志与原产地名称条例》（第 1151/2012 号条例）中第 3 条第 1 款规定"已经成为通用名称的名称不得注册"，第 2 款规定"如果一个名称与植物品种或动物品种名称冲突，因而可能会在产品的真实来源上误导消费者的，该名称不得作为原产地名称或地理标志注册"。

在实践中，地理名称可以被命名为植物品种名称的一部分，而地理标志也可以包含地理名称，所以地理标志产品名称与植物品种名称相同的现象不可避免，将地理名称用作植物品种名称可能会导致地理标志与植物品种之间出现冲突。在我国，为了协调已注册地理标志与相同品种名称之间的关系，已有学者提出建议：地理标志权利人应容许他人正当使用品种名称。在品种名称命名方面，应该限制使用地理名称。❶

四、地理标志的名称

受保护的地理标志的名称一般由具有地理指示功能的名称和反映产品真实属性的产品通用名称构成，并具有一定知名度。命名规则一般为"地理区域名称＋产品通用名称"，如黄岗柳编、潍坊风筝、道口烧鸡、涪陵榨菜、蒙自过桥米线、

---

❶ 谢光旗.地理标志与植物品种名称的关系及其法律规制［J］.中国农业大学学报（社会科学版），2012，29（03）：92-100.

恩施玉露等。这种常见的地理标志名称构成方式，在针对相同产品时，能够起到直观简洁地区分不同产地之目的。例如，欧盟地理标志"爱尔兰威士忌"及"苏格兰威士忌"，两者都指向相同的产品，两者在酿造原料、制作方法及熟化时间等方面均不相同，但通过不同地理区域名称能够最直接地进行区分。

TRIPs 协定并没有明确对地理标志的名称表现形式予以规定。地理标志可能仅包含产地名称，还有可能包括地理名称的缩略语、变体语，或有一定意义的图形或其结合，甚至一个非专业性的地理术语或徽记也有可能具有标示特定地理来源的意义。例如"香槟"（Champagne），既是法国的一个省名，又是产于该省的一种全球知名的果香型起泡葡萄酒的地理标志，这种形式的地理标志往往属于原产地名称，产品须符合采用本地原料，采用传统工艺，以及本地生产的严格要求；如"卡瓦酒"（Cava），并非一个地理名称，而是西班牙具有历史传统的起泡酒地理标志，这种起泡酒要求酿造葡萄必须出自规定的法定产区，且必须采用传统酿造工艺生产。因此，地理标志对名称表现并无一定之规，关键是考虑该地理标志是否起到区分产地的效用，并得到国家法律的承认和消费者的认可。

五、地理标志的产品范围

地理标志与地理标志产品是有密切联系但并非完全相同的一组概念。从表现形式上看，地理标志实为区分产品的标识；而地理标志产品则是具备特定品质的产品，产品是标识的对象，标识依附于产品。地理标志产品是地理标志的载体，是地理标志存在的意义。

地理标志的产品范围最早限于葡萄酒。中世纪的欧洲，饮用葡萄酒盛行于皇室贵族，教会更宣称葡萄酒是"上帝的血液"，能医治百病。人们认为土壤类型、地形、地理位置、光照条件、降水量、昼夜温差和微生物环境等自然因素，通过彼此作用影响着葡萄酒的口味和风格。为强调产品品质与风土之间的关联性，创造了词汇"Terroir"，该词汇在葡萄酒领域内译为"风土"。随着时间的推移，地理标志的内涵也在不断演变。地理标志的产品范围也逐渐扩大至受到如气候、土壤和地理位置影响的广泛农产品。

　　TRIPs 协定的达成是 WTO 成员利益协调和妥协的结果，这就意味着它对于包括地理标志在内的知识产权的保护仅规定可达成共识的最低保护标准。根据 TRIPs 协定第 22 条的定义，将特定的质量、声誉或其他特性主要归因于其地理来源的适用对象确定为"商品（goods）"，但对商品的保护范围没有作出限定。在世界知识产权组织网站上关于地理标志的知识介绍中，明确提到："地理标志通常被用于农产品、食品、酒类和酒精饮料、手工艺品和工业品"。我国现行《商标法》第 16 条第 2 款将地理标志的保护限定在商品。在实务中，地理标志保护的商品范围业已囊括了农产品、工业产品、加工产品及手工艺品。

　　缘于不同的风土环境和经济价值，不同的国家或地域均有各自特色地理标志产品。以《中华人民共和国政府与欧洲联盟地理标志保护与合作协定》（以下简称《中欧地理标志协定》）中首批互认保护的地理标志产品为例，在欧盟首批选定互认的 100 个地理标志产品中有 73 种不同的酒（包括 4 种啤酒、54 种葡萄酒和 15 种烈酒），14 个不同的奶酪及其他品种的地理标志产品，酒和奶酪的地理标志产品合计占比达到 87%，保护重点非常明确。我国首批选定互认的 100 个地理标志产品则相对比较平均，但也体现了一定集中度，主要的地理标志产品是茶，共 28 个，其次是酒，共 11 个，其他则是各种水果、蔬菜和农副水产品。

　　TRIPs 协定中对地理标志保护的范围未包含服务，但鉴于该协定规定的是应遵循的最低标准保护，世界贸易组织成员仍然可以自行决定是否对服务地理标志予以保护。从理论而言，如果服务和来源地之间存在着明确的联系并具有可归因于原产地的特性，将服务作为地理标志保护是可行的。例如，在我国源自苗医且具有数千年历史的刮痧疗法，已经广泛应用于临床并被视为行之有效的传统医疗方法，显然就具备与来源地之间存在明确的联系并具有可归因于原产地的服务特性。目前，有些国家例如列支敦士登、瑞士和秘鲁已经允许将服务作为地理标志进行保护。服务贸易占全球整体贸易的比重日益上升，其重要性愈发受到重视，地理标志保护范围涵盖服务是否将成为未来的发展趋势值得进一步关注。

六、地理标志的多元价值

（一）地理标志的经济价值

物以稀为贵，地理标志产品因其产自特定区域总量相对有限，其所标示的高品质往往能够带来较高的溢价效应。地理标志被认为是特定区域优质产品的代名词，是高品质商品对消费者作出的承诺。例如，地理标志在欧盟被视为农产品政策的主要支柱，地理标志产品在市场上相较普通产品具有更大的优势，并为地理标志产品的生产者带来额外的经济附加值。欧盟的统计资料显示，地理标志产品溢价较高，3207 个地理标志产品售价是同类产品平均售价的两倍，其中葡萄酒溢价率高达 2.85 倍，烈酒 2.52 倍，其他农产品及食品 1.5 倍。❶ 这充分说明地理标志产品以高品质、更安全而享有广泛声誉，消费者愿意为之付出更多，从而有效带动企业销售增长，具有明显经济拉动效应。从地理标志产品的产业来看，涉及从种植、栽培、采收、加工、运输到销售等的众多环节，形成多达万人甚至几十万人的产业链，地理标志产品大多成为当地经济发展的支柱产业。通过对地理标志产品的增加值进行公平分配，可以给农村的发展带来潜在的利益。

保护和发展地理标志产品具有显著的衍生效应。蕴含着丰富传统历史文化和民俗风情的地理标志产品，可以作为当地文化旅游资源加以保护和宣传，从而带动促进当地的旅游业发展。例如，地理标志美食产品往往与特定的食品生产、加工方法与特定地区紧密相关。通过鼓励旅游业的多元化发展，结合地理标志美食的制作、加工、荐评等环节，设计有特色的旅游产品和线路，将有助于增加农村地区的收入。因此，地理标志产品亟待因地制宜进行有效开发和市场化，也有潜力成为有价值的发展工具，从而充分发挥地理标志"保护一个产品、带动一批企业、做强一个产业、富裕一方百姓、推动一方发展"的功能作用，成为转动特色经济发展的金钥匙。

---

❶ 驻欧盟使团经济商务处.地理标志使欧盟农产品价值翻番［EB/OL］.（2020-04-24）［2022-09-22］.http://www.mofcom.gov.cn/article/i/jyjl/m/202004/20200402958671.shtml.

（二）地理标志的法律价值

地理标志作为一种重要的知识产权客体，是一种私法意义上的财产。世界上大多数国家，无论是通过专门立法、商标法，还是反不正当竞争法，都对地理标志提供法律保护。我国已制定多部法律法规对地理标志进行保护，既有全国人大常委会颁布的《商标法》，还有由原国家质量监督检验检疫总局发布的《地理标志产品保护规定》及原农业部发布的《农产品地理标志管理办法》等部门规章。此外，《中华人民共和国反不正当竞争法》（以下简称《反不正当竞争法》）、《中华人民共和国产品质量法》（以下简称《产品质量法》）、《中华人民共和国消费者权益保护法》（以下简称《消费者权益保护法》）等法律也间接为地理标志的保护提供了可适用条款。

地理标志的法律价值体现在它的产品识别功能、商誉承载功能和品质保障功能。在产品识别功能方面，毋庸置疑，地理标志是一种标识性的知识产权客体，具有标示产源的识别功能。在商誉承载功能方面，地理标志承载着自然因素或者人文因素共同形成的以特定质量为表现形式的声誉。对声誉的保护是地理标志的重要属性，尽管驰名商标与地理标志均具有很高的声誉，但是，不同于驰名商标的声誉依赖于商标在市场上的广泛使用和宣传等因素，地理标志对产品声誉的保证则是基于特定的自然因素或者人文因素。在品质保障功能方面，地理标志标示产品的品质，更多是通过地理标志保护制度通过划定生产范围，制定相应的法规、标准和技术规范、操作规程，并运用检验、认证等手段对原材料的生产、加工、制作和产品销售进行全方位、全过程的监督管理，从而确保使用地理标志的产品的优良品质和性状的可靠性和稳定性。

（三）地理标志的文化价值

文化属性在某种程度上是地理标志的核心要素。在漫长的人类历史发展进程中，在世界各地形成了具有特定风土人情的饮食文化和艺术形式，地理标志产品成为保护和传承传统优秀文化的鲜活载体。我国多元的文化和数千年的传承孕育了丰富多样的地理标志产品。除了地道和独特的风味以外，地理标志产品带给消费者的更有回味无穷的文化体验。如螃蟹为国人最偏好的代表性食物，在我国获得地理标志产品称号的就有包括阳澄湖大闸蟹、三门青蟹等数十种淡水蟹和海蟹。自古以来，在文人墨客眼中，吃蟹就是一件风流雅事。苏门四学士中的张耒曾写过"筐实黄金重，螯肥白玉香"来赞叹螯肥肉香，江南四大才子之一的唐伯虎也曾画过《醉蟹图》。在中国文化中，食物应与季节对应，不同的时间节点要食用相应的食物，应契合道家学派所推崇的天人合一万物同源的理念。螃蟹的成熟度与时间节律密切相关，俗话说："秋风起，蟹脚痒；菊花开，闻蟹来"。这意味着在中国的饮食文化中，螃蟹是一种时令性很强的食物。在传统上，食蟹是与西风、饮酒、赏菊等意象联系在一起的，描绘的都是秋日景象，形成独特的民俗饮食文化。通过地理标志产品在传承和弘扬地区传统文化方面发挥独特作用，能够增强地理标志生产者、销售者和消费者的归属感、自豪感，加强对自身文化的认同，从而更有力地带动和促进当地的经济文化发展。

（四）地理标志的社会价值

地理标志产业发展助推乡村振兴。中国作为一个农业大国，创造了源远流长、灿烂辉煌的农耕文明，农业兴旺则国家昌盛。农村、农业、农民这三大问题一直被视为关系到社会稳定、国家富强的重大战略问题。解决好"三农"问题，实际上是面对如何解决在我国广大乡村区域，以种植业（养殖业）为主的农业从业人员的生存状态的改善、产业发展及社会进步问题。通过保护、继承、发展中华民族在特色产品长期生产实践中积累的经验，有效盘活中华大地这片沃土上丰富的地理标志资产，亦是一种源于自身文化自信的创新。保护地理标志，有利于提高农业从业人员的产权保护意识，农业从业人员通过不断地学习和掌握符合地理标志生产标准的技术知识，转变思想观念，应对市场变化，从而显著提升自身素质。地理标志产品作为特定地域内品质保证并蕴含历史文化的标志，其知名度可带来较大的经济和社会效益，还能够有效提升地区形象。通过有效参与地理标志利益分配，还能够增加当地农业从业人员的收入，解决当地就业。这对于老少边穷地区而言更具有重要意义，能够一定程度上解决年轻劳动力向城市转移的趋势。此外，优秀大学毕业生选择返乡创业，也为挖掘发展地理标志注入了"新鲜血液"。

通过将独特的产业优势与互联网技术充分结合，借助网络电商平台进行农产品直播带货，摆脱了传统销售模式的弊端，有助于打开市场销路，帮助更广泛的消费群体提升对地理标志产品与乡村旅游的认知，有利于推动我国农村区域经济的平衡发展。因此，地理标志应用具有巨大的社会价值，可以成为促进农村发展，落实乡村振兴的重要抓手和策略。

（五）地理标志的生态价值

地理标志所标示的产品大都具有悠久历史传统，依赖于得天独厚的生态环境，是一定地域内自然资源的沉淀和升华。承载着该地域土地精华的地理标志产品，是当地人民经过长期摸索而寻找到的人类文明与当地自然环境和谐统一的最佳结合范例。这种适地适种的和谐统一，切实地体现了现代农业科技所强调的特色经济和可持续发展。由于特定产区的产品具有独特质量和特色，市场价格较高且产量相对固定，因此地理标志产品一般不会大幅提高生产成本。不仅如此，地理标志产品的生产规模和方式同时要受到地理标志管理规则的限制。作为传统知识的典型代表，地理标志实际上也是人类的文明成果和特定区域内的独特文化表现。这种特定地域内的文化，既包含了自然环境、生物品种等物质文化因素，也包含与当地自然环境和谐统一的独特的非物质文化因素，诸如具有地域鲜明特色的种植规律、加工技艺及人与自然和谐相处的方式习惯等。地理标志产品对于其生长的地理环境有显著的保护作用，具体可体现在美化环境、遏制水土流失、恢复植被及净化空气等方面。从而在一定层次上稳定、调节当地生态系统，促进生物的多样性保护，改善自然生态环境和发展环境。

七、地理标志权

根据TRIPs协定规定的知识产权权利范围，地理标志权是和版权（著作权）与邻接权、商标权、工业品外观设计权、发明专利权、集成电路布图设计权和未披露的信息权（商业秘密）等并列的一种知识产权。在我国，2017年公布的《中华人民共和国民法总则》（以下简称《民法总则》（已废止））和2021年1月1日起实施的

《中华人民共和国民法典》（以下简称《民法典》）第 123 条均明确规定民事主体依法享有知识产权，并将地理标志明确列为权利人依法享有专有权利的保护客体。

从知识产权保护客体的分类而言，"地理标志"不属于"创造性成果"，而应归类为"识别性标记"。地理标志具有与商标一样的指示商品来源和识别功能，同时地理标志可以注册为集体商标或证明商标从而适用《商标法》的规定进行相应保护。但是，并非只要是地理标志就一定可以通过注册为集体或证明商标得到保护，或者说地理标志只能够通过商标予以保护。地理标志拥有自身需要保护的法益，也是被明确设定的一项独立的识别性权利。

（一）地理标志权的内涵

地理标志权是授予特定地域范围内的经营者在指定产品上使用该地理标志以标示来源的排他性共有权利。地理标志权本质是一种财产权、一种绝对权，属于私权范畴，这种权利既具有较强的排他性，即排除特定地理区域外经营者行使该项权利；同时又具有鲜明的共有性，即特定地理区域内经营者应共同享有该项权利。因此，与其他类型知识产权相比，地理标志权具有突出的公共资源属性。对地理标志权的保护应考虑通过维护正常、诚信的贸易及市场秩序保护消费者权益，以及促进地域特色的地理标志经济发展的目标而予以确立。

地理标志权具有自身有别于传统知识产权的特征，是一项具有私权表象的集体性权利，具体可归纳于以下四点：

1. 地理标志权是对既存市场认知确认的权利

地理标志权是对存在于特定地域内产品所享有声誉的客观确认而非单纯的权利创设。就享有声誉的地理范围而言，该地理标志产品必须在其原产地域之外具备必要的知名度；就享有声誉的内容而言，应当包括产品的特定属性和产地；就享有声誉的效果而言，该知名度能够有效提升该地理标志产品的市场竞争力。

2. 地理标志权是集体性的共有权利

集体性，是地理标志权区别于传统知识产权的一个显著属性。地理标志基于产品产地的自然条件和生产者长期积累的集体经验智慧综合形成，是归于产地生产者和经营者所共有的一种权利。这一属性意味着地理标志权作为一项专有权，其权利人往往只是法律意义上的权利代表，仅具有象征意义。产地内的所有生产者、经营者和个人只要其产品符合真实、稳定的传统条件，具备所要求的质量和特点，都可以使用该地理标志，从而获得该地理标志的使用权。所以对于地理标志权这样一项集体性的共有权利而言，所有者与使用者的分离是其一个最明显特征。

3.地理标志权的存续期无时间限制

地理标志只与特定地区相应产品的特定质量、声誉或其他特征相关。只要此关联性始终存在，经合法程序确认获得的地理标志权就可以存续下去。从各国立法中可以看到，对地理标志保护均未采用有限的封闭期限。即使地理标志在部分国家实践中被纳入集体商标或证明商标的商标管理体系，但是根据商标法的规定，应注册人请求并申请，商标权可以无限期续展。因此，依赖商标权予以保护的方式未使地理标志权所具有的存续期无时间限制的特征产生根本变化。

4.地理标志权与地理区域不具有唯一对应性

地理标志权与地域相关，更与其所标示的产品相关，不存在脱离于具体产品的地理标志权。但是，对于同一地域的不同产品，由于地理区域是相同的，却有可能出现数个独立存在的地理标志权。以地理标志商标权为例，在陕西省汉中地区，就有汉中市茶叶协会申请并获得集体商标注册的第4773442号商标"汉中毛尖"、第4774243号商标"汉中红"、第18973512号商标"汉中炒青"，以及由汉中市大米产业协会申请并获得集体商标注册的第18152835号商标"汉中大米"。以地理标志产品为例，在贵州省赤水地区，就有"赤水晒醋""赤水乌骨鸡"及"赤水金钗石斛"等三种不同地理标志产品。

（二）地理标志权的行使与保护

1.地理标志权的行使与限制

地理标志权的使用权人为产地内所有符合该产品特质的生产企业和个人。使用权人可以阻止第三方将该标志用于达不到适用标准的产品，其中，"第三方"既包括产地外的企业和个人，也包括虽在产地内但其产品不符合一定特质要求的企业和个人。如"龙井茶"地理标志在我国受到保护，"龙井茶"的生产者作为使用权人既可以制止在西湖产区、钱塘产区和越州产区三个法定原产地保护产区以外的茶园使用"龙井茶"，也可以制止在上述三个产区但未按该地理标志操作标准种植的茶上使用"龙井茶"。但需要指出的是，受保护的地理标志无权阻止他人利用地理标志标准中规定的技术规范来生产同样的产品。

从对权利的处分角度来看，地理标志权具有限制转让性。尽管地理标志权具有财产意义，但地理标志权作为一种集体性的共有权利，它具有有限转让性，地理标志权人的权利转让受到严格限制，且使用这一标记的任何生产经营者都不得转让或再许可他人使用，因为若允许地理标志自由转让使用，会造成商品地域来源的混淆扰乱社会经济秩序，从而丧失了地理标志的本来功能与作用。

2. 地理标志权的救济

如同所有知识产权权利一样，地理标志权需通过国内法的适用来行使，如果地理标志权遭受侵害，那么该地理标志的专有权人及相关使用权人，均可作为直接利害关系人采取法律救济措施。采取措施的权利属于行政主管部门、检察机关或地理标志权利人。国内法律规定的处罚措施包括民事（限制或禁止非法侵权行为的禁令、损害赔偿等）、刑事或行政措施。

3. 地理标志权的海外保护

作为知识产权，地理标志权同样具有地域性。在海外保护地理标志主要有以下四种方式：

（1）通过在相关司法辖区直接申请登记获得保护：为了在其领土内保护地理标志，许多司法辖区要求地理标志已在原产国受到保护。地理标志在其原产国受到保护，就有可能在其他司法辖区根据当地现有保护方式受到保护。

（2）通过国家间达成的地理标志保护双边协议：两国间可以基于互惠原则通过谈判达成双边协议，双边协议既可以限定于特定产品，如酒精饮料的认定安排，也可以是双方达成自由贸易协定的部分内容。

（3）通过世界知识产权组织原产地名称国际注册里斯本体系：里斯本体系提供使在一个成员国已获得保护的原产地名称，通过单一国际注册的方式在其他所有里斯本体系成员国领土内获得保护的便利方式。

（4）通过世界知识产权组织商标国际注册马德里体系：对于符合作为集体商标或证明商标保护的地理标志，可以尝试利用世界知识产权组织马德里体系提交单一国际申请在指定领土延伸的马德里体系国家内获得保护。

第二节　地理标志法概述

一、地理标志国际保护的法律渊源及发展

"地理标志"在概念形成及演化过程中出现过不同的术语。对相关术语的理解，特别是与"地理标志"概念的关系进行辨析是准确地理解"地理标志"概念的基础。《巴黎公约》《制止商品产地虚假或欺骗性标记马德里协定》《里斯本协定》及 TRIPs 协定共同构成了地理标志国际保护的基本制度框架。

（一）地理标志国际保护的源起：《巴黎公约》

"地理标志"的概念最早可追溯至 1883 年的《巴黎公约》，我国于 1985 年 3 月 19 日加入该公约。《巴黎公约》1967 年斯德哥尔摩文本第 1 条第 2 款明确规定"货源标识"（Indications of Source）或"原产地名称"（Appellations of Origin）是工业产权的保护对象之一。货源标识与原产地名称作为与"地理标志"渊源最早的两个概念，被视为"地理标志"概念得以发展、完善的基石，为以后国际公约的相关规定奠定了基础。尽管《巴黎公约》将货源标识与原产地名称纳入工业产权保护对象，但却没有界定两者概念，也没有明确两者之间的关系，为后来不同国家地理标志保护制度的分化与国际地理标志保护制度的发展分歧埋下伏笔。

（二）对货源标记的保护：《制止商品产地虚假或欺骗性标记马德里协定》

1891 年缔结的《制止商品产地虚假或欺骗性标记马德里协定》（以下简称

《马德里协定》）是《巴黎公约》框架下第一个规范虚假和欺骗性产地标记的专门性公约。《马德里协定》第 1 条第 1 款规定，"凡带有虚假或欺骗性标志的商品，其标志系将本协定所适用的一个国家或一国的某地直接或间接地标作原产国或原产地的，上述各国应在进口时予以扣押。"从以上概念界定可看出《马德里协定》仅将产地标记框定在显示产品与来源地的产地关系上，并未将彰显产品品质或其他与产地无关特征的功能限定其中。但重要的是，协定将对虚假标记的保护扩大到欺骗性标记的保护，从而在对地理标志的保护水平上超越了《巴黎公约》。《马德里协定》不要求成员国在程序上或保护方式上保持某种一致，而只是要求成员国要采取有效措施制止利用虚假或欺骗性产地标志在国际贸易中进行不公平竞争行为，这也意味着采用商标国际注册制度可以成为地理标志国际保护的一个适当方法。❶

（三）对原产地名称的规定：《里斯本协定》

1958 年，在葡萄牙里斯本召开的外交会议根据《巴黎公约》第 19 条制定通过了旨在提高原产地名称保护水平的《里斯本协定》。《里斯本协定》相较《巴黎公约》确立了对原产地名称更高的保护水平。该协定第 1 条第 2 款明确规定：本联盟各国承诺，依照本协定的规定，在其领土内保护本联盟其他国家产品的原产地名称，该原属国承认并保护的并在建立世界知识产权组织（以下简称"组织"）公约所指的保护知识产权国际局（以下简称"国际局"或"局"）注册的名称。《里斯本协定》首次明确"原产地名称"内涵，在第 2 条第 1 款规定"在本协定中，原产地名称系指一个国家、地区或地方的地理名称，用于指示一项产品来源于该地，其质量或特征完全或主要取决于地理环境，包括自然和人为因素。"同年，《巴黎公约》再次修改，使得原产地标记取得与商标等标记在法律上的平等地位，成为独立保护对象。

---

❶ 《制止商品虚假产地或欺骗性标志马德里协定》与《国际商标注册马德里协定》均于 1891 年在马德里缔结，但两者为互不包含的两个独立协定，不可混为一谈。前者是用于规范产地标志保护的国际条约，后者是用于规定、规范国际商标注册的国际条约。就解决商标国际注册问题，在 1981 年和 1889 年，相关成员国又分别缔结达成《商标国际注册马德里协定》和《关于商标国际注册的马德里协定的议定书》。

《里斯本协定》构建了原产地名称的国际注册和保护制度，对于地理标志的保护范围也予以了扩大，在相当程度上契合了以法国为代表的欧洲大陆国家的利益。值得一提的是，《里斯本协定》在解决商标权利与原产地名称的冲突方面也进行了探索。《里斯本协定》第 5 条第 6 款规定，凡经注册的原产地名称优先于商标，已获得注册的商标在原产地名称受到保护后，商标所有人须在一定期限内结束该名称的使用。

2015 年 5 月《里斯本协定日内瓦文本》的通过标志着地理标志和原产地名称的国际保护迈入了新阶段。此次修订主要参考 TRIPs 协定，不仅对原产地名称和地理标志重新进行了定义，修订了原产地名称国际注册体系，批准了对地理标志进行国际注册，还扩大了参与协定的主体范围，允许某些政府间组织（例如欧盟）作为一个单独缔约方加入。《里斯本协定日内瓦文本》不仅进一步促进了地理标志国际保护制度的融合，更为其他多边区域组织涉及跨境地理标志问题提供了很好的解决模板，促进了地理标志保护制度的趋同。《里斯本协定》和《里斯本协定日内瓦文本》共同构建了"里斯本体系"，通过单一登记程序和一套费用，为缔约方的原产地名称和地理标志提供国际保护。截至 2023 年 9 月 5 日，全世界已有 43 个缔约方加入该体系，涵盖非洲、亚洲、欧洲、拉丁美洲和加勒比地区的 70 多个国家。❶ 设在日内瓦的世界知识产权组织国际局根据《里斯本协定》有关缔约国主管机关提出的请求，对原产地名称进行注册保护。

（四）地理标志保护的重要里程碑：TRIPs 协定

在 TRIPs 协定中，地理标志与作品、专利、商标等传统的知识产权客体构成了七种知识产权保护对象。相关规定体现在 TRIPs 协定第 22 条和第 23 条，形成了对地理标志的双重保护机制。第 22 条明确了对地理标志提供一般保护的内容，确定了地理标志的保护范围，明确了商标与地理标志之间的关系，类似于《里斯本协定》的规定，TRIPs 协定明确规定当商标与地理标志发生冲突时，应优先保护地理标志。第 23 条规定了对葡萄酒、烈酒产品地理标志的特殊保护内容，要求

---

❶　Lisbon Agreement for the Protection of Appellations of Origin and their International Registration［EB/OL］.（2023-09-05）［2023-09-15］.https://www.wipo.int/export/sites/www/treaties/en/docs/pdf/lisbon.pdf.

不管是否存在混淆，只要是在相关产品上使用了某地理标志，而产品又并非产自该产区，即使仅使用了"类""式""样""仿"等表述，均不得被当作地理标志或商标使用。世界知识产权组织于 2019 年 8 月发布的报告显示，在全球受保护的 65900 件地理标志中，葡萄酒和烈酒占全球已生效地理标志的一半（51.1%），这也真实反映出地理标志制度对于保护葡萄酒和烈酒的重要性。这种强保护模式直接延续了《里斯本协定》中的相关规定。TRIPs 第 24 条规定了对地理标志保护的例外，包括地理标志与在先权利的冲突，以及地理标志与通用名称的例外。

TRIPs 协定为成员国提供了一个经过国际协调的对地理标志最低保护标准的基本框架，这对于地理标志保护制度的协调和国际贸易的发展，具有积极作用。TRIPs 协定融合了"货源标记"和"原产地名称"的独特属性，赋予"地理标志"丰富的内涵，形成了一套全面完整的地理标志保护制度，不仅为没有建立地理标志保护制度的国家和地区提供了直观范本，其一般保护标准也为平衡、协调不同国家与地区的地理标志利益预留了较大空间。

二、世界主要国家地理标志立法概况

针对地理标志的保护，国际上目前主要存在着三种保护模式：专门立法保护模式、商标法保护模式、反不正当竞争法保护模式。不同保护方式是各个国家缘于不同的法律传统并在各自的历史条件、社会环境及经济状况框架内所发展形成的。

（一）专门立法保护模式

专门立法保护模式既强调地理来源，又强调产品的质量、声誉、特征与地理来源的联系，被认为是保护力度最大、水平最高的模式。采用该模式的国家通常为历史文化悠久、地理标志资源较丰富的国家，主要包括：法国、意大利、葡萄牙、匈牙利等欧盟国家；墨西哥、哥斯达黎加等美洲国家；马来西亚、新加坡、印度等亚洲国家。

专门立法保护模式特别适用于对地理标志产品在世界上享有声誉的保护。该模式的优点主要体现在三个方面：第一，设定专门的地理标志管理机构，能够进行有力的官方监管和行政保护，大幅降低地理标志持有人的维权成本；第二，通过规定地理标志检测的方式和程序，实施严格的实质审查和官方控制，确保登记产品的质量、声誉和特征；第三，避免地理标志被垄断独占，确保符合条件的生产经营者都能够受益，使得地理标志成为由国家担保的一种重要知识产权客体。此外，由于是专门立法，在寻求救济方面往往具有较强的确定性与预见性。在该种保护模式下，受保护的地理标志与商标发生冲突时，前者往往享有优先权，具有对抗商标的效力，可以对抗该地理标志权确认之前或之后他人对商标的注册和使用。

（二）商标法保护模式

目前，包括美国、英国、加拿大等世界上大多数国家和地区均通过商标法模式保护地理标志。在商标法框架下，一般是通过注册证明商标或集体商标的方式来保护地理标志。大部分国家，如美国采取证明商标的形式对地理标志进行保护。而另一部分国家，如智利、秘鲁等国家采用集体商标的方式对地理标志进行保护。对于欧盟国家，根据《欧洲共同体商标条例》第 64 条的规定，地理标志可以作为集体商标进行注册。集体商标与证明商标两者最主要的区别在于"商标所有人不得使用规则"（anti-use by owner rule）。集体商标注册人可以在自己经营的商品或服务上使用集体商标；而证明商标的注册人不能使用该证明商标，只能依据经批准的地理标志证明商标的使用规则，授权符合使用条件的企业或个人使用该地理标志。在我国，地理标志根据实际使用环境，在满足特定的条件下，既可以申请作为证明商标也可以申请作为集体商标获得保护。

该保护模式的优点体现于三个方面：第一，无须额外立法，利用商标法架构的延伸进行保护，不会过多增加制度运行成本；第二，公众对商标保护体系既有认知度较高，易于接受；第三，商标国际注册体系完备，易于进行国际注册和保护。该保护模式的主要缺点在于，集体商标或证明商标具有独占性，可能会将一些符合生产条件的生产者排除在保护之外。

（三）反不正当竞争法保护模式

大陆法系国家可采用反不正当竞争法的模式保护地理标志。反不正当竞争法旨在制止各种不正当竞争行为，维护正当竞争秩序，保护其他市场参与人的权利和利益。因此，使用虚假、混淆、误导性地理标志，会被视为不正当竞争行为。该模式突出的特点是保护范围广，任何试图使用虚假地理标志的行为都属于不正当竞争，反不正当竞争法可以从社会公共利益的角度出发予以规制。该模式的主要不足是，仅是一种消极的防御手段，往往在侵权行为发生之后适用并需要在个案中进行分析。作为相对有限的保护措施，无法保障生产经营者对自身利益最大化的诉求。

英美法系国家采用反假冒之诉模式来保护地理标志。在这种模式下，原告若要获得司法保护，需要证明其地理标志在使用的产品上已具有在先声誉，并且该声誉是与原告相关；被告向消费者虚假表明其所提供的商品来自于原告，使原告很可能因此虚假陈述而受到实质损害。

以反不正当竞争法或反假冒之诉为法律依据，是从保护市场秩序和消费者利益的角度，将误导商品出处、假冒原产地名称等行为作为不正当竞争行为加以禁止和制裁，从而为地理标志提供保护，适用于地理标志在请求保护国尚未登记注册而遭受侵权时的权益维护。该模式的优点在于保护范围较宽，多数国家可依据国内反不正当竞争相关法律或《巴黎公约》的规定，对地理标志提供保护。但作为一种侵权后的维权方式，仍存在维权操作难度偏大、保护程度较弱的缺点。

（四）三种保护模式的差异比较

以上三种保护模式在立法目的、规制内容、保护程序上均有所差异：

（1）从立法目的来看，专门立法保护模式突出地理标志自身的功能与价值；商标法保护模式侧重对市场主体利益的保护；反不正当竞争法保护模式更加强调市场交易秩序的维护。

（2）从规制内容来看，三种保护模式下地理标志的申请人、客体等亦有区别。

①从申请人来看，专门立法保护模式和商标法保护模式的地理标志申请人一般限于组织及行业协会；反不正当竞争法保护模式下，地理标志的利害关系人也可以提出保护申请。②从客体来看，专门立法保护模式保护的是产品特性与产地之间的实质关联；商标法保护模式是通过将地理标志注册为证明商标或集体商标进行保护；反不正当竞争法保护模式则是保护在市场上较为知名的地理标志。

（3）从权利保护程序来看，专门立法保护模式的保护需进行登记或认定，具有公权属性；商标法保护模式下，地理标志需进行商标核准注册，具有私权属性；反不正当竞争法保护模式则注重事后救济，通过个案诉讼进行保护。

三种保护模式各自优势和劣势也比较明显：专门立法保护模式的保护标准较商标法保护模式和反不正当竞争法保护模式都要严格，这必然导致适用专门立法保护模式国家的立法和法律适用成本更高；商标法保护模式有利于制止侵权，但在地理标志产品质量监控方面较为欠缺；反不正当竞争法保护模式虽然灵活，但不具有稳定性和普适性。

全球性趋势是各国对于地理标志保护已经从起初对世界贸易组织 TRIPs 协定义务的被动履行转向以地理标志来促进本国农业和农村经济社会发展的积极政策工具。显然，为达到上述对于地理标志的保护目的，需要不同法律保护模式之间能够形成必要的合力，从而更好地促进地理标志产业的发展。

> **典型案例**　**地理标志的多重保护**

广西壮族自治区百色市特产"百色芒果"，主要产于右江河谷平原，这里地势平坦，土壤具有较好的保水、保肥能力；春季回暖快，光照充足，无霜期长，雨热同季，素有"天然温室"之誉，为百色芒果提供了优越的生长条件。2015—2016 年，"百色芒果"先后获得登记或注册为农产品地理标志、地理标志保护产品、地理标志证明商标，获得不同法律模式下的多重保护。

百色芒果的果肉为橙黄色，纤维少，果质细腻，汁多可口，味道清甜，深得消费者的喜爱（如图 1-5 所示）。当地芒果产业在助推乡村振兴中发挥了重要作用，

图 1-5　百色芒果

被评为广西十大优秀扶贫产业，全国首个特色优势产业带动精准脱贫范例。

（**资料来源：**全国农产品商务信息公共服务平台.百色芒果［EB/OL］.［2023-01-22］. http://nc.mofcom.gov.cn/nc/qyncp/detail？id=55218269.）

三、我国地理标志立法概况

（一）涉地理标志相关立法的历史沿革

我国地理标志保护制度起步较晚，但受重视程度较高，发展较快。我国自1985年3月加入《巴黎公约》后，即开始保护国内外的地理标志，承担起保护成员国原产地名称和地理标志的条约义务。

1987年，国家工商行政管理总局商标局指示北京市工商局保护"丹麦牛油曲奇"原产地名称。1989年，国家工商行政管理总局商标局批复下发《关于停止在酒类商品上使用香槟或Champagne字样的通知》对"Champagne香槟"原产地名称予以保护。1993年，修改后的《中华人民共和国商标法实施细则》（以下简称《商标法实施细则》）第6条规定："经商标局核准注册的集体商标、证明商标，受法律保护。"根据1994年发布的《集体商标、证明商标注册和管理办法》第2条的规定，地理标志可以证明商标进行注册和保护。

围绕积极加入世界贸易组织及履行承诺TRIPs协定义务，我国在2001年修订《商标法》时首次将地理标志纳入了商标法保护体系。2002年9月15日实施的《中华人民共和国商标法实施条例》（以下简称《商标法实施条例》，已修订）第6条明确了"地理标志"可以作为证明商标或集体商标申请注册，予以保护。在2017年公布的《商标审查及审理标准》中，对地理标志集体商标、证明商标上使用管理规则的审查进行了详细规定。

此外，国家质量技术监督局在1999年发布了《原产地域产品保护规定》，这标志着有中国特色的地理标志产品保护制度的初步确立。2001年，国家出入境检验检疫局发布《原产地标记管理规定》及其实施细则。之后，国家质量技术监督局与国家出入境检验检疫局合并为国家质量监督检验检疫总局。2005年，国家质量监督检验检疫总局发布《地理标志产品保护规定》，正式建立了我国地理标志产品保护制度。2008 年，农业部依据《中华人民共和国农业法》（以下简称《农业法》）、《中华人民共和国农产品质量安全法》（以下简称《农产品质量安全法》）制定并实施《农产品地理标志管理办法》，随后颁布《农产品地理标志登记程序》和《农产品地理标志使用规范》，农业部开始启动农产品地理标志登记认定工作。至此，我国形成了工商部门进行地理标志商标注册、质检部门进行地理标志产品保护认证、农业部进行农产品地理标志登记三种并行的地理标志保护模式。

由于涉及的管理部门较多，长期以来我国对于地理标志的保护散见于不同层级的多项法律和规章。我国与欧盟签署的《中欧地理标志协定》将双方各自与TRIPs 协定第 22 条第 1 款所定义的地理标志有关的注册和保护程序的相关法律予以归纳并成为协定附录。在该附录中所逐一列出与地理标志保护相关的中国法律共有十三项，包括了《民法典》《商标法》《产品质量法》《标准化法》《农业法》《农产品质量安全法》《商标法实施条例》《集体商标、证明商标注册和管理办法》《驰名商标认定和保护规定》《地理标志产品保护规定》《国外地理标志产品保护办法》《农产品地理标志管理办法》《国外农产品地理标志登记审查规定》。上述法律从不同层面、不同角度对地理标志的保护作出了相应的规定。

（二）我国地理标志保护的"三元模式"

目前，我国通过地理标志商标、地理标志产品保护和农产品地理标志三种方式保护地理标志，称为"三元模式"，已建立起一套完整的地理标志保护体系的法律框架。申请人可以根据自身地理标志情况及实际需要，通过注册为地理标志商标、认证为地理标志保护产品、登记为农产品地理标志等其中一种或几种形式，形成对地理标志的立体化保护。

地理标志在促进特色产业发展、助力乡村振兴、传承传统文化、推动对外贸易等方面发挥着至关重要的作用。我国目前对地理标志的"三元模式"（如表 1-1 所示）各有侧重，这种多头保护模式有效推动了我国地理标志事业的发展。但是，实践中"三元模式"相互独立，彼此缺乏支持协调，导致地理标志保护重叠，造成了地理标志保护的权利纠纷和执法冲突，也不利于在国际上持续提升我国地理标志的整体竞争力。

表 1-1 地理标志保护"三元模式"

	地理标志商标	地理标志产品保护	农产品地理标志
机构	原国家工商行政管理总局 现国家知识产权局商标局	原国家质量监督检验检疫总局 现国家知识产权局知识产权保护司	原农业部 现农业农村部
法规	《商标法》 《集体商标、证明商标注册和管理办法》	《地理标志产品保护规定》 《地理标志产品保护规定实施细则（暂行）》	《农业法》 《农产品地理标志管理办法》
定义	标示某商品来源于某地区，该商品的特定质量、信誉或者其他特征，主要由该地区的自然因素或者人文因素所决定的标志	产自特定地域，所具有的质量、声誉或者其他特性本质上取决于该产地的自然因素和人文因素，经审核批准以地理名称进行命名的产品	标示农产品来源于特定地域，产品品质和相关特征主要取决于自然生态环境和人文历史因素，并以地域名称冠名的特有农产品标志
目的	通过商标法以注册证明商标或集体商标的方式来保护地理标志	保护我国的地理标志产品，规范地理标志产品名称和专用标志的使用，保证地理标志产品的质量和特色	规范农产品地理标志的使用，保证地理标志农产品的品质和特色，提升农产品市场竞争力
申请人	申请人为团体、协会或者其他组织，地理标志所标示地区的人民政府或者行业主管部门授权申请人申请注册并监督管理该地理标志	申请人为当地县级以上人民政府指定的地理标志产品申请机构或人民政府认定的协会和企业	申请人为县级以上地方人民政府根据相应条件择优确定的农民专业合作经济组织、行业协会等组织
标识		 2020 年 12 月 31 日全面启用	

2008 年，我国发布《国家知识产权战略纲要》，将地理标志作为特定领域知

识产权客体，强调要完善地理标志保护制度，推动地理标志知识产权的保护、运用。2018 年，《国务院机构改革方案》将原产地地理标志的注册登记和行政裁决的主要职责划归至国家知识产权局。农业农村部于 2022 年 3 月停止了涉及农产品地理标志的受理、评审、公示和公告等登记工作。我国地理标志制度迎来了重大改革，必将形成更加规范、严格的保护体系。在国家知识产权局的统筹协调和领导下，将能够进一步发挥地理标志的制度优势，助力地方特色经济高质量发展。

思考题

1.《晏子春秋》是记载春秋时期（公元前 770—公元前 476 年）齐国政治家晏婴言行的一部历史典籍，由史料和民间传说汇编而成。一个有名的成语"橘生淮南"出自《晏子春秋》，其中记述了晏婴出使楚国时与楚王的一段答问："婴闻之：橘生淮南则为橘，生于淮北则为枳，叶徒相似，其实味不同。所以然者何？水土异也。"

思考：从上述成语典故中，可以反映出地理标志的哪些基本特征？你所知晓的我国柑橘类地理标志产品有哪些，有何不同的产品特点？

2."公地悲剧"是 1968 年由英国教授加勒特·哈丁提出的一个概念。它指的是善用公共资源，可以为集体和个体带来长远的收益，但是个体总会受到诱惑，倾向于采取自私的短期策略，导致公共资源逐步淡化而耗尽。地理标志具有突出的公共资源属性，地理标志权也是授予特定地域范围内的经营者在指定产品上使用该地理标志以标示来源的排他性共有权利。

思考：如何充分理解和行使地理标志权，从而避免"公地悲剧"，保障地理标志的长远发展？

3. 简述地理标志的特征。

4. 简述地理标志与原产地名称、产地标记的关系。

5. 地理标志权如何行使？

延伸阅读

地理标志作为一种特殊的知识产权客体，它所特有的质量、声誉等是紧密依附于特定地理区域的自然因素或者人文因素。也需要以明确的技术规范予以固定和确认，以通过《中欧地理标志协定》在中国获得保护的地理标志"捷克布杰约维采啤酒"为例，其相关技术规范摘录并翻译如下。

原料

生产捷克布杰约维采啤酒的主要原料为水分、大麦芽和啤酒花，经下面酵母发酵作用。所使用的主要原料来自特殊的地理区域，有特殊的品质。

唯一使用水来自自流井，其深度超过 300 米。该井提供的水对生态无害，来自捷克布杰约维采盆地指定区域的地下湖。该水里的硝酸盐含量小于 3 毫克 / 升，储藏于白垩系上地层，大概有七八千年的历史。该蒸煮用水的硬度很低，最高允许硬度为 1 毫摩尔 / 升，水的矿物成分和 pH 值 6 ~ 7，不需经过任何处理，而非常适合酿造过程，对捷克布杰约维采啤酒的典型特征具有决定性的影响。

浅色大麦芽由种植在摩拉维亚的二棱春大麦制成，其检验和批准由主管监督机关来负责。浅色大麦芽的特性是高产量和浅色。在生产黑啤酒的过程中另外使用特殊大麦芽、焦糖、巴伐利亚着色麦芽。

柔和芳香的半早熟红色啤酒花，被种植于限定的地理区域内的日阿特茨区域。在采购和生产时，只使用压缩的啤酒花（不使用啤酒花颗粒或浸膏）。

啤酒所特有的香气和口味来自下面酵母菌。它被保存在布拉格啤酒麦芽制造工艺研究所生产用的微生物保藏中，标为 2 号。该保藏品的国际注册编号为 RIBM655。

生产流程

原料的处理及捷克布杰约维采啤酒准备过程的所有阶段，都须在限定的地理区域内进行。

用于生产捷克布杰约维采啤酒的麦芽汁唯一制成的方法是二次煮出糖化法，敞开麦芽汁并在大气压条件下煮沸。

发酵过程在垂直的锥头柱形的罐中进行，发酵罐里面的温度被控制在

6～11℃范围内。

后发酵过程是分开的，在水平的罐中进行（两阶段生产程序）。后发酵时间应符合长期低温发酵的原则，最高温度为3℃。

发酵结束后，将啤酒进行过滤并灌装到销售或者运输包装中。

第二章　地理标志的构成要件

· · · · · · · · · · ·

要点提示

　　本章节重点掌握的知识：（1）地理标志区域性的类型；（2）地理标志区域性的范围；（3）地理标志独特性的认定标准；（4）地理标志关联性的内涵；（5）地理标志关联性的类型与认定标准。

本章思维导图

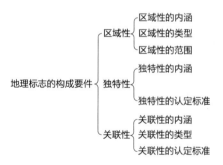

　　根据我国《商标法》《地理标志产品保护规定》《农产品地理标志管理办法》三种保护制度对地理标志的定义，结合第一章所述地理标志的"地域指示性""产品特有性""因素关联性"三个特征，地理标志的构成要件由"区域性""独特性""关联性"组成。

第一节 区域性

祁门红茶产自安徽祁门县，2004 年 9 月 28 日，祁门县祁门红茶协会提出注册申请（如图 2-1 所示），产区范围限定在祁门县内。该商标初审公告后，安徽国

祁门红茶

图 2-1 4292071 商标（无效）

润茶业有限公司（以下简称"国润公司"）对该商标使用的地域范围提出异议。为了加快商标的注册脚步，双方在安徽省工商行政管理局的主持下经协商达成统一意见，国润公司撤回异议申请，而祁门红茶协会向商标局申请变更争议商标使用的地域范围。然而，在国润公司遵照协调意见撤回异议申请后，祁门红茶协会并没有提交变更地域范围的申请，争议商标被获准注册，从此这一场历经 13 年的争议商标案件拉开了帷幕。

该案中，虽然祁门红茶协会在提出争议商标注册申请时，并不存在提交虚假文件骗取商标注册的行为，其申请注册争议商标也不属于无实际使用意图而抢注商标的情形，但是，有关"祁门红茶"产区地域范围的不同认识是客观存在的，国润公司在争议商标尚未核准注册前已提出异议，安徽省工商行政管理局就此还召集包含祁门红茶协会、国润公司在内的相关单位进行了协调并形成了会议纪要，即使祁门红茶协会事后不同意该会议纪要的内容，但其对"祁门红茶"产区地域范围存在争议这一事实是明确知悉的，未全面准确地向商标注册主管机关报告该商标注册过程中存在的争议，尤其是在国润公司撤回异议后，仍以不作为的方式等待争议商标被核准注册，这种行为明显违反了地理标志商标注册申请人所负有

的诚实信用义务，符合《商标法》第 44 条的规定，应宣告其注册商标无效。2017
年 12 月 25 日，北京高级人民法院作出终审判决："祁门红茶"商标无效。

（**资料来源**：北京市高级人民法院（2017）京行终 3288 号行政判决书。）

一、区域性的内涵

地理标志的区域性是指地理标志标示产品来源于特定地理区域，以区分同类
产品不同产地来源。地理标志作为 TRIPs 协定所确定的七大类知识产权客体之一，
具有知识产权所具有的地域特性，但地理标志还体现为区域性。地理标志名称及
申请与使用主体均体现特定地理区域，产品的质量、特征亦取决于其所在区域的
自然因素或者人文因素，与其地理来源有着明显的关联性，不同区域有着不同的
风土、物种、工艺、人文等诸多差异性，在其他区域出产的同类型产品无法具有
同样的特质，且其申请与使用主体同样受到严格的区域限制。作为一种指示性标
记，地理标志标示着特定的地域、地区或者地点，表明了某件地理标志产品的来
源地，使消费者能够区分来源于地理标志所在区域的产品与其他区域的产品。首
先，地理标志所代表的区域须为真实存在的区域，可以是一个地区或一个国家甚
至是曾存在过的历史地名；其次，地理标志的区域性决定了只有在地理标志所标
示的区域范围内的相关主体有权申请或使用该地理标志，并获得法律保护，区域
外的主体使用该地理标志，属于假冒地理标志；最后，区域性将地理标志所在地
的地理环境优势发挥到极致，通过当地特殊的地理环境或者人文因素的双重作用，
地理标志具有区分于同类产品的质量、声誉等特征，在其他区域出产的同类型产
品，即使品质相当或更优也不可等同于地理标志产品。因此，地理标志在申请注
册后，国家对于可使用这一地理标志标示的产品也有着严格的出产地域限制。

二、区域性的类型

地理标志区域性主要体现在地理标志标示产品来源于特定地理区域，表现为

地理标志的名称（地理区域名称＋产品通用名称）、申请人、使用主体、产品等具有区域性。根据性质的区别予以划分，地理标志区域性可分为名称区域性、主体区域性、产品区域性三种类型：

（一）名称区域性

地理标志名称区域性是指地理标志的名称以地理区域名称为必备要素，用以指示产品来源的特定地理区域。地理标志的名称由"地理区域名称＋产品通用名称"构成，其名称通过"地理区域名称"明确指示地理标志产品的特定地理区域，便于消费者识别该产品来源，具有不可重复性。地理标志名称中的"地理区域名称"一般由行政区划名称、山川、海洋、湖泊、河流等具有地理指示功能的名称构成，具有直接的地缘依附性、地缘联想性，看到该地理标志产品便可联想到其产地地理区域。

地理标志的名称区域性通常体现在以下三种地理区域名称类型中：

1. 以国家名称为地理区域名称

某些国家的农产品在国外名气较大，形成以国家名称为地理区域名称的地理标志，例如，泰国商业部外贸厅在我国注册的"泰国茉莉香米泰国香米"地理标志证明商标以"泰国"国家名称作为地理区域名称；根据《中欧地理标志协定》，"塞浦路斯鱼尾菊酒""爱尔兰威士忌""捷克啤酒""爱沙尼亚伏特加"等成为中欧互认互保地理标志，"塞浦路斯""爱尔兰""捷克""爱沙尼亚"均为国家名称作为地理区域名称，体现地理标志名称以国家为范围的区域性。

2. 以行政区划为地理区域名称

行政区划既包括历史的行政区划也包括现行的行政区划。地理区域名称可以使用历史上的行政区划名称，例如，大连市旅顺口区藻类协会注册的"旅顺海带"地理标志证明商标（如图 2-2 所示）采用"旅顺"作为地理区域名称，历史上曾存在"旅顺市"，后并入大连市，成为大连市旅顺口区，因此"旅顺海带"中的"旅顺"系历史行政区划名称，而非现行行政区划名称"旅顺口区"。采用现行行政区划名称，则存在依据我国现行"省、市、县、乡"行政区划作为地理区域名称的情形。

第一类，以省级行政区划名称为地理区域名称，如四川省若尔盖县牦牛草地型藏系绵羊养殖协会注册"四川河曲马"地理标志证明商标（如图2-3所示），国家质量监督检验检疫总局2018年第33号公告对"西藏藏红花"实施国家地理标志产品保护，农业农村部第378号公告对"广西六堡茶"实施农产品地理标志登记保护，三种类型的地理标志，分别使用了"四川""西藏""广西"省级行政区划名称作为地理区域名称。

图2-2　第6455336号商标　　图2-3　第9683392号商标

第二类，以地市名称为地理区域名称，如新疆维吾尔自治区阿克苏地区苹果协会注册"阿克苏苹果"地理标志证明商标（如图2-4所示），甘肃省兰州市七里河区百合质量监督管理站注册"兰州百合"地理标志证明商标（如图2-5所示），广西壮族自治区柳州市螺蛳粉协会注册"柳州螺蛳粉"地理标志证明商标，国家质量监督检验检疫总局第104号公告对"汝瓷"实施地理标志产品保护。

图2-4　第5918994号商标　　　图2-5　第1687899号商标

典型案例　地理名称的缩略语作为地理标志的名称组成

汝瓷（如图2-6所示）因产于河南省汝州市而得名，汝州盛产高岭土、玛瑙、黏土等制瓷原料，为汝瓷烧制技艺的产生、发展、成熟和繁荣提供了优越的自然条件。汝瓷始于唐朝中期，盛名于北宋，位居宋代"五大名瓷"之首。汝窑以烧制青瓷闻名，有天青、天蓝、豆绿、月白等釉色。汝窑瓷器的胎色细腻，在胎土中含有少量的铜元素，对着太阳光看会看到微微发红的迹象，同时略带浅黄色。汝窑的天青釉瓷，釉中含有玛瑙，色泽青

图2-6　汝瓷

翠华丽，釉汁肥润莹亮，有如堆脂，视如碧玉，扣声如磬，质感甚佳，有"似玉非玉
而胜似玉"之说，其色泽素雅自然，有"雨过天晴云破处"之誉。现今存世的古代汝
瓷，一般认为仅有 65 件。2005 年，汝瓷获得中国地理标志产品保护。

（资料来源：中国非物质文化遗产网 . 汝瓷烧制技艺［EB/OL］.（2020-10-13）[2023-
01-15].https://www.ihchina.cn/project_details/14705.html.）

第三类，以县级行政区划名称为地理区域名称，如原四川省成都市郫县食品
工业协会（现为成都市郫都区食品工业协会）注册"郫县豆瓣"地理标志证明
商标（如图 2-7 所示），同时国家质量监督检验检疫总局 2005 年第 212 号公告
对"郫县豆瓣"实施国家地理标志产品保护；浙江省安吉县农业农村局茶叶站注
册"安吉白茶"地理标志证明商标（如图 2-8 所示），国家质量监督检验检疫总
局 2004 年第 39 号公告对"安吉白茶"实施国家地理标志产品保护，农业农村部
第 126 号公告对"安吉白茶"实施国家农产品地理标志登记保护；广西壮族自治
区融安县水果生产技术指导站注册"融安金桔"地理标志证明商标（如图 2-9 所
示），国家质量监督检验检疫总局 2011 年第 178 号公告对"融安金桔"实施国家
地理标志产品保护，农业农村部第 378 号公告对"融安金桔"实施农产品地理标
志登记保护。

图 2-7 第 1388982 号商标 图 2-8 第 1511897 号商标 图 2-9 第 4409718 号商标

第四类，以乡镇名称为地理区域名称，如"金田淮山"，"金田"为广西壮族
自治区桂平市金田镇，太平天国领袖洪秀全曾在此领导金田起义，金田淮山最初
以在金田镇种植为主，2010 年桂平市金田镇被命名为"广西淮山之乡"，金田淮
山因此而得名，2010 年农业部批准对"金田淮山"实施农产品地理标志登记保
护，2016 年"金田淮山"获得地理标志证明商标（如图 2-10 所示）；又如"南晓

鸡"，为南宁市良庆区农业服务中心所注册地理标志证明商标（如图 2-11 所示），南晓鸡主要产于广西壮族自治区南宁市良庆区南晓镇，由 20 世纪 90 年代的"荔枝园养鸡"生产模式发展而来，成为特色农产品。

图 2-10　第 15577841A 号商标　　　　　图 2-11　第 45786218 号商标

除以行政区划为地理区域名称外，还有采用村屯名称作为地理区域名称的情形。2010 年农业部发布《关于推进一村一品强村富民工程的意见》，打造特色品牌农业，取得了积极成效，部分乡村挖掘培育本村特色地理标志，使其成为助力乡村振兴的新引擎，如广东省湛江市吴川市黄坡镇稳村注册"稳村番薯"地理标志证明商标（如图 2-12 所示）；"清泉沟小米"产于河南省三门峡市陕县张茅乡清泉沟村，农业部第 2651 号公告对其实施农产品地理标志登记保护；国家质量监督检验检疫总局 2014 年第 109 号公告对"姑辽茶"实施地理标志产品保护，2018 年扶绥县东门镇商会获准注册"姑辽茶"地理标志证明商标（如图 2-13 所示），"姑辽"名称来源于广西壮族自治区崇左市扶绥县东门镇六头村姑辽屯。

图 2-12　第 50846550 号商标　　　　　图 2-13　第 17461151 号商标

3. 以自然地理实体名称为地理区域名称

自然地理实体名称包括山（峰）、河（涌）、湖、海、岛礁、沙滩（滩涂）、岬角、海湾、水道、关隘、沟谷、泉、瀑、洞、地形区等。自然地理实体名称作为地理区域名称的如"武夷山大红袍"（如图 2-14 所示），大红袍只产于福建省武夷山，素有"茶中状元"之美誉，乃岩茶之王，地理标志因此得名；"青竹江娃娃鱼"，指主要产于青竹江水域、被誉为"水中人参"的娃娃鱼，青竹江古称醍醐水，又名清水江，位于四川省广元市，是长江支流嘉陵江支流白龙江的支流；"阳

图 2-14　第 43509397 号商标

澄湖大闸蟹"，指盛产于苏州阳澄湖符合标准的中华绒螯蟹；"查干湖胖头鱼"，源自吉林省最大天然湖泊查干湖，位于前郭尔罗斯蒙古族自治县；"涝河桥羊肉（清真）"，1989 年吴忠市民众在涝河桥下长达 150 米的公路两侧开展屠宰业，后建成涝河桥清真牛羊肉批发市场，涝河桥羊肉因此得名；"太源井晒醋"，太源井原为千年盐都自贡的一口盐井，太源井晒醋因井而名。

（二）主体区域性

地理标志的申请人具有区域性，申请注册地理标志的团体、协会或者其他组织，必须是来自该地理标志所标示的区域范围内的主体，且该申请人需具有监督使用地理标志商品特定品质能力，能够查明与掌握该地理标志来源于该区域且合乎特定品质并能承担宣传先进经验、为生产者提供服务、协助有关部门进行管理等责任，其业务范围需与其所监督使用的地理标志有关，因为只有该区域范围内的申请人，方能对该地理标志的产地范围、所需自然环境、品质指标等有彻底的了解并能为生产者提供指导答疑，例如，"吐鲁番葡萄"的申请人是吐鲁番地区葡萄产业协会。

依据实践操作来看，地理标志申请人主要分为三类：第一类是社会团体法人，如"福鼎四季柚"的注册人福鼎市四季柚协会是由福鼎市民政局批准设立的社团法人，其业务主管单位是福鼎市农业局，其主要业务范围是开展种植与加工的学术研究和交流，组织科技调研、论证和科研示范、科技培训活动，宣传和推广先进技术经验，提高会员和柚农科技水平，为生产者提供产前、产中、产后有偿或无偿服务，协助有关部门加强四季柚市场管理；第二类是科研、技术研究、推广机构，例如"古丈毛尖"（如图 2-15 所示）的注册人是古丈茶叶发展研究中心，古丈茶叶发展研究中心是事业单位法人，其主要业务范围为茶叶开发、茶叶商标的使用管理及有关茶叶发展、营销活动的组织服务；第三类是政府批准设立的管理机构，例如"古田银耳"（如图 2-16 所示）注册人是古田县食用菌产业管理局。若地理标志的申请人并非源于该地理标志所标示的地区，易误导公众的，不得予以注册。

图 2-15　第 1607997 号商标　　　　图 2-16　第 22030066 号商标

地理标志的使用主体具有区域性，限于在区域内生产该地理标志指向的产品并符合地理标志认证要求的自然人、法人或者其他组织。符合要求的地理标志使用主体可要求参加申请注册该地理标志团体、协会或者其他组织，该团体、协会或者其他组织应当依据其章程接纳为会员，集体组织成员都来自该地理标志所标示的地区范围，范围外的主体既不能成为集体组织成员，也不能使用该组织注册的地理标志；地理标志区域范围内的主体，不参加注册该地理标志的团体、协会或者其他组织，也可以正当使用该地理标志，该团体、协会或者其他组织无权禁止。

（三）产品区域性

地理标志具有产品区域性，即地理标志产品是指产于该地理标志所划定的特定地理区域内的产品。地理标志所标示的产品在区域范围内对特定气候、土壤、水源等自然条件和生产技艺、传统工艺等条件具有依赖性，同一类型的产品在不同区域内因区域的地理条件、自然风土、物品种类、种质资源等差异，导致区域间地理标志的产品质量、声誉等有所区别，如荔浦芋，以具有营养丰富、肉质酥软等特点，被誉为"芋中极品"，因其盛产于广西荔浦市而得名。若申请地理标志注册的产品并非源于该地理标志所标示的区域内，易于误导公众，不予注册，如河南省民权县曾申请注册"香槟小乔"地理标志，众所周知，香槟是指产于法国香槟区的葡萄酒，香槟地区（Champagne）在法国巴黎以东的兰斯市（Reims）周围，包括马恩省（Marne）、埃纳省（Aisne）和奥布省（Aube）的一部分区域，仅其种植区所包含的 319 个市镇出产的酒才可称为香槟酒，民权县所申请的"香槟小乔"指定的使用产品并非源于香槟所标示地区，易于误导大众对其产品地理来源造成误认，被予以驳回。

三、区域性的范围

区域性的范围即地理标志所标示的地域，是产品的地理来源范围，亦是地理标志受法律保护的范围。地理标志区域性的范围可分为以国家名称命名的地理标志区域性范围、以行政区划命名的地理标志区域性范围和以自然地理实体命名的地理标志区域性范围。

（一）以国家名称命名的地理标志区域性范围

以国家名称命名的地理标志，其区域性范围多默认为该国全域，但在实践中存在着区域性范围等于该国全域范围与小于该国全域范围两种情形：第一，以国家名称命名的地理标志区域性范围与其名称一致，如爱尔兰威士忌，其名称构成为"爱尔兰（国）＋威士忌"，威士忌曾一度是爱尔兰每个山野乡林必备的民生工业，其区域范围为爱尔兰全域；第二，以国家名称命名的地理标志区域性范围小于该国全域，如"泰国茉莉香米泰国香米"（如图2-17所示），其名称构成为"泰国＋香米"，因其特殊的生产条件产生独特的品质，虽然其在中国申请地理标志证明商标时以泰国为区域范围，但其主要出产于泰国东北部，尤其以黎逸府（Roi Et）、乌汶府（Ubon Ratchathani）、武里南府（Burirum）、四色菊、素辇府（苏吝府）、

图2-17　第3852658号商标

益梭通府等地为多，并非产于泰国全域。

（二）以行政区划命名的地理标志区域性范围

地理标志产品的保护范围通常是以相关主管部门提出的范围为准，多为某省市（县）现辖行政区域，以行政区域进行地理标志保护时，其保护范围的划分由该行政区域所处地区的相关部门进行划分即可，有利于调动政府各部门进行申报

和监管的积极性。但这并不意味着以行政区划命名的地理标志区域性范围与行政区划保持一致，以行政区域划分保护范围需要该地理标志产品生产或制造过程完全在该行政管辖区域内完成，不涉及跨行政区域等情形存在，但在实践中存在地理标志产品保护范围与行政区划一致、小于或大于该行政区划、跨行政区划等情形，所以以行政区划命名的地理标志区域性范围可分为如下三种类型。

第一，名称所涉行政区划与地理标志区域性范围一致，如百色芒果，其名称构成为"百色（市）＋芒果"，百色芒果的产地范围为广西壮族自治区百色市现辖行政区域；如蕉岭绿茶，其名称构成为"蕉岭（县）＋绿茶"，蕉岭绿茶的产地范围为广东省梅州市蕉岭县现辖行政区域；如神湾菠萝，其名称构成为"神湾（镇）＋菠萝"，神湾菠萝的产地范围为广东省中山市神湾镇现辖行政区域。上述三类涉及市县镇的地理标志产品的区域性范围均与其名称相一致。

第二，名称所涉行政区划小于或大于地理标志区域性范围，如玉林牛巴，其名称构成为"玉林（市）＋牛巴"，但其区域性范围为广西壮族自治区玉林市玉州区、福绵管理区、玉东新区3个区现辖行政区域，并未涉及该市北流、博白等地区，其区域性范围小于其名称所涉行政区划；如武夷红茶，其名称构成为"武夷（市）＋红茶"，但其区域性范围为福建省武夷山市及福建武夷山国家级自然保护区现辖行政区域，其区域性范围除武夷山市外还包含武夷山自然保护区（涉及武夷山市、建阳区、光泽县、邵武市行政区域）所涉的行政区域，大于其名称所涉的行政区划。

第三，除前述两种情形外，以行政区划命名的地理标志还存在着跨越多个行政区划的情形，跨行政区划地理标志申请需要上一级人民政府指定主体管辖，如库尔勒香梨，其名称构成为"库尔勒（市）＋香梨"，但其区域性范围为新疆维吾尔自治区的库尔勒市、阿克苏市、阿拉尔市、尉犁县、轮台县、库车市、沙雅县、新和县、阿瓦提县、温宿县等3市7县现辖行政区域，其区域性范围跨越包括库尔勒市在内的巴音郭楞州的其他县乡及阿克苏等其他地区；如东北大豆的种植区不限于三省一区，其区域性范围包括其种植区所涉及的地理区域，包括以黑龙江为重点的东北三省的大豆种植区，以及经考察确认的内蒙古东北部4个盟（市）的一些大豆种植区。

（三）以自然地理实体命名的地理标志区域性范围

除以行政区划划分地理标志区域性范围外，还可以自然地理实体作为地理标志保护范围划分依据，但并不意味着以自然地理实体命名的地理标志产品所涉的区域性范围完全以该自然地理实体为划分依据。依据现行法律制度的明确规定，在划定地理标志产品保护区域时，地理标志产品的产区范围不需要跟现行行政区划的名称、范围完全一致。实践决定地理标志独特品质的地理环境并不必然以行政区划范围作为其产地划分标准，还涉及产地环境、生产过程等情形，此时若完全以行政区划的方式将客观形成的地理标志实际产地割裂开来，只允许行政区划范围内的生产经营者使用该地理标志，而不允许行政区划范围以外的生产经营者使用有违客观事实，因而以自然地理实体命名的地理标志多数并不以行政区划为区域性范围，而是依据其自然地理实体名称进行划分。❶

第一，名称所涉地理区域与地理标志区域性范围一致，如前文所述武夷山大红袍，其名称构成为"武夷山 + 大红袍"，其区域性范围为福建省武夷山范围，与其名称构成相一致；如"阳澄湖大闸蟹"，其名称构成为"阳澄湖 + 大闸蟹"，其区域性范围为江苏省苏州市自然形成的阳澄湖水域，与其名称构成相一致。

第二，名称所涉地理区域小于或大于地理标志区域性范围，如地理标志保护产品长白山红景天，其名称构成为"长白山 + 红景天"，但其区域性范围为吉林省临江市现辖行政区域，临江市位于吉林省东南部，长白山主峰西南麓，可见长白山红景天生产地并未涵盖长白山全境，小于长白山的绵延范围。

---

❶ 李祖明.地理标志的保护与管理［M］.北京：知识产权出版社，2009：197.

第二节　独特性

洞庭山碧螺春产于江苏省吴县洞庭山碧螺峰，最早的历史记载见于唐代陆羽的《茶经》。据《太湖备考》等史志记载，康熙三十八年（1699）四月，康熙南巡浙江途经苏州，江苏巡抚以该茶进献，康熙饮后大加赞赏，因其茶"清汤碧绿，外形如螺，采制早春"而赐名为"碧螺春"。自此碧螺春茶每年进贡朝廷，名扬天下。碧螺春茶叶长度约 1.5 厘米，冲沏后展开的叶芽为白毫卷曲形，叶为卷曲青绿色，叶底幼嫩，均匀明亮。这种特定品质与悠久的吴文化、清澈的太湖水，太湖中的洞庭山之独有的地貌、气候、土壤等自然生态环境，以及与这种茶叶相配套、经千百年而形成的独特采制（如杀青、揉捻、搓团、显毫、烘干等）工艺密不可分。1998

图 2-18　第 1163958 号商标

年，洞庭山碧螺春注册成为集体商标（如图 2-18 所示），2020 年，洞庭山碧螺春被授予农产品地理标志登记证书。洞庭山碧螺春的质量特色与其所处地域的自然因素或者人文因素密切相关。

（资料来源：苏州市吴中区人民政府.碧螺春制作技艺被列入人类非遗代表性项目名录［EB/OL］.（2022-12-08）［2023-01-17］.http://www.szwz.gov.cn//szwz/whjywltygz/202212/ff8ee3fd6f8d4917831afbfa6a1cddce.shtml.）

一、独特性的内涵

地理标志的独特性是指地理标志必须有特定质量、声誉或者其他特征及能够区别于同类产品的且具有稳定性、固化性的品质特征，让别人通过这种品质特征就能识别出这件地理标志产品，包括产品的感官特征和理化指标。感官特征是指通过人的感官（视觉、味觉、嗅觉、触觉等）能够感知、感受到的特殊品质及风味，可以是大小、重量、颜色、口味等；理化指标是需要通过仪器检测的可量化的独特理化品质指标，常见的例如水果的营养成分含量，酒的酒精度，陶或瓷器的硬度、密度等。独特性是地理标志区别于其他同类产品的基础，也是地理标志注册的重要要件，例如"龙岗芡实"的特定品质是嫩果呈圆形，色深青、青中带黄或黄中透红。粒大壳薄，颗粒饱满圆润，特级籽粒直径 ≥ 14 毫米，一级籽粒直径范围 12 ~ 14 毫米。煮熟后壳软、易去壳。芡米色泽粉嫩，断面白色。米甜而不涩，入口爽滑，口感绵糯，味道清香，水分 ≤ 50%，淀粉 ≥ 35 克/100 克，蛋白质 ≥ 6 克/100 克，脂肪 ≤ 0.6 克/100 克，膳食纤维 ≥ 1.6 克/100 克，色深青、青中带黄或黄中带红、粒大壳薄都是感官上的特征，而果形指数是表示产品形状的，甜、味道清香等都是表示口感的，其他数据都是理化指标。独特性具体体现在其与同类产品相比较具有明显的特定差异，该种差异可以通过特定质量、声誉或其他特征等体现出来，而该地理标志产品所具有的特定质量或声誉，是除原产地以外的其他地域所无法达到的，但值得注意的是，其特定质量并非代表地理标志产品在同类产品中质量最好，而是具有特色，地理标志赋予来源于某一特定区域的产品相当的质量、声誉或其他特征，如"福鼎槟榔芋"以其表皮呈棕黄色，芋肉为乳白色带紫红色槟榔花纹，质地细、松、酥、浓香，淀粉含量 25% 以上的为其独特性，如果没有了其特定的品质，"福鼎槟榔芋"只是福鼎产的槟榔芋。

二、独特性的认定标准

地理标志的独特性是指地理标志指向的产品具有特定质量、良好声誉或其他方面的优良特性。质量、声誉和其他特性中任意一者都是构成地理标志优良性的充分条件，换言之，地理标志的独特性特征不要求同时具备质量和声誉，只要具备其中一种即可，所以地理标志独特性的认定标准主要将以质量与声誉为参照。

（一）地理标志产品质量具有独特性

地理标志产品质量具有独特性，即在满足我国法律法规对产品质量要求的基础上拥有地理标志产品来源地所造就的特定质量，这种特定质量使得地理标志产品与其他同类产品得以区分开来并具有独特的品质。在实践中，地理标志产品的特有质量一般难以量化或有标准进行判断，通常都是在地理标志产品销售过程中消费者对其所形成感官上的认可，当然也存在着如特殊的气味、特殊的手感、特殊的口感、理化指标等可以量化的特殊质量。地理标志产品的独特质量须通过具体的感官特征、理化指标予以描述。依据相关规定，感官特征包括形状、尺寸、颜色、纹理等视觉特征和嗅觉、味觉感知等。理化指标包括所属族、种等生物特征，重量、密度、酸碱度等物理特征，水分、蛋白质、脂肪、微量元素含量等化学特征。制作方法包括对加工技术的描述及最终产品的质量标准，例如，动物产品的饲养过程、屠宰方法等；植物产品的种植过程、收获时间、储存方式等；传统手工艺品的原材料、配料和制作过程等。"铁岭大米"感官特色为米质半透明或透明，色泽青白有光泽，具有本区域大米固有的自然清香味，理化指标为胶稠度 ≥ 75 毫米，直链淀粉含量（干基）15% ~ 20%，出糙率 ≥ 79%，整精米率 ≥ 64%，垩白度 ≤ 3.0%，垩白粒率 ≤ 20%，与其他地区的大米有着鲜明对比；烟台苹果果型端正、果面光洁、色泽鲜艳、汁多爽口、肉质松脆，果形指数 0.8 以上，着色面积 80% 以上，可溶性固形物含量达到 15% 以上，果实硬度 8.0 千克力 / 平方厘米以上，总酸含量 ≤ 0.4%。

（二）地理标志产品声誉具有独特性

地理标志产品所具有的独特声誉是独立于特有质量存在的，地理标志产品的声誉代表着消费者对一个地理标志对应的产品质量感知、好感评价，是在漫长的历史进程中通过人们长期使用、购买产品而逐渐形成的，是人们对地理标志产品的积极认可，是特定地区生产者辛勤努力的结果。对地理标志的保护可以制止那些未按照地理标志规范进行生产或不属于划定生产区域的生产者利用该地理标志，搭上其声誉的顺风车，也避免了质量较差或质量参差不齐的产品使用地理标志导致该标志的声誉受损。地理标志产品客观存在及声誉情况主要依据有三类：第一类是县志、农业志、产品志、年鉴、教科书；第二类是上述之外的公开出版的书籍、国家级专业期刊、古籍等材料；第三类是其他可以证明该地理标志产品客观存在及声誉情况的材料，上述依据应对该地理标志的名称及其声誉等有清晰明确的记载，例如，"苍山大蒜"地理标志的客观存在证据为公开出版的书籍《苍山县志》，其中记载："苍山大蒜是山东省的著名土特产品，因产地苍山县而得名，具有头大瓣齐、皮薄如纸、洁白似玉、粘辣清香、营养丰富等特点，在国内外享有盛誉。苍山县由此而成为国家优质大蒜生产、出口的基地县，被誉为大蒜之乡。"地理标志产品逐渐形成的声誉与其所在区域的自然因素或者人文因素密切相关，因为特定区域的自然因素或者人文因素造就该地理标志产品的特定质量并因此获得消费者的认可。地理标志的申请注册既保证了产品合格的质量标准，也给了消费者一个客观的答复，使消费者放心购买。对消费者而言，运用原产地命名的地理标志产品是经过担保的，质量有所保障的、无损健康的、高质量产品。

（三）地理标志产品其他特征具有独特性

地理标志产品其他特征的具体认定标准，国际国内立法鲜有规定。"其他特征"规定的性质属于地理标志产品独特性的兜底条款，地理标志产品的独特性主要归于质量或其声誉，但仍有质量或声誉之外的独特性因素。兜底条款的存在为主管机关及相关机构提供了一定的判断空间，也为地理标志产品提供了更多发展的可能性。

第三节　关联性

引入案例

（一）灌云豆丹驳回复审案

豆丹是豆天蛾的幼虫，被江苏省灌云县人视为餐桌上的美食，久而久之"灌云豆丹"的名号也流传开来。2021 年北京市高级人民法院作出二审判决，驳回了灌云县同兴镇豆丹养殖协会（以下简称"豆丹养殖协会"）的上诉，维持一审法院原判，"灌云豆丹 GUANYUNDOUDAN"地理标志证明商标的注册申请终被驳回。2013 年 3 月，豆丹养殖协会向国家工商行政管理总局商标局（以下简称"商标局"）提出第 12275385 号"灌云豆丹 GUANYUNDOUDAN"（以下简称"申请商标"）地理标志证明商标的注册申请，指定使用在第 31 类豆丹（活的）商品上。2014 年 10 月，商标局以申请商标为地方菜肴名称、不符合地理标志证明商标注册条件为由，驳回了申请商标的注册申请。2014 年 12 月，豆丹养殖协会向国家工商行政管理总局商标评审委员会（以下简称"商评委"）提出复审申请。2015 年 8 月，商评委驳回了豆丹养殖协会的申请，理由是："灌云豆丹"为地方菜肴名称，不符合地理标志证明商标注册条件，豆丹养殖协会亦未提供证据证明"灌云豆丹"符合地理标志证明商标的规定条件。

豆丹养殖协会不服上述裁定，向北京知识产权法院提起行政诉讼，北京知识产权法院认为：豆丹养殖协会提交的灌云县农业委员会出具的《情况说明》及《灌云县科学技术志》均未明确提及基于灌云县何种自然因素或者人文因素导致该地域出产的"豆丹"商品具备何种特定质量、信誉或者其他特征；即便上述文件中具有相应的记载，在无其他证据予以佐证的情况下，亦难以证明"灌云豆丹"在"豆丹（活的）"的商品上已满足地理标志的条件。商标评审委员会依照《商标法》第16条及第30条的规定驳回申请商标的注册申请，并无不当。豆丹养殖协会不服原审判决，向北京市高级人民法院提起上诉，北京市高级人民法院经审理查明，二审法院查明事实基本清楚，判决驳回上诉，维持原判。

"地理标志概念中产品与产地的关联性（即关联性要素）是地理标志制度的核心。"在地理标志的具体认定方面，法院严格依据《商标法》第16条第2款的规定，强调商品特定质量、信誉或者其他特征与指定地区自然因素或者人文因素之间的对应关系。某些商品即使具有特定的品质，但如果无法建立起这种特殊品质与地理因素之间的对应关系，依然不会被认定构成地理标志。灌云豆丹商标（无效）如图2-19所示。

灌云豆丹
guanyundoudan

图2-19 灌云豆丹商标（无效）

（二）盱眙野生蜈蚣

盱眙县中药材产业联合会申请注册盱眙野生蜈蚣商标被驳回，因野生蜈蚣的特定品质与产地的人文因素无必然联系，缺乏相应的关联性，违反了《商标法》第16条的规定，不符合地理标志的关联性这一构成要件，不构成地理标志。盱眙野生蜈蚣商标（无效）如图2-20所示。

盱眙野生蜈蚣

图2-20 盱眙野生蜈蚣商标（无效）

（**资料来源**：北京市高级人民法院（2016）京行终3154号行政判决书。

商标局.盱眙野生蜈蚣驳回［EB/OL］.（2020-02-25）［2023-01-31］http://wcjs.sbj.cnipa.gov.cn/detail? b9La8sqW=cG2_NqlqEWaQjPO_m.1YImWa3ucCyKmFYklkxNDbSGH3eb2g69mwElIbdda2QfwI7BUDgDyijTUmgAhsSCVnCmHheX4nKPH6）

上述两个案例可以得知地理标志的特定品质、信誉或其他特征均需与自然因素或者人文因素相关联，若仅由自然因素或者人文因素决定其独特品质、信誉等特征的，不符合地理标志的构成要件。

一、关联性的内涵

关联性是指地理标志产品所表现出来的特定品质必须与其生产区域的自然因素或者人文因素密切相关，这种关联性表现为地理标志产品的独特性完全或者主要取决于该地的自然因素或者人文因素。关联性体现在地理标志产品独有的品质特征与生产地域的地理位置、地质构造、气候环境、土壤成分、水质成分或独特的工艺等具有密切联系，这些都是不可人为异地复制的当地自然环境或工艺关联性，是地理标志的核心，也是地理标志确权的必备要件，更是地理标志保护的灵魂。地理标志的关联性认定存在主观关联性与客观关联性之争：主观关联性主张地理标志的关联性以消费者的主观认知为标准；客观关联性主张特定地理区域的自然因素或者人文因素与商品特定品质的客观联系。我国采取主观关联性与客观关联性相结合进行认定的模式，并不单一地依据消费者的认知或人文地理因素对特定品质的影响进行认定。

（一）主观关联性

主观关联性认为，消费者将特定产品与特定产地相联系，并以此主观认知作为其构建基础，其实质就是声誉，无须以产品质量或特征为必要前提，也不论产品与产地自然、人文因素是否相关，根据声誉（公众认知）划定产地，须证明公众是否将产品与产地相联系。消费者将产品与产地相联系的认知是动态的，无法以产品规范固化，因此没必要拟定产品规范。主观关联性保护的是公众心目中对地理标志与产地关联的认识，若采用主观关联性作为标准认定地理标志关联性，则会出现允许非地名的地理标志图形，甚至通用名称注册为地理标志的情况，即便地理标志未获商标注册，只要证明地理标志可使消费者充分识别特定产品及服务的地域来源，也可受到保护，这与我国地理标志的区域性相悖。德国、英国、美国等以主观关联性为基础，为地理标志提供不正当竞争法、假冒诉讼及商标法保护。主观关联性作为反不正当竞争法的基础，在各国法律中普遍存在，构成对地理标志的一般保护基础。❶

---

❶ 王笑冰.关联性要素与地理标志法的构造［J］.法学研究，2015，37（03）：82-101.

（二）客观关联性

客观关联性是指地理标志标识的产品与真实产地之间的联系，只需满足该地理标志受自然因素或者人文因素影响形成地理标志的独特品质，并符合地理标志的规格和要求，产地的自然因素或者人文因素造就了地理标志的特定质量或特征，这种因果关系是客观存在的，不以人的意志为转移，地理标志产品与该地域之间具有关联性，称为客观关联性。相关公众消费的是地理标志标示的产品，而不是地理标志名称，显然，只有地理标志客观关联性真实、稳定，对地理标志产区按客观关联关系划分才能确保消费者的权益不受损害。客观关联性根据自然因素或者人文因素的分布来划分产地，须证明产品的质量或特征与产地具有客观因果关系，须拟定产品规范，并在规范中划定产地范围，描述产品的质量、特征及其与产地之客观联系。客观关联性以产地和产品之间具有实质关联，具有归因于地理环境的"质量或特征"为构建基础，例如，"永春佛手茶"的特殊质量是由其所处的地理环境决定，与自然因素存在着关联性：永春因其地处福建第二大山脉戴云山的南伸支脉之内，总地势由西北向东南倾斜、北面有雪山、天马山等高山群阻隔南侵冷空气，因而气候温和，全县四季如春，茶树光合作用产物积累多，这一区域种植的佛手茶树鲜叶中芳香物质、氨基酸、茶氨酸及水溶性成分含量较高，而影响乌龙茶香气和滋味的花青素、酯型儿茶素等成分含量相对较低，所以永春佛手茶香气似佛手柑天然果香、蜜味感较明显，滋味醇厚，回甘好，品质佳。

二、关联性的类型

根据生产地域的自然因素或者人文因素在地理标志产品特定品质形成过程中的决定作用大小，可分为主要由自然因素决定的关联性、主要由人文因素决定的关联性、人文因素与自然因素均起主要决定作用的关联性三种类型。

（一）主要由自然因素决定的关联性

不同产地的气温、光照、降水、土壤、河流等自然条件存在差异，因此每个区域内地理标志的各项指标也有所区别，地理标志产品的形成与自然因素或者人文因素存在密不可分的联系：人文因素在地理标志产品品质形成过程中的作用占次要地位；自然因素对于该地理标志产品的形成具有决定性的作用。正所谓"橘生淮南则为橘，生于淮北则为枳"，即便是同类型产品也会因为诸多差异因素的作用，导致各区域产品在品质上呈现不同特征。自然因素对地理标志产品的影响主要体现在地理标志产品生产地域的地理位置、地质构造等与地理标志产品的品质特征有很大的关联性。生产地域的经纬度、海拔高度、山川河流及地质构造等对形成地理标志产品的独特性也具有重要作用。地理标志产品生产地域的地理气候对地理标志产品的品质特征形成有着不同的影响，主要表现为生产地域的气候、季风、温度、湿度、降雨量、光照度、四季变化等对形成地理标志产品的独特性具有影响。地理标志生产地域的土壤跟地理标志产品的品质特征形成也有着直接的关系，主要表现为生产地域土壤的土质、成分、pH 值、透气性、有机质含量等地域土壤条件对形成地理标志产品独特性具有影响，如"吐鲁番葡萄"，吐鲁番盆地种植葡萄已经有 2000 年的历史，该地区高温干燥降水极少，高热量、高温差、高光照，独特的水土、光热等自然条件决定了吐鲁番葡萄具有皮薄、肉脆、高糖低酸、高出干率等独特的品质；又如"安溪铁观音"，产于福建省安溪县境内，产区属于亚热带季风气候，群山环抱，土层厚，有机质含量高，产区的土壤、海拔、积温、降水、温度和湿度加上独特的初制工艺，造就了安溪铁观音外形紧结重实、色泽乌绿油润，冲泡后香气浓郁持久，汤色金黄明亮、浓艳清澈、滋味醇厚、鲜爽甘甜的独特品质。

（二）主要由人文因素决定的关联性

人文因素是指能够影响地理标志产品特定品质的文化历史、生产加工方法等，包括种植区域的选择和收获时节的把控、特有的养殖技术、特殊的生产加工场所等。在千百年的历史长河中，地理标志产品存在已久，祖先们在实践中不断试错，不适宜种植的地理标志产品逐渐被淘汰，最终形成最适宜该区域生产的具有独特性的地理标志产品，可见地理标志产品是历史的选择，并且在长期的种植历史中也沉淀下很多有意义的人文价值，如关于地理标志产品的传说等。申请地理标志的多为种植与养殖的农产品，同时也有一些是加工的农副产品，其生产或加工工艺跟产品的品质特征形成有着必然的关系，主要表现为带有地理标志产品生产地域特色的生产或加工工艺对形成地理标志产品独特性的作用。特别要注意，这些生产或加工工艺是不能离开当地的地域环境而独立存在的，如果一件地理标志产品在同一地区运用普通的生产技术或工艺，仍旧可以维持其特定质量，足以证明其独特品质的形成仅靠运用的传统技术、特殊工艺即可达到，与自然因素毫无关联，并不具备地理标志的关联性。例如，"景德镇"瓷器以当地出产的"高岭土＋瓷石"独特的二元配方为主，用铁、铜、钴等氧化物配制成不同色料施于泥坯或瓷胎之表面，经高温或低温焙烧而成，使景德镇瓷器具有色彩缤纷、晶莹悦目风格独特、白如玉、明如镜、薄如纸、声如磬的特点。景德镇瓷器的独特品质形成过程中不仅依靠当地人民的瓷器生产的独特技术而且也与景德镇生产的高品质高岭土紧密相关。离开景德镇的特有自然环境和人文环境，瓷器不能称之为景德镇瓷器。

（三）人文因素与自然因素均起主要决定作用的关联性

地理标志产品特定质量、声誉或者其他特征由该地区的自然因素与人文因素均起决定作用，即该地理标志产品的独特品质形成并非主要依靠其产地自然因素或者人文因素，而是二者共同起作用的成果，其典型代表有"绍兴黄酒"，申请人绍兴市黄酒行业协会所申请的绍兴黄酒的特定品质是由鉴湖水及独特的生产工艺所决定的。绍兴黄酒产地内四季分明，雨水充沛，适宜酿酒所需的微生物生长。鉴湖湖水水质清澄，富含微量元素和矿物质。绍兴黄酒采用精白糯米为原料，配以鉴湖水酿制，具有色泽橙黄、清亮透明，味醇厚、柔和鲜爽的品质。酿酒需要适合酿酒微生物综合协调生长的环境与气候，绍兴所处的地理位置、气候、湿度都十分适宜酿酒微生物的生长，乃至绍兴的空气中含有有利于酿造的微生物圈，正是这种独特的微生物圈及依据季节变化而独具特色的酿酒工艺造就了绍兴黄酒独特的风味，其所运用的原料与水主要源于绍兴，其独具特色酿酒工艺结合绍兴的空气等因素最终造就了绍兴黄酒这一地理标志产品。地理的人文因素涵盖文化历史、栽培技术、特殊工艺等地理标志独具特色的酿酒工艺（人文）与独特的微生物圈（自然）共同所造就。

三、关联性的认定标准

我国采取主客观相结合的关联性认定标准，地理标志所标示的商品通常为农产品、食品、葡萄酒、烈性酒，还包括部分传统手工艺品等其他产品，其独特品质的形成是产地的自然因素或者人文因素所共同作用的成果，单一的仅由自然因素或者仅由人文因素决定特定品质的，与产地自然因素没有关联的手工艺品、地方小吃或与产地人文因素没有关联的纯工业产品、矿产、野生动植物等，不能作为地理标志申请注册。如上海浦东新区农协会所申请注册的地理标志集体商标"南汇甜瓜"，其提交的《南汇农业志》《南汇县维续志（1986—2001）》《南汇甜瓜生产技术操作规程》等材料表明，"南汇甜瓜"采用由人工控制生长环境的大棚种植方式，这种模式下的生长环境可在任意地区复制，其特定品质的形成与产地的自然环境因素无必然联系，并不符合地理标志关联性这一构成要件。再如灵宝小吃协会申请的"灵宝小吃"地理标志证明商标，"小吃"作为一类在口味上具有特定风格特色食品的总称，是一个地区不可或缺的重要特色，但因其包含多种产品，口味和产品品质不尽相同，不符合地理标志产品特定品质应确定单一的要求，且申请人所报地理标志"灵宝小吃"指定在第 43 类餐饮等服务上，服务是人为的活动，与当地的自然因素无任何关联性，故服务商标不符合地理标志概念。

（一）与自然因素相关联

自然因素是人类生存与发展的基础，也是人类进行生产活动的基本条件，地理标志的形成受到地形、气候特征等自然因素影响。

1. 地形是影响地理标志的基本因素

地形是指地表呈现的高低起伏的形态，是自然因素中重要的组成部分，对地理标志产品的种植和生长具有直接影响。在海拔较低的平原地区，由于土层厚度大、水分条件好，可以种植粮油作物、瓜果、蔬菜、香料、水产品类等，而且由于地表平整度高，适合机械化、规模化生产；在海拔略高的丘陵地区，瓜果、茶叶、禽类等类型的地理标志产品较多；在海拔较高的地区，主要为高山/高寒畜

牧类。❶

2. 气候特征是影响地理标志的关键因素

绝大多数种植类产品对积温和降水都有要求，水热组合情况决定了该地区适合什么样的产品生长，例如，山东地属温带季风气候，光照资源充足，有"中国温带水果之乡"之称，能够成为水果地理标志最多的省份与其拥有得天独厚的自然资源密不可分；新疆是久负盛名的"瓜果之乡"，瓜果品种繁多，质地优良；福建地属亚热带季风气候，阳光充沛、雨量充足，地形以山地丘陵为主，排水条件好，适宜茶叶生长；东南沿海地区水产品明显多于其他地区。

3. 土壤是影响地理标志的重要因素

土壤由各种颗粒状矿物质、有机物质、水分、空气、微生物等组成，对于地理标志具有重大影响，如果土壤的透气性好，排水良好，可以显著提高养分吸收效率，土壤的透气性不好就无法为根系提供充足的氧气，从而影响地理标志产品质量；且当土壤的 pH 呈酸性或者碱性时，土壤养分活性会大打折扣。针对不同的土壤选择适宜生产的产品很关键，例如"毕克齐大葱"，其栽种地土壤类型为草甸土、灰褐土，质地中壤，有机质含量 ≥ 1%，pH 值为 7.0 ~ 8.0，土壤有机质含量较高，富含多种矿物质，造就了得天独厚的大葱生长环境，毕克齐大葱苗床需选择排水良好、疏松肥沃的土壤，葱白质地紧密脆嫩，辛辣味浓，清香味好，种植土壤中富含的硫元素使得毕克齐大葱辣得分明，别具特色。

（二）与人文因素相关联

除了与自然因素（气候、土壤、地形地貌）息息相关外，地理标志的独特品质还与人文（文化历史、栽培技术、特殊工艺）等因素密不可分，地理标志是人类的文明成果和特定区域内的独特文化表现。

1. 文化历史与地理标志的形成密不可分

文化历史背景对于地理标志的形成有着至关重要的影响，地理标志作为独具特色的产品，经过千百年的文明浸润，在其漫长的历史进程中积淀了独具特色的

---

❶ 李裕瑞，卜长利，王鹏艳. 中国农产品地理标志的地域分异特征 [J]. 自然资源学报，2021，36（04）：827-840.

文化历史并赋予地理标志新的活力。每一地理标志都是一个地域文化历史的真实反映，我国地大物博，大部分地理标志产品的生产都有着悠久的历史，多则上千年，短则几十年。有关地理标志产品的历史文化，主要记载于史书、地方志、民间传说中，不仅记载和呈现地理标志本身，也记录了当时与其有关的风土人情文化，成为中国历史文化长河中的重要组成部分。例如，"覃塘莲藕"，相传古时贵县（今贵港市）有一个望不尽边的池塘，塘中恶龙兴风作浪，乡民苦不堪言，农历六月六日这一天，荷花仙子下凡除害，在池塘广种荷莲，成功将恶龙引出并制服，酣战之中，荷花仙子也受了重伤，鲜血滴入池塘之中，池塘里的莲藕就变得浑身紫色，赋予了覃塘莲藕独特的人文意义。又如"东阿县阿胶"，与其优良的品质相关的因素有阿井、狼溪河、狮耳山以及当地特有的制胶工艺等，即使在传统工艺得到现代化改造之后，地理环境因素对阿胶品质的影响有所减弱，但是公众在提到东阿县阿胶的时候依然会联想到其产地并且或多或少会联想到过去关于阿胶的种种评价与传说。传说山东东阿县有一孤女名阿娇，为了给乡亲们解除病痛，决心去泰山祭祀药王菩萨并寻找草药。她在药王菩萨的指点下，一路除去狮、虎、狼、驴四害，把驴皮与从山上采来的81种草药混在一起，又烧又熬，终于制成了一种药胶，后人为了纪念她，就把这药胶称为"阿胶"。❶

2. 栽培技术或特殊工艺与地理标志形成联系紧密

在漫漫历史长河中，人们经过长期的生产实践，不断总结创新并积累生产经验，总结出了较为完整的地理标志产品的栽培与加工技术，方形成了独具特色的地理标志产品。独特的栽培或特殊工艺造就地理标志不同于其他同类产品的特殊质量或声誉，如"即墨黄酒"加工工艺流程为：浸米→糊化（蒸饭）→糖化→发酵→压榨澄清→煎酒灭菌→陈化贮存→勾调→过滤→酒杀菌（酒坛清洗杀菌）→灌装封口→成品黄酒，将符合 GB/T 13356 规定二等以上要求的黍米浸泡 24 小时以上，浸米温度 35～40℃，浸泡后冲洗，要求水清无米浆，将泡好的米加热蒸煮 90 分钟，使淀粉变为可发酵性糖，达到焦而不糊的状态，蒸煮好的糜摊凉冷却至 60℃，加入酒曲，进行糖化好的糜温度降至 25～34℃，加入酵母发酵。甜型需在

---

❶ 段宝林，祁连休.民间文学词典［M］.石家庄：河北教育出版社，1988：459.

28～34℃下发酵5～7天，半甜型需在25～28℃下发酵8～10天，将酒液与酒糟分离，酒液抽入澄清罐中沉淀1天，将温度控制在85～95℃瞬时灭菌，再将酒装入储存罐或陶坛贮存，在避光阴凉处存放30天以上，按照生产计划和理化指标等因素，用不同年份的原酒进行调配，过滤清除杂质或沉淀，最后经过84～92℃高温对酒进行杀菌，用蒸汽对酒坛进行杀菌后灌装，使最后形成的半甜型即墨黄酒呈金黄色或黄褐色，清亮透明，独特的浓郁焦香，酸甜适中，醇和柔美，微苦而余香不绝；甜型具有色泽褐红透明，有光泽，具特有的温和焦香，酒体醇厚，鲜甜爽口，甜而不腻，柔和协调，后味深长的独特感官特色。关于"西湖龙井"茶叶的加工工艺与茶质特色体现了地理标志文化：高级龙井茶的炒制分为"青锅"和"辉锅"两道工序，工艺十分精湛，传统的制作工艺有：抖、带、挤、甩、挺、拓、扣、抓、压、磨十大手法，其手法在操作过程中变化多端，制出的成品茶，扁平挺直，大小长短均匀，恰似兰花之瓣，别具特色。❶

思考题

1. 简述地理标志的区域性类型。

2. 地理标志的独特性如何认定？

3. 地理标志关联性是否主客观兼顾？

延伸阅读

（一）《地理标志保护规定（征求意见稿）》❷（节选第六条）

2020年9月24日，国家知识产权局将起草的《地理标志保护规定（征求意见稿）》及其修改说明公布，向社会各界征求意见：

第六条　获得地理标志保护的，应当规范使用地理标志产品名称和专用

❶ 李永梅.茶道［M］.天津：天津古籍出版社，2007：120.

❷ 国家知识产权局.国家知识产权局关于就《地理标志保护规定（征求意见稿）》公开征求意见的通知［EB/OL］.（2020-09-24）［2023-01-23］.https://www.cnipa.gov.cn/art/2020/9/24/art_75_152201.html.

标志。

地理标志产品名称可以是由具有地理指示功能的名称和反映产品真实属性的通用名称构成的组合名称，也可以是有长久使用历史的"约定俗成"的名称。

外国地理标志产品名称包括中文名称和原文名称。原文名称应当为在所属国或者地区获得地理标志保护的名称。

（二）地理标志的概念和特征 ❶

TRIPs 协定在原产地名称的基础上定义了地理标志的概念，借鉴了《里斯本协定》中"原产地名称"的定义，但它定义的地理标志与原产地名称有着明显的区别，如下。

第一，原产地名称只能是一个指向某具体国家、地区或地方的名称或称谓，即原产地名称必须是一个地名；而地理标志是一种标识，它可以不是国家、地区或地方的名称，采用图案、包装等其他表现形式，只要其用于商品上能够将商品与特定的地理区域联系起来，就能够称其为地理标志。

第二，《里斯本协定》中的原产地名称适用于产品（product），而 TRIPs 协定中的地理标志适用于商品（goods），在 GATT 和 WTO 环境下"商品"和"服务"的用语是分别使用的，因此 TRIPs 是将服务排除在地理标志适用的对象之外。

第三，《里斯本协定》中规定原产地名称使用的产品，其"质量和特征"都源于产地的地理环境，而 TRIPs 协定增加了"声誉"的要素。对于"声誉"这一要素的理解，如果把它作为完全独立于"质量""特征"等要素，会变得难以把握。"声誉"虽然是一个相对主观的概念，但结合地理标志本身的特征，地理标志产品的声誉往往归因于其特有的质量和特点，而不是凭空产生的或是仅由其来源产生而与该来源的有关特定品质无关。因此，产品通常需要以自身品质为基础才能建立起归因于原产地的声誉，从而达到 TRIPs 对地理标志的保护要求。

第四，原产地名称要求产品的质量、特征"完全或主要取决于地理环境，包括自然和人为因素"，地理标志仅规定商品的特定质量、声誉或其他特征"主要归因于其地理来源"，没有对自然、人文因素作区分和强调。这并不表示地理标志的

---

❶ 乌兰察布知识产权公共服务平台.地理标志的概念和特征［EB/OL］.（2023-01-30）［2023-02-05］.http://amr.wulanchabu.gov.cn/information/wlcb_scjd67/msg23310339737.html.

内涵不包括人文因素，事实上，TRIPs协定制定过程中的各草案均未明确将人文因素排除在外，在实践中产地自然因素和人文因素常常是结合作用对商品的质量等特征产生影响和作用，并不总是能够明确区分。TRIPs协定作为利益博弈下多边谈判的结果，应当尽量避免在这些细枝末节上纠缠，影响协定制定生效的进程，将不利于地理标志的国际保护与时俱进。

第五，在产品与地理来源的关系上，《里斯本协定》要求产品的质量和特征必须"完全或主要归因于"其地理环境，而TRIPs要求产品的特定质量、声誉或其他特征"主要归因于"其来源。这种差异的表述其实都表明了产品的特定品质与其地理来源具有实质性联系。

第三章 地理标志的申请与认定

• • • • • • • • • •

要点提示

本章节重点掌握的知识：（1）地理标志的申请原则、申请人、申请材料、申请程序；（2）地理标志的审查；（3）地理标志审定与公告。

本章思维导图

```
                              ┌ 地理标志的申请原则
                              │ 地理标志的申请人
                 地理标志的申请 ┤
                              │ 地理标志的申请材料
                              └ 地理标志的申请程序
                              ┌ 地理标志的形式审查
地理标志的申请与认定 ┤ 地理标志的审查 ┤
                              └ 地理标志的实质审查
                              ┌ 地理标志的初步审定与公告
                 地理标志的审定与公告 ┤ 地理标志生效
                              └ 地理标志的信息更正
```

第一节　地理标志的申请

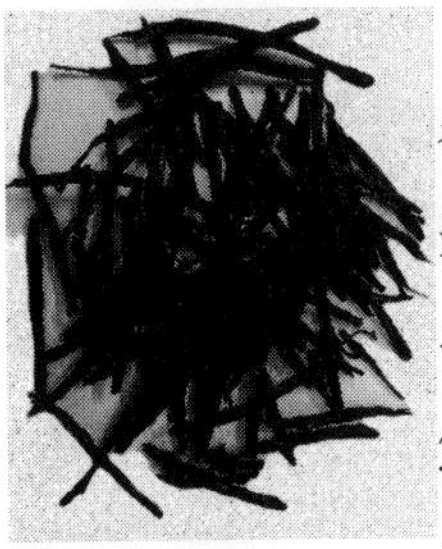

图 3-1　大新苦丁茶

大新县是中国苦丁茶的原产地，素有"苦丁茶之乡"的美誉。大新苦丁茶（如图 3-1 所示）历史悠久，民国年间《辞海》记载："苦丁茶者，广西特产也，产于万承县（今大新县）苦丁乡……"在大新县龙门乡苦丁村，如今尚有一棵树龄达 316 岁的苦丁茶母树幸存。受独特的地理气候环境影响，大新苦丁茶形成了盛产期长，品质优良稳定，色美味香微苦的独特风味和品质。

2006 年 1 月 24 日国家质量监督检验检疫总局发布 2006 年第 13 号公告，根据《地理标志产品保护规定》，对"大新苦丁茶"实施地理标志产品保护。

2020 年 4 月 30 日农业农村部发布公告第 290 号，"大新苦丁茶"经过初审、专家评审和公示，符合农产品地理标志登记程序和条件，准予登记，颁发中华人民共和国农产品地理标志登记证书。

自此，"大新苦丁茶"成为获得我国地理标志产品保护和农产品地理标志两种模式保护的农产品品牌。"大新苦丁茶"能否注册地理标志商标呢？其注册申请要求又如何？值得我们分析。

（**资料来源**：大新县旅游发展局.苦丁茶［EB/0L］.（2021-05-20）［2023-01-18］.http://www.daxin.gov.cn/mldx/cydx/msgw/t4670282.shtml.）

我国地域辽阔，有着复杂多样的自然地理环境，加上悠久的历史传统和民族文化的多样性造就了丰富多彩的社会人文环境，在自然因素与人文因素共同影响下众多地方都拥有代表本地特色的名优土特产品，有着丰富的地理标志资源，其中许多地理标志产品在世界上享有盛誉，如丝绸、茶叶、瓷器等。由于地理标志的特性，绝大多数的地理标志产品属于农产品。我国是一个农业大国，地理标志如何发挥有效保护作用直接关系我国农产品的品牌建设，关系社会稳定、国家富强、民族复兴。目前，我国通过地理标志商标、地理标志产品保护、农产品地理标志三种模式保护地理标志，发挥地理标志的经济、文化和社会价值。

> **典型案例**　"关门红梅"地理标志史料造假案

四川德龙公司在代理申请"关门红梅"地理标志商标过程中，因申请注册"关门红梅"地理标志证明商标需要有"关门红梅"客观存在及其信誉的证据，四川德龙公司主管人员何某为了"关门红梅"地理标志商标申请审查能够通过，篡改《南江县志》有关内容，提交虚假的"关门红梅"客观存在及其信誉证据材料。商标注册审查机关在材料审查中发现四川德龙公司提交材料与国家图书文献收藏机构收藏的《南江县志》所记载内容不一致，于 2021 年 8 月 6 日驳回商标申请。四川德龙公司隐瞒事实，提供虚假证据，以不正当手段扰乱商标代理市场秩序，违反了《中华人民共和国商标法》第 27 条、《中华人民共和国商标法实施条例》第 88 条规定。2022 年 1 月 27 日，四川省市场监管局依法作出行政处罚，责令四川德龙公司立即改正违法行为，并处罚款 4 万元，对主管人员人何某罚款 2 万元。

商标代理机构提供经过篡改的史料，违反诚实信用原则，代理申请注册地理标志商标，扰乱商标代理市场秩序，受到应有处罚。

（资料来源：国家知识产权局．第一批知识产权代理行业"蓝天"专项整治行动警示案例发布［EB/OL］.（2023-01-10）［2023-01-20］.https://www.cnipa.gov.cn/art/2023/1/10/art_53_181357.html.）

一、地理标志的申请原则

（一）诚实信用原则

诚实信用原则被誉为民法领域的"帝王条款"，在其他领域同样应当遵守，如行政法领域的信赖保护原则实质上是要求行政部门对已生效的行政行为应当诚实信用。在地理标志申请上，诚实信用原则应当是地理标志申请事项的首要原则。无论是申请地理标志产品保护、地理标志证明和集体商标，还是申请农产品地理标志，申请人在保护申报时都应当实事求是、诚实信用，申请事项不得弄虚作假。

申请地理标志、使用地理标志产品名称和专用标志，应当遵循诚实信用原则。在地理标志产品保护模式下，地理标志产品是产自特定区域，所具有的质量、声誉或者其他特性本质上取决于该产地的自然因素和人文因素，以地理标志进行命名的产品。在商标法保护模式下，地理标志是标示某商品来源于某地区，该商品的特定质量、信誉或者其他特征，主要由该地区的自然因素或者人文因素所决定的标志。地理标志可作为证明商标和集体商标受到保护，申请注册和使用商标应当遵循诚实信用原则。商标使用人应当对其使用商标的商品质量负责，各级行政部门应当通过商标管理来制止欺骗消费者的行为。综上，地理标志在注册申请中无论采取何种保护模式，均应当遵循诚实信用原则，在不损害他人利益和社会公益的前提下，按照相关标准、管理规范和规则提交申请材料。

> **典型案例** 祁门红茶地理标志证明商标产地范围争议案

第 4292071 号"祁门红茶及图"（指定颜色）地理标志证明商标（以下简称"'祁门红茶'商标"，如图 3-2 所示）纠纷案件中，二审法院明确指出安徽省黄山市祁门县祁门红茶协会（以下简称"祁门红茶协会"）在明知"祁门红茶"产区地域范围存在争议的情况下，未全面准确地向商标注册主管机关报告该商标注册过程中存在的争议，尤其是在安徽国润茶业有限公司按照协调结果撤回商标异议申请的情况下，祁门红茶协会仍以不作为的方式等待商标注册主管机关

图 3-2 第 4292071 号商标（无效）

核准"祁门红茶"商标的注册。祁门红茶协会的上述行为明显违反了地理标志商标注册申请人所负有的诚实信用义务，构成了我国商标法所指以其他不正当手段取得注册的情形。

（资料来源：北京市高级人民法院（2017）京行终 3288 号行政判决书。）

（二）法定形式原则

法定形式原则，是指地理标志应当以书面形式进行申请，并通过法律规定的程序进行审查。以口头、电话、实物和其他非书面形式，或通过电报、电传、传真、电影和其他直接或间接产生打字、印刷或手写文件的通信方式办理的所有手续，应被视为未被提出，且不具有法律效力。

（三）公开透明原则

地理标志申请的各级行政审批部门在开展地理标志工作中应当遵循公正透明原则，将其贯穿于地理标志申请、审查、公告等全过程。地理标志作为社区劳动群众长期劳动创造的成果，在申请过程中公开透明有利于维护特定地理区域生产经营者的地理标志权益。特别是在地理标志申请人的确认方面，主管部门应当根据本行政区域的实际情况对团体或协会公开透明指定或授权，申请人应当及时将申请情况汇报至主管部门，由主管部门及时向社会公开，接受社会各方主体的监督。

二、地理标志的申请人

（一）地理标志商标申请人

地理标志商标申请人应当是当地不以营利为目的的团体、协会或者其他组织，一般为社会团体法人、事业单位法人。地理标志商标申请人必须经地理标志所标示地区县级以上人民政府或行业主管部门授权其申请注册，并监督管理该地理标志，地理标志商标的具体使用人必须是来自该地理标志标示地区的生产经营者。

（二）地理标志产品保护申请人

地理标志产品保护申请人包括以下三类：

第一类，当地县级以上人民政府指定的地理标志产品保护申请机构；

第二类，人民政府认定的协会，一般为行业协会、商会等社会团体；

第三类，人民政府认定的企业，即生产或经营该产品的企业或企业的集合。

地理标志产品保护申请人必须经地理标志所标示地区县级以上人民政府或行业主管部门授权其申请注册并监督管理该地理标志。符合条件的申请人可以向国家知识产权局提出地理标志产品保护申请，外国地理标志产品保护申请人在所属国或者地区获得地理标志保护的可以向国家知识产权局提出地理标志产品保护申请。申请人应当附送地方人民政府指定其作为申请人的文件，外国申请人应当提交在所属国或者地区获得地理标志保护的官方证明文件。

（三）农产品地理标志申请人

根据《农产品地理标志管理办法》，农产品地理标志登记申请人为县级以上地方人民政府根据下列条件择优确定的农民专业合作经济组织、行业协会等。作为主体应当具备以下能力：第一，具有监督和管理农产品地理标志及其产品的能力；第二，具有为农产品地理标志生产、加工、营销提供指导服务的能力；第三，具有独立承担民事责任的能力。

三、地理标志的申请材料

（一）地理标志商标申请材料

申请人以地理标志作为商标注册的，申请材料可以划分为一般性材料与专门性材料。一般性材料指申请普通证明商标、集体商标均需要向国家知识产权局商标局所提交的材料，而专门性材料则是针对地理标志证明商标、集体商标的专项材料。

1. 一般性材料

（1）商标注册申请书。

（2）地理标志证明商标、集体商标申请人主体资格证明文件及复印件或者加盖申请人印章的有效复印件。

（3）地理标志证明商标、集体商标使用管理规则。第一，地理标志证明商标使用管理规则应包括以下内容：使用证明商标的宗旨；该证明商标证明的商品的特定品质；使用该证明商标的条件；使用该证明商标的手续；使用该证明商标的权利、义务；使用人违反该使用管理规则应当承担的责任；注册人对使用该证明商标商品的检验监督制度。第二，地理标志集体商标使用管理规则应包括以下内容：使用集体商标的宗旨；使用该集体商标的商品的品质；使用该集体商标的手续；使用该集体商标的权利、义务；成员违反其使用管理规则应当承担的责任；注册人对使用该集体商标商品的检验监督制度。

（4）直接在商标注册大厅办理注册申请的，须提交经办人的身份证及复印件（原件经比对后退还）；委托在商标局备案的商标代理机构办理注册申请的，须提交商标代理委托书。

申请地理标志集体商标的申请材料除了上述四项材料，还需提交集体成员名单，该份集体名单在地理标志集体商标获得批准注册后，可作为享有注册商标相关权益的重要依据。

2. 专门性材料

根据国家知识产权局商标局地理标志申请指南，申请地理标志注册，除提交上述证明商标、集体商标所需材料外，还应提交以下材料：

（1）地理标志所标示地区县级以上人民政府或者行业主管部门授权申请人申请注册并监督管理该地理标志的文件。

（2）有关该地理标志商品客观存在及信誉情况的证明材料（包括：县志、农业志、产品志、年鉴、教科书、古籍文献、正规公开出版满三年且有该地理标志产品名称明确记载的公开出版物、国家级专业期刊等）并加盖出具证明材料部门的公章。

（3）地理标志所标示的地域范围划分的相关文件、材料。相关文件包括：县志、农业志、产品志、年鉴、教科书中所表述的地域范围，或者是地理标志所标示地区的人民政府或行业主管部门出具的地域范围证明文件。

（4）地理标志商品的特定质量、信誉或者其他特征与当地自然因素、人文因素相关的说明。

（5）地理标志申请人具备监督检测该地理标志能力的证明材料。第一，申请人具备检验检测能力的，应提交申请人所具有的检测资质证书或当地政府出具的关于其具备检测能力的证明文件，以及申请人所具有的专业检测设备清单和专业检测人员名单。第二，申请人委托他人检验检测的，应当附送申请人与具有检验检测资格的机构签署的委托检验检测合同原件，并提交该检验检测机构的检测资质证书及检测设备清单和检测人员名单。

（6）外国人或者外国企业申请注册地理标志集体商标、证明商标的，应当提供该地理标志以其名义在其原属国受法律保护的证明。

（二）地理标志产品保护申请材料

申请地理标志产品保护的，应当提交以下材料：

（1）地理标志产品保护申请书。

（2）县级及以上地方政府成立申请机构或认定协会、企业作为申请人的证明材料。

（3）县级及以上地方政府关于划定拟申报产品产地范围的正式公函。

（4）省级知识产权管理部门的初审推荐意见。

（5）该申报产品现行有效的专用标准或技术规范。

（6）检验报告。

（7）产品名称使用证明材料。

（8）关联性证明材料。包括：产品的知名度，产品生产、销售情况及历史渊源的说明，如地方志等；产品的理化、感官指标等质量特色及与产地的自然因素或者人文因素之间关联性的说明；产品生产技术资料，包括生产或形成时所用原材料、生产工艺、流程、安全卫生要求、主要质量特性、加工设备的技术要求等；其他旁证资料。

（9）地理标志产品保护要求。

（三）农产品地理标志申请材料

符合农产品地理标志登记条件的申请人，可以向省级人民政府农业行政主管部门提出登记申请，并提交下列申请材料：

（1）农产品地理标志登记申请书；

（2）申请人资质证明；

（3）产品典型特征特性描述和相应产品品质鉴定报告；

（4）产地环境条件、生产技术规范和产品质量安全技术规范；

（5）地域范围确定性文件和生产地域分布图；

（6）产品实物样品或者样品图片；

（7）其他必要的说明性或者证明性材料。

四、地理标志的申请程序

（一）地理标志商标申请程序

地理标志商标应当按照相关程序，由申请人向国家知识产权局商标局申请，具体如下：

（1）申请途径：第一，委托在商标局备案的商标代理机构办理；第二，申请人自行办理的，可以直接到商标局商标注册大厅办理，也可到商标局在京外设立的商标审查协作中心，或者商标局委托地方知识产权管理部门设立的商标受理窗口办理，还可以通过网上申请系统提交商标注册申请。

（2）商标注册申请手续齐备、按照规定填写申请文件并缴纳费用的，商标局予以受理并书面通知申请人。

（3）申请手续不齐备、未按照规定填写申请文件或者未缴纳费用的，商标局不予受理，书面通知申请人并说明理由。

（4）申请手续基本齐备或者申请文件基本符合规定，但是需要补正的，商标局通知申请人予以补正，限其自收到通知之日起 30 日内，按照指定内容补正并交回商标局。在规定期限内补正并交回商标局的，保留申请日期，期满未补正的或者不按照要求进行补正的，商标局不予受理并书面通知申请人。

（5）商标局对受理的地理标志商标注册申请，依照《商标法》《商标法实施条例》《集体商标、证明商标注册和管理办法》等有关规定进行审查，对符合规定的予以初步审定，并予以公告；对不符合规定的予以驳回，书面通知申请人并说明理由。

商标注册流程如图 3-3 所示。

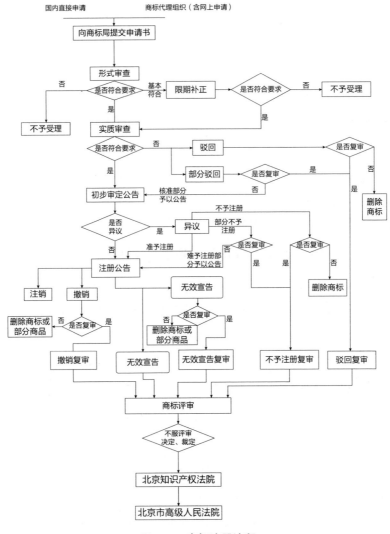

图 3-3 商标注册流程

（二）地理标志产品保护申请程序

地理标志产品保护应当按照相关程序，由申请人向国家知识产权局知识产权保护司申请，具体如下：

（1）由当地县级以上人民政府指定的地理标志产品保护申请机构或人民政府认定的协会和企业申请。

（2）由省级知识产权管理部门对地理标志产品保护申请材料进行初审，符合初审条件的，向国家知识产权局提出初审意见；不符合初审条件的，通知申请人作出补正，经补正后符合要求的，向国家知识产权局提出初审意见。

（3）国家知识产权局受理后对于形式要件不齐全或不符合规定要求的，国家知识产权局向省级知识产权管理部门发出形式审查意见通知书，不予受理；审查合格的，通过国家知识产权局公报、官方网站发布受理公告。

（4）公告发布后2个月内，有关单位和个人对申请有异议的，可向国家知识产权局提出。

（5）公告异议期满无异议或异议不成立的，国家知识产权局组织技术审查，审查合格的，由国家知识产权局发布批准该产品获得地理标志产品保护的公告。技术审查包括会议审查和必要的产地核查。

（6）审查不合格的，驳回该地理标志申请，并书面通知申请人；对于审查合格的，由申报方向国家知识产权局提交专家审查回购相关整改情况的材料，国家知识产权局经审核确认后正式发布该产品获得地理标志产品保护的公告。

地理标志产品保护申请流程如图3-4所示。

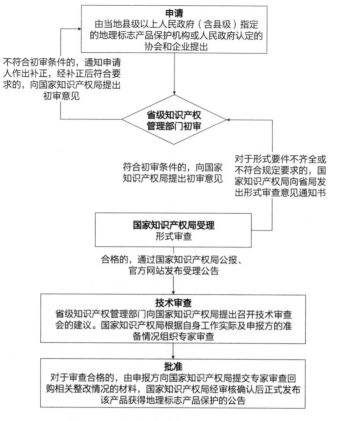

图 3-4 地理标志产品保护申请流程

（三）农产品地理标志申请程序

（1）县级以上地方人民政府根据规定确定农产品地理标志登记申请人，符合农产品地理标志登记条件的申请人，可以向省级人民政府农业行政主管部门提出登记申请。

（2）省级人民政府农业行政主管部门自受理农产品地理标志登记申请之日起，应当在45个工作日内完成申请材料的初审和现场核查，并提出初审意见。符合条件的，将申请材料和初审意见报送农业农村部中国绿色食品发展中心；不符合条件的，应当在提出初审意见之日起10个工作日内将相关意见和建议通知申请人。

（3）农业农村部应当自收到申请材料和初审意见之日起20个工作日内，对申请材料进行审查，提出审查意见，并组织专家评审，专家评审工作由农产品地理标志登记评审委员会承担。

（4）经专家评审通过的，由农业农村部中国绿色食品发展中心代表农业农村部对社会公示。

（5）有关单位和个人有异议的，应当自公示截止日起 20 日内向农业农村部中国绿色食品发展中心提出。公示无异议的，由农业农村部作出登记决定并公告，颁发《中华人民共和国农产品地理标志登记证书》，公布登记产品相关技术规范和标准。专家评审没有通过的，由农业农村部作出不予登记的决定，书面通知申请人，并说明理由。

农产品地理标志申请流程如图 3-5 所示。

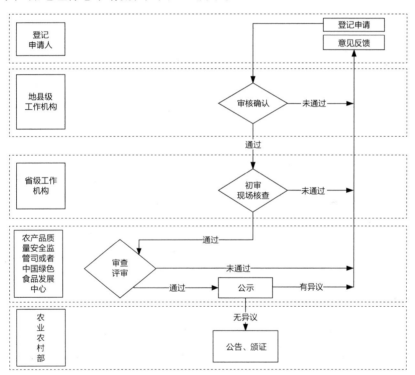

图 3-5　农产品地理标志申请流程

示例 1　地理标志证明商标注册

本部分以天宫市所产蟠桃为例，呈现地理标志证明商标所需材料范例，所有材料素材均为虚构。

天宫蟠桃地理标志证明商标

（一）《商标注册申请书》

商 标 注 册 申 请 书

申请人名称(中文)：天宫市蟠桃协会

(英文)：

统一社会信用代码：000000000010000

申请人国籍/地区：中国

申请人地址(中文)：天宫市天庭路1号

(英文)：

邮政编码：

国内申请人联系地址：

邮政编码：

国内申请人电子邮箱：

联系人：吴老三　　　　　　电话：01234567

代理机构名称：

外国申请人的国内接收人：

国内接收人地址：天宫市天庭路1号

邮政编码：10000

商标申请声明：☐集体商标　　☑证明商标

☐三维标志　　☐颜色组合　　☐声音标志

☐两个以上申请人共同申请注册同一商标

要求优先权声明：☐基于第一次申请的优先权　☐基于展会的优先权　☐优先权证明文件后补

申请/展出国家/地区：

申请/展出日期：

申请号：

【承诺】申请人和代理人、代理机构知晓恶意商标注册申请、提交虚假材料或隐瞒重要事实申请行政确认等行为属于失信行为；承诺遵循诚实信用原则，以使用为目的办理商标申请事宜，所申报的事项和所提供的材料真实、准确、完整；知晓承诺不实或未履行承诺，将承担信用管理失信惩戒等不利后果。

申请人章戳（签字）：　　　　　　　　　代理机构章戳：

　　　　　　　　　　　　　　　　　　　代理人签字：

　　下框为商标图样粘贴处。图样应当不大于10×10厘米，不小于5×5厘米。以颜色组合或者着色图样申请商标注册的，应当提交着色图样并提交黑白稿1份；不指定颜色的，应当提交黑白图样。以三维标志申请商标注册的，应当提交能够确定三维形状的图样，提交的商标图样应当至少包含三面视图。以声音标志申请商标注册的，应当以五线谱或者简谱对申请用作商标的声音加以描述并附加文字说明；无法以五线谱或者简谱描述的，应当使用文字进行描述；商标描述与声音样本应当一致。

天宫蟠桃

　　　　商标说明：商标为文字"天宫蟠桃"

　　　　类别：31
　　商品/服务项目：蟠桃

（二）申请人主体资格证书复印件（需加盖申请人公章）

（三）地理标志所标示地区的县级人民政府或者行业主管部门授权申请人申请注册并监督管理该地理标志的文件

天宫市人民政府文件

天宫复〔2023〕01号

天宫市人民政府关于授权注册"天宫蟠桃"
地理标志证明商标的批复

天宫市蟠桃协会：

　　你单位上报的《关于申请注册"天宫蟠桃"地理标志证明商标的请示》收悉。经研究，同意授权天宫市蟠桃协会代表天宫市注册"天宫蟠桃"地理标志证明商标，并在取得商标后，遵循诚实信用原则，按相应管理规范进行生产使用，履行好地理标志证明商标的监督管理和推广运营工作职能。

天宫市人民政府

2023年1月12日

（四）有关该地理标志产品客观存在及信誉情况的证明材料并加盖出具证明材料部门的公章

天宫市地方志编撰委员会

天宫市志

天宫市地方志编撰委员会　编

天宫市人民出版社

（天宫市蟠桃路 1 号）

印刷：天宫市出版有限公司

本 900mm×1200mm 16 开

印 39 字数 900 千字

2020 年 1 月第一版　2020 年 1 月第一次印刷

CIP 数据核字（2020）第 001 号

ISBN 001-0-0010-0

定价：58 元

236 页　　　　　　　　　　　农业

天宫蟠桃

　　天宫蟠桃是天宫市名优产品，产地位于东经 x 度-xx 度，北纬 x 度-xx 度之间，其范围包括天宫所辖 5 个县区。天宫蟠桃源自于 1100 多年前的唐朝，从西域引进进行栽培种植。我市气候温和、阳光照射充足，水源丰富，十分适合蟠桃生长。2010-2020 年期间，我市蟠桃产值达 18 亿元，种植规模达 9 万亩，远销海内外。

　　天宫蟠桃是一种异种桃树所产果实，其形状扁圆，顶部凹陷形成一个小窝，有一片红晕，果皮呈深黄色，味甜汁多，有"仙桃"、"寿桃"之美称。桃果形肥大，果核特小，皮薄汁多，色泽红润，色嫩如樱，肉质柔软，风味香甜，甜中带鲜，以其形美、色艳、味佳、肉细远近闻名，其中天庭路的"皇家蟠桃"更被誉为"桃中王者"。

（五）地理标志所标示的地域范围划分的相关文件、材料

天宫市人民政府文件

天政发〔2023〕28 号

天宫市人民政府关于确认"天宫蟠桃"
地理标志证明商标地域范围的通知

各县（区）人民政府，天宫市人民政府各工作部门、市直各有关单位：

我市蟠桃生产历史悠久，由于独特的气候、水质和土壤环境条件，所生产的蟠桃品质独特，质量优良。为使我市蟠桃这一特色产品的权益得到有效保护，促进全市蟠桃产业的良性发展，现同意天宫市蟠桃协会在蟠桃上对"天宫蟠桃"进行地理标志证明商标注册申请，并将全市现辖的行政辖市划定为"天宫蟠桃"地理标志证明商标的地域范围，具体 5 个区县，具体经纬度为天宫市东经 ×× 度 ~ ×× 度，北纬 ×× 度 ~ ×× 度。

各县（区）人民政府，市直各有关单位要作好蟠桃的各项管理工作，确保生产出高产、优质的蟠桃产品。

附件：天宫市所辖行政市划图

天宫市人民政府

2023 年 1 月 10 日

（六）地理标志集体商标、证明商标使用管理规则

"天宫蟠桃"地理标志证明商标使用管理规则 ❶

第一章　总则

第一条　为了促进"天宫蟠桃"的生产、经营，提高商品（或服务项目）质量，维护和提高"天宫蟠桃"地理标志证明商标在国内外市场的信誉，保护使用者和消费者的合法权益，根据《中华人民共和国商标法》《中华人民共和国商标法实施条例》和《集体商标、证明商标注册和管理办法》，制定本规则。

第二条　"天宫蟠桃"是经国家知识产权局商标局核准注册的地理标志证明商标，用于证明"天宫蟠桃"产品的原产地域和特定品质。

第三条　天宫市蟠桃协会是"天宫蟠桃"地理标志证明商标的注册人，对该商标享有专用权。

第四条　申请使用"天宫蟠桃"地理标志证明商标的，应当按照本规则的规定，经天宫市蟠桃协会审核批准。

第二章　"天宫蟠桃"地理标志证明商标的使用条件

第五条　使用"天宫蟠桃"地理标志证明商标的商品的生产地域范围为全市现辖的行政辖市划定为"天宫蟠桃"地理标志证明商标的地域范围，具体 5 个区县，具体经纬度为东经××度～××度，北纬××度～××度及该地域特定的自然地理环境。

第六条　使用"天宫蟠桃"地理标志证明商标的商品的特定品质：

感观指标：桃果形肥大，果核特小，皮薄汁多，色泽红润，色嫩如婴，肉质柔软，风味香甜，甜中带鲜，以其形美、色艳、味佳、肉细。

量化指标：单果重 50～150 克，可溶性固形物含量 ≥ 9.5%，可滴定酸 0.30%～0.80%，含酸量 ≤ 0.5%。

---

❶　参照材料：国家知识产权局商标局. 集体商标、证明商标使用管理规则说明［EB/OL］.（2021-07-30）［2023-01-03］.https://sbj.cnipa.gov.cn/sbj/jtzmsb/jtzmsb_sqzn/202107/t20210730_958.html.

第七条 同时符合上述使用条件的产品经营者，可申请使用"天宫蟠桃"地理标志证明商标。

第三章 "天宫蟠桃"地理标志证明商标的使用申请程序

第八条 申请使用"天宫蟠桃"地理标志证明商标的申请人应向天宫市蟠桃协会递交地理标志证明商标使用申请书。

第九条 天宫市蟠桃协会自收到申请人提交的申请书后，在7天内完成下列审核工作：

（一）天宫市蟠桃协会派人对申请人的产品及产地进行实地考察。

（二）综合审查后，作出书面审核意见。

第十条 符合"天宫蟠桃"地理标志证明商标使用条件的，应办理如下事项：

（一）双方签订《地理标志证明商标使用许可合同》；

（二）申请领取《地理标志证明商标准用证》；

（三）申请领取地理标志证明商标标识；

（四）申请人缴纳管理费。

第十一条 申请人未获准使用"天宫蟠桃"地理标志证明商标的，可以自收到审核意见通知7天内，向注册人所在地县级以上市场监督管理部门申诉，天宫市蟠桃协会尊重市场监督管理部门的裁定意见。

第十二条 "天宫蟠桃"地理标志证明商标使用许可合同有效期为1年，到期继续使用者，须在合同有效期届满前30天内向天宫市蟠桃协会提出续签合同的申请，逾期不申请者，合同有效期届满后不得使用该商标。

第四章 "天宫蟠桃"地理标志证明商标被许可使用者的权利和义务

第十三条 "天宫蟠桃"地理标志证明商标被许可使用者的权利：

（一）在其产品上或包装上使用该地理标志证明商标及"中国地理标志专用标志"；

（二）使用"天宫蟠桃"地理标志证明商标进行产品广告宣传；

（三）优先参加天宫市蟠桃协会主办或协办的技术培训、贸易洽谈、信息交流活动等；

（四）对地理标志证明商标管理费的使用进行监督。

第十四条 "天宫蟠桃"地理标志证明商标被许可使用者的义务：

（一）维护"天宫蟠桃"地理标志证明商标产品的特定品质、质量和信誉，保证产品质量稳定；

（二）接受天宫市蟠桃协会对产品品质的不定期检测和商标使用的监督；

（三）"天宫蟠桃"地理标志证明商标的使用者，应有专人负责该地理标志证明商标标识的管理、使用工作，确保"天宫蟠桃"地理标志证明商标标识不失控、不挪用、不流失，不得向他人转让、出售、馈赠"天宫蟠桃"地理标志证明商标标识，不得许可他人使用"天宫蟠桃"地理标志证明商标。

第五章 "天宫蟠桃"地理标志证明商标的管理

第十五条 天宫市蟠桃协会是"天宫蟠桃"地理标志证明商标的管理机构，具体实施下列工作：

（一）负责《地理标志证明商标使用管理规则》的制定和实施；

（二）组织、监督按规定使用该地理标志证明商标及"中华人民共和国地理标志"专用标志；

（三）负责对使用该地理标志证明商标的商品进行全方位的跟踪管理；

（四）对商品质量进行监督检测；

（五）维护"天宫蟠桃"地理标志证明商标专用权；

（六）协助工商行政管理部门调查处理侵权、假冒案件；

（七）对违反本规则的经营者作出处理。

第十六条 对本规则条款的修改应经商标局审查核准，并自公告之日起生效。

天宫市蟠桃协会与"天宫蟠桃"地理标志证明商标被许可使用人签订的许可使用合同，送交双方所在地市场监督管理局存档，并报送国家知识产权局商标局备案，由商标局公告。

第十七条 天宫市蟠桃协会为保证"天宫蟠桃"地理标志证明商标使用工作

的科学性、严肃性、公正性、权威性，诚请各有关部门和社会团体进行监督，同时也接受和处理使用"天宫蟠桃"地理标志证明商标产品的消费者的投诉。

第六章 "天宫蟠桃"地理标志证明商标的保护

第十八条 "天宫蟠桃"地理标志证明商标受有关法律保护，如有假冒侵权等行为发生，天宫市蟠桃协会将组织收集证据材料，并对举报单位和个人给予必要的奖励。

第十九条 对未经天宫市蟠桃协会许可，擅自在本申请包括的商品上使用与"天宫蟠桃"地理标志证明商标相同或近似商标的，天宫市蟠桃协会将依照《中华人民共和国商标法》及有关法规和规章的规定，提请市场监督管理部门依法查处或向人民法院起诉；对情节严重，构成犯罪的，报请司法机关依法追究侵权者的刑事责任。

第二十条 "天宫蟠桃"地理标志证明商标的使用者如违反本规则，天宫市蟠桃协会有权收回其《地理标志证明商标准用证》，收回已领取的地理标志证明商标标识，终止与使用者的地理标志证明商标使用许可合同；必要时将请求工商行政管理机关调查处理，或寻求司法途径解决。

第七章 附 则

第二十一条 使用"天宫蟠桃"地理标志证明商标的具体管理费标准，由天宫市蟠桃协会按照国家有关规定并报有关部门审批后实施。

第二十二条 "天宫蟠桃"地理标志证明商标的管理费专款专用，主要用于商标注册、续展事宜，印制地理标志证明商标标识和"中华人民共和国地理标志"专用标志，检测产品，受理地理标志证明商标投诉、收集案件证据材料和宣传地理标志证明商标等工作，以保障"天宫蟠桃"地理标志证明商标商品的信誉，维护使用者和消费者的合法权益。

第二十三条 本规则自国家知识产权局商标局核准注册该地理标志证明商标之日起生效。

天宫市蟠桃协会

2023 年 1 月 11 日

（七）地理标志商品的特定质量、信誉或者其他特征与当地自然因素、人文因素关系的说明

关于"天宫蟠桃"特定品质与地域环境及人文因素的情况说明

一、概况介绍

天宫蟠桃为天宫市特色农产品，果核特小，皮薄汁多，色泽红润，色嫩如婴，肉质柔软，风味香甜，甜中带鲜，以其形美、色艳、味佳、肉细远近闻名，此外，天宫蟠桃为纯天然种植，不含任何化学肥料，是独具特色的绿色产品。目前，天宫蟠桃畅销全国各地，并远销海外，十分受欢迎。

天宫市位于中国中部，水陆交通便利。气候温和湿润，属典型的亚热带季风气候，年均气温 20.6 度，年均降水量 1354.3 毫米。现有水库 16 座，有效总库容 1923 万立方米，是水利条件较好的城市，境内多土山、丘陵。蟠桃的生长对土壤、水分含量、水质都有一定要求，为中性土壤，土壤肥沃、土层深厚、农业灌水条件良好，光照充足、通透性比较好，同时灌溉水质为天然的富含矿物质的甘甜的山泉水，十分适宜优良蟠桃的生长，也造就了蟠桃的优良品质。所产的蟠桃果大肉多，所含营养元素众多，除富含维生素 C 以外，还含有铜、锌、铜、锰等多种微量元素及各类对人体有益的氨基酸。

二、产地范围

天宫蟠桃主要产地位于天宫市。为中国的中部，地形为独特的丘陵地形，地处经纬度为天宫市东经 ×× 度 ～ ×× 度，北纬 ×× 度 ～ ×× 度之间，属于亚热带季风气候区，气候温和，雨量充沛，全年光照充足，且光、水同季，夏长冬短，土壤肥沃并富含水分，内有水库多座，由于独特的气候与水质土壤环境，非常适合天宫蟠桃原料——蟠桃的种植和发展。各个县均具有特色的天宫蟠桃产出，5 个县区。行政区划面积 2951 平方公里。

三、产品的优良品质

天宫蟠桃是传统的农业特色产品，2010 年经检测达到中华人民共和国农业行

业标准绿色食品标准;《天宫市志（2010—2020）》第236页介绍其优良品质为：天宫蟠桃是一种异种桃树所产果实，其形状扁圆，顶部凹陷形成一个小窝，有一片红晕，果皮呈深黄色，味甜汁多，有"仙桃""寿桃"之美称。桃果形肥大，果核特小，皮薄汁多，色泽红润，色嫩如婴，肉质柔软，风味香甜，甜中带鲜，以其形美、色艳、味佳、肉细远近闻名。

四、产品的品质受当地特定自然因素决定的说明

天宫蟠桃喜冷凉湿润的环境，忌炎热干旱，不耐霜冻，需较强光照条件，孕蕾、抽蔓、开花结实需要经过低温春化和长日照条件，适宜生长的温度为15～22℃，当温度高于25℃时，会出现生长迟缓，影响果品质量；当温度低于12℃，会抑制植株生长。地处北回归线以北，属亚热带季风气候，年平均气温20.6℃；年平均降雨量1354.3毫米、日照时数1812.0小时，年平均气温不高而偏凉，降水丰富且内有16座水库保障了蟠桃种植的水源充足，同时的日照时间充足，土壤为中性土壤，对蟠桃的生长与品质的十分有益。此外，天宫蟠桃生产灌溉的水为天然无污染的山泉水，更保障了天宫蟠桃的品质。

综上所述，地理、气候、光照环境十分适合蟠桃的种植、培育。

五、产品的品质受当地特定人文因素决定的说明

天宫蟠桃发展历程是中华民族优秀种植技术发展的一个说明，充分展现了勤劳智慧、善良朴实的天宫人民的聪明才智和无穷大创造力，天宫蟠桃已形成一种独特的文化，不但与当地百姓的生产生活息息相关，而且已经成为当地农民的重要致富手艺。

天宫蟠桃具有悠久的历史，在天宫市志、年鉴中都有记载;《天宫市志（2010—2020）》第236页的名优特产中记载了天宫蟠桃;《天宫年鉴2008》第268页"天宫名优特产"中记载了蟠桃;《天宫年鉴2009》第697页"天宫农业生产"中提到了绿色生态蟠桃品牌打造的记载。而最为有名的为天宫市天庭村，该村素有"蟠桃之乡"之称，该村种植蟠桃已有上百年历史。据《天宫市志》记载，天宫蟠桃已经拥有完整的种植工艺，天庭村从20世纪60年代开始大规模种植蟠桃，经过50多年的创业和技术摸索，蟠桃种植工艺和销售都有了全面提升。目前，蟠桃出售已成为农民增收的一个重要渠道。

六、产品的良好信誉

天宫蟠桃的种植生产一直按照"食品安全第一，严控质量"的要求进行，在保证产品安全的情况下重点抓产品质量，多年的产品检验均为合格状态，已经达到绿色食品标准 7 年。2010 年 12 月 24 日，天宫市农业局植保植检站于送检的天宫蟠桃，经天宫市检测技术中心检测，检验结论为"送检样品绿色食品标准规定要求"。

七、产业化情况

（一）产业化基本情况

目前，已成立专业的蟠桃生产合作社——天宫市天宫蟠桃产销专业合作社，天宫蟠桃的产业化已形成年产值超过 4 亿元，蟠桃年生产量超过 2 万吨。近十年来天宫蟠桃的产量超过 10 万吨，销售量已超过 9 万吨，已经形成 18 亿元产值以上的产业规模。

（二）天宫蟠桃龙头产区——天庭村

作为蟠桃最大产区为天庭村，目前，单天庭村蟠桃种植户就达 100 家，种植面积达 2000 亩。2022 年，天宫蟠桃的龙头村——天庭村产蟠桃量为 2000 吨，产值达 4000 万元，蟠桃种植户每户收入超过 40 万元。

（三）发展计划

结合市场需求情况，因地制宜，引进公司，以"公司＋基地＋贫困户"模式，采取技术扶贫、产业扶贫、就业扶贫等有力措施，改"输血式"扶贫为"造血式"扶贫，实现产业增效、贫困户增收的双赢效果，公司还吸收当地群众入股，按照股份盈利分红，带领当地群众发家致富，也带动本地经济增长。计划到 2025 年形成具有全国影响力的蟠桃品牌，实现天宫蟠桃的产量与销售量翻倍，即年产 20 万吨以上与销售量 18 万吨以上，形成超百亿元的产业规模，推进天宫蟠桃产业的全面发展。

天宫市蟠桃协会

2023 年 1 月 5 日

（八）地理标志申请人具备监督检测该地理标志能力的证明材料

申请人具备检验检测能力的，应提交申请人所具有的检测资质证书或当地政府出具的关于其具备检测能力的证明文件，以及申请人所具有的专业检测设备清单和专业检测人员名单。

关于天宫蟠桃产品特有品质与质量安全检测的协议

甲方（委托单位）：天宫市蟠桃协会

乙方（受委托单位）：天宫市检测技术中心

为了切实做好天宫市蟠桃协会的"天宫蟠桃"品牌的监督管理工作，确保"天宫蟠桃"蟠桃产品的特有品质与质量安全，经天宫市蟠桃协会研究同意，并通过多次与天宫市检测技术中心协商，达成如下协议：

一、甲方委托乙方对天宫蟠桃地理标志产品的特定品质进行检测。

二、乙方根据国家现行有关法律法规和国家卫生标准进行检验检测。

三、乙方对天宫蟠桃产品的感官、营养成分、污染物限量等检测，应按照国家现行有效标准进行。

四、乙方检测完毕，出具检测报告。

五、甲方向乙方提供检测样品，并确保样品的完整性、真实性、代表性。

六、未经甲方许可，不得以任何方式使用甲方委托其检验产品的检验结果。

七、甲乙双方在履行本协议期间，就本协议约定内容或履行方式等发生争议的，可以请求质量技术监督部门协商解决，也可以直接向人民法院提起民事诉讼。

甲方：天宫市蟠桃协会

乙方：天宫市检测技术中心

日期：2023 年 1 月 5 日

检验检测机构
资质认定证书

证书编号：2210235678

名称： 天宫市检测技术中心

地址： 天宫市天庭路3号

经审查，你机构已具备国家有关法律、行政法规规定的基本条件和能力，现予批准，可以向社会出具具有证明作用的数据和结果，特发此证。资质认定包括检验检测机构计量认证。

检验检测能力及授权签字人见证书附表。

许可使用标志

发证日期：
有效期至：02845　　　日
发证机关：天宫省市场监督管理局

本证书由国家认证认可监督管理委员会监制，在中华人民共和国境内有效。

示例 2 地理标志产品保护申请

本部分以五庄观省五庄观市所产人参果为例，呈现地理标志产品申请保护所需材料，范例素材均为虚构。

五庄观人参果地理标志产品保护

（一）地理标志产品保护申请书

地理标志产品保护申请书

产品名称：<u>五庄观人参果</u>

申请机构：<u>五庄观省五庄观市人参果产业协会</u>

初审机构：<u>五庄观省市场监督管理局</u>

国家知识产权局

二〇一九年十二月制

地理标志产品保护申请信息表

申请机构：（印章）　　　　　　　　　　　　　　　日期：2023 年 1 月 3 日

项目	内容	
1.产品名称	五庄观人参果	
2.县级以上人民政府界定产地范围的建议的文件	五庄观市人民政府关于建议"五庄观人参果"地理标志产品地域范围的函（五庄观政函〔2023〕03 号）	
3.县级以上人民政府建议的产地范围	位于东经×××°××′～××Y°×Y′、北纬××°××′～××°××′的一云县、二云县、三云县、四云县、五云县五个县级行政区，总面积 5000 平方公里。	
4.现行有效的技术标准	五庄观人参果地方标准	
5.产品所在地知识产权管理部门信息	单位名称	五庄观市市场监督管理局
	地　　址	五庄观市人参路 1 号
	联系人	吴生
	电　　话	012345678
	传　　真	012345678
	电子邮箱	012345678@wzgrs.com
6.省（区、市）知识产权管理部门信息	单位名称	五庄观省市场监督管理局
	地　　址	五庄观市长生路 1 号
	联系人	陆露
	电　　话	02234567
	传　　真	02234567
	电子邮箱	02234567@wzgrs.com

（二）地理标志产品保护要求

五庄观人参果地理标志产品保护要求

一、地理标志产品名称

（1）产品名称

五庄观人参果

（2）是否属于通用名称

□ 是　　☑ 否

（3）是否存在注册商标

□ 是　　☑ 否

（4）是否属于动植物品种

□ 是　　☑ 否

二、申请机构

五庄观市人参果产业协会

三、保护范围

五庄观人参果地理标志产品保护范围以五庄观人民政府《五庄观市人民政府关于建议"五庄观人参果"地理标志产品地域范围的函》（五庄观政函〔2023〕03号）提出的范围为准，为五庄观省五庄观市现辖行政区域。

四、产品描述

五庄观人参果形状完整，呈纺锤形或圆柱形，节间隔较密集，表面整洁，剖面为白色，明显的金黄色花纹多，肉质结构紧密，单个重量≥100克。口感：具有脆、爽口、清甜、香味浓郁等特色。

五、质量技术要求

（一）土壤要求

土壤为壤土，pH值6.0～7.0、旱地、轮作。

（二）特定生产方式

（1）产地选择：适宜种植区域一般选择在海拔1700～2100米，年平均日照2193小时，年平均气温15.6℃，年平均降雨量为1354.3毫米的山区、半山区的骨质土和红壤土。

（2）品种选择：圆果一号、圆果二号为主栽品种，搭配大紫品种。

（3）种苗：选用组培脱毒苗或扦插苗。

（4）移栽

①整地及施肥：整地作到墒平土细，1.2米开墒，株距0.5米，亩施腐熟农家肥2000～3000千克、复合肥25～30千克穴施作底肥。

②定植：4月底前完成移栽，浇足定根水后覆膜。

（5）植株管理

①多枝蔓整形：亩植 1100 ~ 1200 株，当植株长至 20 ~ 30 厘米时，每株选留 4 ~ 6 枝作为结果枝蔓，及时抹除腋芽（3 ~ 4 次）。

②引蔓栽培：亩植 2200 ~ 3000 株，采用单枝蔓或双枝蔓整形，吊线引蔓，每株留果 4 台。

（6）中耕管理：及时清除杂草和做好防涝。追肥：盛花期亩用三元复合肥（15：15：15）10 ~ 15 千克追肥一次。

（7）病虫害防治：遵循"预防为主，综合防治"的原则，以农业防治为基础，综合运用生态调控、物理防治和生物防治措施。

（8）采收：7 月至 12 月初，适时采收，按大小、品质分级。

（9）田间档案记录：田间档案记录包括从移栽到采收生产过程中的施肥、病虫害防治等投入品和采收、销售信息，记录最少保存 3 年。

（三）采收与贮藏

（1）采收：采收时避免机械伤。

（2）贮藏：必须在通风、干爽、卫生的室内分层存放。在自然条件下贮藏期为 1 个月。

（四）质量特色

（1）感官：母种人参果形状完整，呈纺锤形或圆柱形，节间隔较密集，表面整洁，剖面为白色，明显的金黄色花纹多，肉质结构紧密，单个重量 ≥ 100 克。口感：具有脆、爽口、清甜、香味浓郁等特色。

（2）理化指标：人参果鲜品含维生素 C 含量 ≥ 35 毫克 /100 克，钙含量 ≥ 60 毫克 / 千克，可溶性固形物含量 ≥ 8%，总糖含量 ≥ 6.5%，氨基酸总量 ≥ 2000 毫克 / 千克。

六、产品特色质量与地域的关联性

五庄观人参果为五庄观市特色农产品，清香微甜多汁、风味独特、营养丰富远近闻名，此外，五庄观人参果为纯天然种植，是独具特色的绿色产品。目前，五庄观人参果畅销全国各地，并远销海外，十分受欢迎。

五庄观市位于中国中部，水陆交通便利。气候温和湿润，属典型的亚热带季风气候，年均气温 15.6℃，年均降水量 1354.3 毫米。现有水库 10 座，有效总库容 2000 万立方米，是水利条件较好的城市，境内多土山、丘陵。人参果适宜种植区域一般选择在海拔 1700 ~ 2100 米，年平均日照 2100 ~ 2200 小时，年平均气温 15 ~ 16℃，年平均降雨量为 1000 ~ 1400 毫米的山区、半山区的骨质土和红壤土。五庄观市自然条件十分适合人参果生长，也造就了人参果的优良品质。所产的人参果肉多，所含营养元素众多，除富含维生素 C 以外，还含有钙、锌等多种微量元素等对人体有益的氨基酸。

五庄观人参果具有悠久的历史，在五庄观市志、年鉴中都有记载；《五庄观市志（1990—2010）》第 166 页的名优特产中记载了五庄观人参；《五庄观年鉴 2016》第 201 页五庄观名优特产中记载了人参果；《五庄观年鉴 2020》第 601 页五庄观农业生产中提到了生态人参果区域公共品牌记录。

七、专用标志管理机构信息

五庄观市市场监督管理局

地址：五庄观市人参路 1 号

联系人：吴生

联系方式：012345678

八、检测机构信息

五庄观省农产品质量安全检验站

地址：五庄观市人参路 8 号

联系人：张子扬

联系方式：01233423

五庄观市人参果产业协会

2023 年 1 月 11 日

（三）地方人民政府提出的产地范围建议

五庄观市人民政府文件

五庄观政函〔2023〕03号

五庄观市人民政府关于建议"五庄观人参果"
地理标志产品地域范围的函

国家知识产权局：

"五庄观人参果"是我市著名特色产品，五庄观人参果形状完整，呈纺锤形或圆柱形，节间隔较密集，表面整洁，剖面为白色，明显的金黄色花纹多，肉质结构紧密，在国内享有美名。为打造"五庄观人参果"知名品牌，我市拟申请对"五庄观人参果"进行地理标志产品保护，并指定五庄观市人参果产业协会为五庄观人参果地理标志产品保护申请单位。

依据《地理标志保护规定》要求，结合我市实际情况，经研究决定，五庄观人参果地理标志产品产地范围建议划定范围位：位于东经×××°××′~××Y°×Y°、北纬××°××′~××°××′的一云县、二云县、三云县、四云县、五云区等5个县级行政区，总面积5000平方公里。

附件：五庄观市所辖行政市划图

五庄观市人民政府

2023年1月13日

（四）地方人民政府指定生产者协会或者保护申请机构作为申请人的文件

五庄观市人民政府文件

五庄观政综〔2023〕10 号

五庄观市人民政府关于确定申报地理标志产品
申请人的通知

各县区人民政府，乡镇人民政府，市直各有关单位：

为作好我市地理标志产品申报工作，在征求有关方面意见后，现确定五庄观市人参果协会为五庄观人参果地理标志产品申请人，具体承办有关地理标志产品申报工作，请各相关单位配合申请人认真作好申报工作。

五庄观市人民政府

2023 年 1 月 11 日

（五）省级知识产权管理部门出具的初步审查意见

五庄观省市场监督管理局文件

五市监〔2023〕2 号

关于五庄观人参果地理标志产品申报的
初步审查意见

五庄观市市场监督管理局：

你局报送的五庄观人参果地理标志产品保护申报材料于 2023 年 1 月 20 日收悉。经形式审查，该产品申报符合《地理标志产品保护规定》相关申报规定，通过初步审查，拟同意五庄观人参果地理标志产品保护申请材料向国家知识产权局报送相关申报材料。

五庄观省市场监督管理局

2023 年 2 月 11 日

（六）产品的技术标准或者管理规范、产品的检验报告、产品质量特色与产地自然因素或者人文因素之间关联性的证明材料等

五庄观人参果质量技术要求

质量控制技术规范编号：AGI2023-03-XXXX。

种植和销售必须遵守《中华人民共和国农产品质量安全法》有关法律法规的规定，产品质量严格按 NY/T 5295-2015《无公害农产品 产地环境评价准则》的规定执行。

（1）产地选择：适宜种植区域一般选择在海拔 1700 ~ 2100 米，年平均日照 2193 小时，年平均气温 15.6℃，年平均降雨量为 1354.3 毫米的山区、半山区的骨质土和红壤土。

（2）品种选择：圆果一号、圆果二号为主栽品种，搭配大紫品种。

（3）种苗：选用组培脱毒苗或扦插苗。

（4）移栽

①整地及施肥：整地做到墒平土细，1.2 米开墒，株距 0.5 米，亩施腐熟农家肥 2000 ~ 3000 千克、复合肥 25 ~ 30 千克穴施作底肥。

②定植：4 月底前完成移栽，浇足定根水后覆膜。

（5）植株管理

①多枝蔓整形：亩植 1100 ~ 1200 株，当植株长至 20 ~ 30 厘米时，每株选留 4 ~ 6 枝作为结果枝蔓，及时抹除腋芽（3 ~ 4 次）。

②引蔓栽培：亩植 2200 ~ 3000 株，采用单枝蔓或双枝蔓整形，吊线引蔓，每株留果 4 台。

（6）中耕管理：及时清除杂草和作好防涝。追肥：盛花期亩用三元复合肥（15∶15∶15）10 ~ 15 千克追肥一次。

（7）病虫害防治：遵循"预防为主，综合防治"的原则，以农业防治为基础，综合运用生态调控、物理防治和生物防治措施。

（8）采收：7 月至 12 月初，适时采收，按大小、品质分级。

（9）田间档案记录：田间档案记录包括从移栽到采收生产过程中的施肥、病虫害防治等投入品和采收、销售信息，记录最少保存3年。

五庄观市人参果产业协会

2023年11月10日

五庄观人参果产品检验报告

（计量认证证书号）

NO: 20230001

NO: 202311011

检 验 报 告

样品名称：   五庄观人参果

受检单位：   五庄观市人参果产业协会

检验类别：   省级监督检验

五庄观省农产品质量安全监督检验站

五庄观省农产品质量安全监督检验站

检验检测报告

No.20230001　　　　　　　　　　　　　　　　　第 1 页　共 1 页

序号	检验项目	单位	检测方法	标准要求	检测结果	单项判定
1	维生素 C	mg/hg	GB50XX	/	38	/
2	钙	mg/kg	GB50XX	/	69	/
3	氨基酸	mg/kg	GB50XX	/	2880	/
4	糖	mg/kg	GB50XX	/	5000	/
5	可溶性固形物	mg/kg	GB50XX	/	6600	/

人文因素证明材料：五庄观市市志

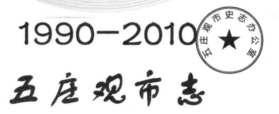

1990—2010

五庄观市志

五庄观市志
五庄观市地方志编撰委员会　编
五庄观市人民出版社
（五庄观市天海路 1 号）
印刷：五庄观市出版有限公司
本 900mm×1200mm 16 开
字数 900 千字
2020 年 1 月第 1 版　2020 年 1 月第 1 次印刷
CIP 数据核字（2023）第 001 号
ISBN 001-0-1110-0
定价：48 元

166 页　　　　　　　　　　农业

五庄观人参果

　　五庄观人参果是五庄观市土特产品，产地东经 XXX°XX'至 XX°XX'，北纬 XX°XX'至 XX°XX'之间，其范围包括五庄观市所辖 5 个县区。五庄观人参果源自于宋朝时期，我市从天竺引进。我市气候温和、阳光照射充足，水源丰富，十分适合人参果生长。1990—2010 年，我市人参果产值达 100 亿元，种植规模达 50 万亩，远销海内外。

第二节　地理标志的审查

罗城仫佬族自治县位于广西北部，是"中国野生毛葡萄之乡"，用野生毛葡萄鲜果酿造葡萄酒已有 350 多年的历史。罗城野生毛葡萄酒（如图 3-6 所示）于 2004 年 9 月通过国家质量监督检验检疫总局地理标志产品保护的审核，由此罗城野生毛葡萄产业的发展翻开了新的一页。罗城山野葡萄酒有限公司创建于 1969 年，前身为罗城山野葡萄酒厂，罗城山野葡萄酒有限公司在通过地理标志产品

图 3-6　罗城山野葡萄酒

保护前，企业销售年收入仅 756 万元，税金 145 万元，亏损 26 万元。通过地理标志产品保护后，经过两年的持续发展，罗城山野葡萄酒有限公司实现销售收入 2016 万元，上缴税金 200 万元，实现利润 186 万元。2005 年该公司收购葡萄果 3580 吨，农民通过卖果得到收入 780 万元，受益农户涉及全县 13 个乡镇 2 万户，占全县农户总数的 25% 以上，受益农户从毛葡萄种植项目中人均增收 120 元以上。罗城野生毛葡萄酒"地理标志保护产品"品牌效应正在把罗城的野生毛葡萄资源优势转化成经济优势，服务一方百姓。

（资料来源：罗城仫佬族自治县人民政府.罗城野生毛葡萄酒——2004 年获得地理标志（原产地标记）产品认证［EB/OL］.（2019–08–14）［2023–01–21］.http://www.luocheng. gov.cn/zjlc/lctc/t533086.shtml.）

无论是申请地理标志商标、地理标志产品保护还是农产品地理标志，在向主管部门申请注册后，主管部门对地理标志的申请审查认定可以划分为形式审查与实质审查两个阶段，形式审查是实质审查的必经程序，两阶段审查的目的和任务有所不同，分工明确，能够有效提高地理标志审查认定的工作效率。

一、地理标志的形式审查

（一）地理标志商标的形式审查

申请人向国家知识产权局商标局申请注册地理标志商标，商标局在接收商标申请之后，对申请商标注册的文件进行形式审查。申请商标注册应当使用商标注册部门制定并公布的格式，不得修改格式。以纸质方式提出申请的，申请书应当打字或印刷；以数据电文方式提出申请的，应当按照规定通过互联网提交，按要求在线如实填写。申请商标注册应当使用中文，按照要求使用国家公布的通用规范汉字填写，不应使用异体字、繁体字、非规范简化字，如果提交的文件材料是外文的还应当附送中文译文，未附送的视为未提交该文件材料。

基本事项的审查有：

1. 申请人主体适格性

地理标志证明商标与集体商标的申请人主体资格审查由于其自身特性，在审查的内容上表现为特有事项的审查。

（1）地理标志集体商标：集体商标的基本功能在于赋予其生产经营者成员的商品或服务以某种共性，表明生产经营者是某个集体组织的成员，从而与那些不属于该集体组织成员的生产经营者区分开来。因此，集体商标彰显的是共性特征，其申请注册主体应当是集体组织。根据《农民专业合作社法》，农民专业合作社是在农村家庭承包经营基础上，农产品的生产经营或农业生产经营服务的提供者、利用者，自愿联合、民主管理的互助性经济组织，属于《商标法》第 3 条第 2 款所指的"其他组织"，可以作为集体商标申请注册主体，但不能作为地理标志集体商标的申请注册主体。因此，在地理标志集体商标申请审查时，对于农民专业合作社为申请人的应当不予批准。同样的，单一的企业、个体经营或集团公司等不是集体性的组织，也不能作为集体商标申请人。

（2）地理标志证明商标：证明商标的基本功能在于证明商品或服务的原产地、原料、制造方法、质量或其他特定品质。因此，证明商标的注册申请人应当是依法成立，且对所申请的商品或服务特定品质具有监督能力的组织。证明商标申请人应当提交其依法成立的身份文件证明其具备申请的主体资格，包括营业执照、事业单位法人证书、社会团体法人登记证书等。

2. 申请材料的完备性

地理标志商标的材料包括：商标注册申请书，申请人主体资格证明文件，证明或集体商标使用管理规则，商标代理委托书（如有需要），肖像权人授权书（如有需要），地理标志所标示地区县级以上人民政府或者行业主管部门授权申请人申请注册并监督管理该地理标志的文件，有关该地理标志商品客观存在及信誉情况的证明材料，地理标志所标示的地域范围划分的相关文件、材料，地理标志商品的特定质量、信誉或者其他特征与当地自然因素或者人文因素关系的说明，地理标志申请人具备监督检测该地理标志能力的证明材料等。

3. 申请材料的规范性

（1）申请书填写是否符合规定，商标图样是否符合规定，指定的商品或者服务类别是否正确，名称是否规范具体。

（2）集体商标、证明商标使用管理规则审查，规则的内容应当符合《集体商标、证明商标注册和管理办法》第10条、第11条的规定，就集体商标而言：内容应当明确、具体，既便于该集体商标的集体成员进行商标生产经营或提供服务时有据可依，也便于集体组织的管理和其他集体成员的监督。例如，集体商标注册申请人应当根据自己管理的需要，明确集体成员所享有的权利和应履行的义务，而不能在使用规则中泛泛表述为"其他权利""其他义务"。就证明商标而言：内容应当明确、具体，既便于证明商标注册人进行管理，也便于申请使用该证明商标的申请人进行商品生产经营或提供服务时有据可依，在使用管理规则中应当对该证明商标所证明的内容（包括原料、制造方法、质量或其他特定品质等）予以详细说明，不能在使用管理规则中出现"其他权利""其他义务"等不明确表述。

（3）代理事项是否合规、明确。我国香港特别行政区、澳门特别行政区及台湾地区申请人是否委托了依法设立的商标代理机构办理；外国申请人是否委托了依法设立的商标代理机构办理；委托商标代理机构的，其委托书填写是否符合规定。申请人委托商标代理机构办理的，应当填写代理机构信息栏，提交符合规定的由申请人盖章或签字的代理委托书。商标代理机构从事商标代理注册部门主管的商标事宜代理业务的，应当向商标注册部门备案。商标代理机构提交的有关申请文件，应当加盖该代理机构公章并由有关商标代理从业人员签字。"代理机构章戳"应为该代理机构公章，不得使用合同章、专用章、业务章等其他章戳。商标代理从业人员应当在"代理人签字"栏签署其名字，且不得使用简称、昵称、代码。

（4）应交送的证明文件是否完整。商标注册申请的证明文件是相互联系的，具有整体性，申请人交送的证明文件应当是能够完整地证明其具有商标申请资格、符合商标申请的各项条件和要求。

（5）是否按时足额缴纳商标规费。

（二）地理标志产品保护的形式审查

地理标志产品保护模式下的地理标志保护申请，形式审查工作由国家知识产权局知识产权保护司承担。审查内容包括：

1. 申请人主体适格性

地理标志产品申请人主体为县级以上人民政府指定的地理标志产品保护申请机构或人民政府认定的协会和企业。申请保护的地理标志产品产地在县域范围内的，申请人为县级人民政府指定主体；产地跨县域范围的，申请人为地市级人民政府指定主体；产地跨地市范围的，申请人为省级人民政府指定主体；产地跨省（自治区、直辖市）域范围的，由涉及的所有省级人民政府协商一致后，共同指定其中一个省级人民政府或联合两个省级人民政府主体作为申请人。

2. 申请材料的完备性

申请材料的完备性可以分为文件类申请材料和说明及佐证类材料。

（1）文件类申请材料有：

①地理标志产品保护申请书；

②有关地方政府成立申请机构或认定协会、企业作为申请人的文件，有关地方人民政府关于划定地理标志产品产地范围的建议；

③地理标志产品的技术标准；

④产品检验报告；

⑤省级知识产权管理部门出具的初审意见。

（2）说明及佐证类材料有：

①产品名称、类别、产地范围及地理特征的说明；

②产品生产技术规范说明；

③产品的感官、理化等质量特色及其与产地的自然因素和人文因素之间关联性的说明；

④产品的知名度、历史渊源、生产和销售情况说明及佐证材料，地理标志产品保护要求；

⑤其他相关说明及佐证材料。

3. 申请材料的规范性

①申请书填写完整性：申请人填写的申请材料是否完整，是否加盖申请人印章，纸质件应为原件，电子件应为原件的扫描件。

②成立或指定申请机构文件：申请人出具提交的政府官方文件，要有文号和加盖公章。

③产地范围建议文件：符合出具单位要求，有文号和加盖公章，文字描述和图示符合规范。

④技术标准：标准要求现行有效，包括国家标准、地方标准、团体标准、企业标准，产品的专用标准与申请材料中描述的有关内容一致，与检验报告中的有关内容一致。

⑤检验报告：提交原件或有效复印件，报告包括产品名称、检验项目、检验依据、检验结论、检验机构资质、检验时间。省级知识产权管理部门出具的评审意见注明初审通过并同意推荐的正式文件。

⑥产品名称：不应仅为通用名称，不应为易引起消费者混淆的动植物品种名称，名称结构应以尊重和符合事实为前提。

⑦产品保护类型及形态：标志产品保护类别与形态应明确，产品保护的类别与形态应与实际生产、销售情况相符。原则上，保护的产品形态应是单一的，但也应根据实际情况具体判断。

⑧生产区域：符合历史生产实际，符合当前生产，产地范围内地理特征应基本一致。

⑨地理特征说明：气候、土壤、地形、光照、降水、水源等说明，突出与其他地区差异化的且与产品特色质量相关的特征。

⑩人文地理特征说明：传统文化、生活习惯、生产方法和工艺传承等说明，突出与产品特色质量相关的特征。

⑪产品生产技术规范说明：说明产品种植、生产、加工的品种、原料、整体加工流程和重点、有特色的生产环节、加工工艺。

⑫产品特色质量说明：感官特质的外在可感知的品质特征，区别于同类产品，优于相关通用标准。内在特质的可检测的理化指标，优于同类产品，优于相关通用标准，特色指标。特色质量与自然地理条件的关联性描述具体影响和作用，生产工艺与自然地理条件的关联性描述具体影响和作用，特色质量、生产工艺与人文地理条件的关联性描述具体影响和作用。

⑬产品知名度说明及佐证材料：原则上应全国知名；荣誉证书以及宣传报道，客观评价以及产品被提及的次数。

⑭产品历史渊源说明及佐证材料：原则上，产品名称持续使用及持续生产历史不少于30年；地方志以及相关报道以及销售发票。

⑮产品生产和销售情况说明及佐证材料：原则上，当前产品在全国或者国内较大区域内应具有较好的市场销售情况、生产者构成、经济利益、产品单价和其他产品的比较、销售地区、生产企业列表、行业排名、消费主体、出口情况。

⑯其他说明或材料：在先已作为集体商标、证明商标注册的地理标志；在先权利人出具函。

在形式审查阶段，国家知识产权局主要对经过省级知识产权管理部门的初审意见及申请人的材料进行审查，申请材料存在问题或产品本身存在问题都将导致地理标志产品保护申请不符合形式审查的要求，国家知识产权局向省级知识产权管理部门发出形式审查意见通知书，不予受理。

形式审查中，申请材料存在的常见问题：

①无地方政府关于产地范围的界定文件；

②地方政府文件无正式文号或单位公章；

③无申报产品现行标准或技术规范；

④佐证材料不足，缺乏依据。

申请地理标志保护产品本身存在的问题：

①产品名称为通用名称；

②产品名称不符合地理标志名称规则；

③产品名称与注册商标有冲突；

④产品知名度不高，缺乏人文历史条件的佐证材料；

⑤申请保护产品的形态不明确；

⑥拟申请的产品名称作为商业名称的证据不足；

⑦对环境生态资源及人类健康可能产生破坏或危害；

⑧拟保护的产地范围与实际产地范围不符。

（三）农产品地理标志的形式审查

申请人向省级人民政府农业行政主管部门申请，省级机构受理申报材料后对登记申请材料进行初审，符合规定条件的组织开展现场核查。不符合规定条件的，提出相关意见和建议书面通知申请人。主要的审查内容如下：

1. 申请人主体适格性

（1）申请人应为事业法人、社团法人等，不应为政府、企业和个人。

（2）结合现场核查，审查申请人在申请登记产品的生产经营领域是否具有一定影响力和组织能力，是否被所在地域范围内的产品生产经营者普遍认可。

（3）申请人资格确定文件应为县级以上地方人民政府向当地农业农村行政主管部门出具的批复文件。政府内设部门（如办公室）出具文件无效，由省级人民政府确定登记申请人的除外。生产地域范围跨县（区）域的，由上一级地方人民政府出具申请人资格确定文件。

（4）申请人资格确定文件应为原件，复印件无效。

2. 申请材料的完备性

（1）申请农产品地理标志需提交：

①登记申请书；

②申请人资质证明；

③产品典型特征特性描述和相应产品品质鉴定报告；

④产地环境条件、生产技术规范和产品质量安全技术规范；

⑤地域范围确定性文件和生产地域分布图；

⑥产品实物样品或者样品图片；

⑦其他必要的说明性或者证明性材料等。

（2）申请材料装订完备性。申请材料需装订成册，建议采用单页可替换方式装订，方便材料补充。封面注明产品名称、申请人全称、省级工作机构等信息。编排目录及页码，相关材料按照如下顺序排列：

①封面；

②目录；

③登记申请书；

④登记申请人资格确定文件及法人证书；

⑤国家追溯平台注册图片；

⑥生产地域范围确定文件；

⑦质量控制技术规范；

⑧产品品质检测报告和（或）外在感官特征鉴评报告；

⑨产品抽样单；

⑩人文历史佐证材料；

⑪产品图片（彩图）；

⑫网站受理公示图片等其他相关材料。

审查过程性材料按照如下顺序附在申请材料后面：①登记现场核查报告；②登记审查报告；③核查员证书复印件。

3. 申请材料的规范性

申请材料的规范性主要对地理标志产品的产品名称、登记申请人、地域范围、质量控制技术规范、品质鉴定报告、现场核查报告和登记审查报告等材料是否规范，达到形式要求。规范性审查的重点为"审查相关文件、报告中相关签字、盖章、日期是否齐全，所有批文、报告是否为原件（人文历史佐证材料除外）等"。依据《农产品地理标志登记审查准则》第 2 条之规定：初审阶段，由省级农产品地理标志工作机构对申请材料进行形式审查；复审阶段，指农业部农产品质量安全中心（后改为中国绿色食品发展中心）对申请材料进行形式复核。

二、地理标志的实质审查

（一）地理标志商标的实质审查

商标注册实质审查工作是审查商标注册申请是否存在法律禁止使用的情形、是否具备商标的显著特征、三维标志商标是否具备功能性、与他人在先申请或注册的商标权利是否存在冲突，同时负责对不以使用为目的的恶意商标注册申请商标代理机构超出代理服务范围的商标注册申请予以驳回。地理标志商标是商标的一种，除普通商标的实质审查适用于地理标志商标之外，还有地理标志商标特有事项的审查。

1. 地理标志商标禁用条款审查

地理标志商标的注册不得违反《商标法》第 10 条第 1 款之规定，即：①同中华人民共和国的国家名称、国旗、国徽、国歌、军旗、军徽、军歌、勋章等相同或者近似的，以及同中央国家机关所在地特定地点的名称或者标志性建筑物的名称、图形相同的；②同外国的国家名称、国旗、国徽、军旗等相同或者近似的，但经该国政府同意的除外；③同政府间国际组织的名称、旗帜、徽记等相同或者近似的，但经该组织同意或者不易误导公众的除外；④与表明实施控制、予以保证的官方标志、检验印记相同或者近似的，但经授权的除外；⑤同"红十字""红新月"的名称、标志相同或者近似的；⑥带有民族歧视性的；⑦带有欺骗性，容易使公众对商品的质量等特点或者产地产生误认的；⑧有害于社会主义道德风尚或者有其他不良影响的。其目的是禁止损害或可能损害国家尊严、社会公共利益、社会公共秩序、民族团结等的标志或违反社会善良风俗、具有不良影响的标志获准注册和使用。明确规定了不得作为商标使用、注册的标志情形，地理标志集体商标与地理标志证明商标应当遵循这款强制性规定，在进行实质审查时要首先审查申请的地理标志商标是否违反了商标法。此外还要注意易误导公众的含有地理标志商标审查，误导公众的，违反《商标法》第16条规定将不予注册并禁止使用。

2. 地理标志商标显著特征审查

显著性是商标发挥识别不同商品或服务功能的基础，也是商标获得注册的重要要件。地理标志商标作为商标的一种类型，应当具有显著特征，便于识别，其注册不得违反《商标法》第11条的规定：

（1）仅有本商品的通用名称、图形、型号的；

（2）仅直接表示商品的质量、主要原料、功能、用途、重量、数量及其他特点的；

（3）其他缺乏显著特征的。

由此，缺乏显著特征的标志不可作为商标注册，但并非绝对禁止，而是相对禁止，经过使用获得显著特征的可以作为商标注册。地理标志集体商标和地理标志证明商标作为商标，应当符合商标具有显著特征的基本要求。地理标志是由"地理区域名称＋产品通用名称"所构成，例如，"五常大米""百色芒果""龙脊辣椒"等，是当地自然因素与人文因素长期沉淀所形成，其显著性表现为标示地理标志产品来源，具有区分该地理标志与其他地理标志的功能，在进行地理标志商标实质审查时，应当判定是否具有显著特征，仅由人文因素或仅由自然因素决定商品品质的，判定为缺乏显著性特征驳回申请，例如，云梦县豆皮行业协会申请的地理标志证明商标，因"申请人提交的'云梦豆皮'特定品质受特定地域环境或人文因素决定的说明未能明确说明该地理标志产品的特定品质及特定品质与当地自然因素之间的联系"，不予地理标志证明商标注册。

地理标志商标缺乏显著特征具体表现为：

（1）仅有本商品的通用名称、图形、型号的；

（2）仅直接表示商品的质量、主要原料、功能、用途、重量、数量及其特点的；

（3）商标过于简单或者过于复杂的；

（4）表示商品或者服务特点的短语或句子或普通广告宣传用语；

（5）日常商贸场所用语或标语；

（6）企业的组织形式、行业名称或简称；

（7）仅有申请人名称全称的；

（8）常用祝颂语、日常用语、网络流行词汇及表情包、商用标志符号、节日名称、格言警语。

判断某个标志是否属于经使用取得显著特征的标志，应以相关公众的认知为准，考虑以下因素：

（1）相关公众对该标志的认知情况；

（2）该标志在指定商品或服务上实际使用的时间、使用方式、同行业使用情况；

（3）使用该标志的商品或服务的销售量、营业额及市场占有率；

（4）使用该标志的商品或服务的广告宣传情况及覆盖范围；

（5）使该标志取得显著特征的其他因素。

判断商标是否具有显著特征，除了要考虑商标本身的含义、呼叫和外观构成，还要结合商标指定的商品或服务、商标指定商品或服务的相关公众的认知习惯、商标指定商品或服务所属行业的实际使用情况等，进行具体的、综合的、整体的判断。

3. 集体商标和证明商标相同、近似的审查

商标相同是指两个商标在视觉效果或声音商标在听觉感知上完全相同或基本无差别。所谓基本无差别是指两商标虽有个别次要部分不完全相同，主要部分完全相同或整体上几乎没有差别，以至于相关公众或普通消费者很难在视觉或听觉上将两者区别开来。商标近似是指文字、图形、字母、数字、三维标志、颜色组合和声音等商标的构成要素在发音、视觉、含义或排列顺序等方面虽有一定区别，但整体差异不大。文字商标的近似应主要考虑"形、音、义"三方面，图形商标应主要考虑构图、外观及着色；组合商标既要考虑整体表现，还要考虑显著部分。

（1）商标相同审查具体适用：第一，仅文字的字体存在细微差别；第二，仅字母大小写存在细微差别；第三，仅文字排列方式存在细微差别；第四，仅文字的间距或颜色存在细微差别；第五，图形商标在构图要素、表现形式等视觉上基本无差别，易使相关公众对商品或服务的来源产生混淆；第六，商标文字构成、图形外观及其排列组合方式基本相同，使商标在呼叫和整体视觉上基本无差别，易使相关公众对商品或服务的来源产生混淆等情况。

（2）商标近似审查具体适用：第一，中文商标的汉字构成相同，仅字体或设计、注音、排序顺序不同，易使相关公众对商品或者服务的来源产生混淆，判定为近似商标。第二，中文商标的显著识别部分汉字构成相同，仅排序顺序不同，易使相关公众对商品或者服务的来源产生混淆，判定为近似商标。第三，商标文字由字、词重叠而成，易使相关公众对商品或者服务的来源产生混淆，判定为近似商标。第四，商标文字或显著识别部分文字读音相同或近似，且字形或整体外观近似，易使相关公众对商品或者服务的来源产生混淆，判定为近似商标。第五，商标文字构成、读音不同，但商标字形近似，易使相关公众对商品或服务的来源产生混淆的，判定为近似商标等情况。

例1：如申请集体商标"小沙窝萝卜"与已注册地理标志证明商标"沙窝"相近似，即被驳回申请。

小沙窝萝卜

商标类型：集体商标

指定商品：第31类新鲜萝卜等

申请人：天津市曙光沙窝萝卜专业合作社

商标类型：地理标志证明商标

指定商品：第31类新鲜萝卜

申请人：天津市西青区辛口镇沙窝萝卜产销协会

值得注意的是，即使是同一申请人，也不能在相同或类似商品或者服务上注册两个不同类型的相同或近似商标。因为集体商标、证明商标与普通商标、地理标志集体商标、地理标志证明商标虽然同属商标的类型，但在功能作用、使用方式、商品或者服务使用条件、注册人和使用人的权利、义务等方面均有所不同，在相同、类似商品或者服务上同时注册两种不同类型的商标，仍会引起公众对商品或服务的来源及其品质等方面产生误认，应予以驳回。

4. 地理标志商标特有事项的审查

根据《商标法实施条例》第4条和《集体商标、证明商标注册和管理办法》的有关规定，地理标志集体商标和地理标志证明商标的注册申请需要提交主体资格证明、地理标志所标示地区人民政府或行业主管部门的批准文件、申请人的检测能力证明材料等。因此，在对地理标志集体商标和地理标志证明商标进行审查时，除对其标志进行审查外，还应当对其申请人主体资格、使用管理规则、检验检测能力等特有事项进行审查。

（1）指定商品的审查。

①地理标志集体商标和地理标志证明商标商品申报注意事项，地理标志集体商标和地理标志证明商标指定使用的商品的审查以《类似商品和服务区分表》为基本依据，但地理标志强调的是商品的特定品质及其与生产地域自然因素、人文因素之间的关联性，因此，地理标志所标示的商品通常为农产品、食品、葡萄酒、烈性酒，还包括部分传统手工艺品等其他产品。单一的仅由自然因素或者仅由人文因素决定特定品质的，如与产地自然因素没有关联的手工艺品、地方小吃或与产地人文因素没有关联的纯工业产品、矿产、野生动植物等，不能作为地理标志集体商标和地理标志证明商标指定使用的商品。

地理标志集体商标和地理标志证明商标指定使用的商品应明确、具体，且应与地理标志名称密切关联。例如，"静宁苹果"地理标志证明商标核定使用的商品是"新鲜苹果"，而不是"新鲜水果"；"象州大米"地理标志证明商标核定使用的商品是"大米"，而不是"米"。

地理标志集体商标和地理标志证明商标的指定商品多为单一商品，特殊情况下可能指向《类似商品和服务区分表》中的多个商品或类别。例如，

"**建阳建盏**"指定商品为第 21 类"瓷器：日用瓷器（包括盆、碗、盘、壶、餐具、缸、罐）"，"**宜昌白山羊**"指定商品包括第 29 类"羊肉；羊（非活）"和第 31 类"羊（活的）"。

②指定商品类似关系的判定。

地理标志集体商标和地理标志证明商标指定商品与在先商标指定商品间的相同类似关系判定，以《类似商品和服务区分表》作为基本依据。但地理标志集体商标和地理标志证明商标与在先商标相同、近似的判定，仅以其指定商品相同或包含关系为基础。例如，"西瓜"与"苹果"同属 3105 类似群组，如果地理标志集体商标和地理标志证明商标指定商品为"西瓜"，在先商标指定商品为"苹果"，则该地理标志集体商标和地理标志证明商标与该在先商标不判定为相同、近似；如果在先商标指定商品为"新鲜水果"，由于"西瓜"包含在"新鲜水果"商品项目中，则该地理标志集体商标和地理标志证明商标与该在先商标判定为相同、近似。

（2）申请人主体资格的审查。

《民法典》第 123 条规定，民事主体依法就地理标志享有专有的权利。地理标志集体商标和地理标志证明商标的申请人首先应为民事主体，其次地理标志是其产地从事相关生产经营活动的市场主体共有的权利，因此，地理标志集体商标和地理标志证明商标申请人应当是经该地理标志所标示地区县级以上人民政府或行业主管部门同意、对该地理标志产品特定品质具备监督检测能力、不以营利为目的的团体、协会或者其他组织，一般为社会团体法人、事业单位法人，且其业务范围与所监督使用的地理标志产品相关。公司和农民专业合作社等是营利性主体，不能作为地理标志集体商标和地理标志证明商标注册人。

申请人应当提交其依法成立的主体资格证明文件。主体资格证明文件包括事业单位法人证书、社会团体法人登记证书等。

申请地理标志集体商标注册的团体、协会或者其他组织，应当由来自该地理标志标示的地区范围内的成员组成。

（3）地理标志所标示地区县级以上人民政府或者行业主管部门批准文件的审查。

地理标志集体商标和地理标志证明商标注册申请人应当提交该地理标志所标示地区县级以上人民政府或行业主管部门同意其申请注册并监督管理该地理标志的批准文件。

地理标志所标示的地域范围为一个县、市范围内的，由该县（市）人民政府或者行业主管部门出具批准文件；地域范围为两个以上县（市）范围的，由其共同上一级人民政府或者行业主管部门出具批准文件，具体参考如下案例。

例1：晋州山楂

晋州山楂　　商标类型：地理标志证明商标

指定商品：第31类新鲜山楂

申请人：晋州市盛林山楂协会

生产地域范围：晋州市的马于镇、总十庄镇、东里庄镇境内

晋州山楂的生产地域虽仅是晋州市的若干镇，但该地理标志所标示地区为"晋州"，因此，应由晋州市以上人民政府或行业主管部门出具批准文件。

例2：库尔勒香梨

商标类型：地理标志证明商标

指定商品：第31类香梨

申请人：巴音郭楞蒙古自治州库尔勒香梨协会

生产地域范围：孔雀河流域和塔里木河流域，塔克拉玛干沙漠北边缘，冷热空气聚集冲击地带的库尔勒市、尉犁县、轮台县、库车市、新和县、沙雅县、阿克苏市、阿瓦提乡和分布在这些地区里的国营农（团）场。

该地理标志名称虽为"库尔勒香梨"，但其生产地域范围不仅仅在库尔勒市，还包括其所属的巴音郭楞蒙古自治州的其他县乡以及阿克苏等其他地区，因此，应由新疆维吾尔自治区人民政府或行业主管部门出具批准文件。

（4）申请人监督检测证明能力的审查。

申请人自身具备监督检测能力的，提交其检测资质证明、检测设备清单和检测人员名单，即认定其具有监督检测该地理标志产品特定品质的能力。

申请人自身不具备监督检测能力而委托他人检测的，提交明确的对地理标志

产品特定品质检测的委托合同、受委托检测方的检测资质证书、检测设备清单和检测人员名单，即认定申请人具有监督检测该地理标志产品特定品质的能力。

（5）地理标志所标示的生产地域范围的审查。

地理标志所标示地区的生产地域范围可以是县志、农业志、产品志、年鉴、教科书中所表述的地域范围，也可以由地理标志所标示地区的人民政府或行业主管部门出具的地域范围证明文件确定。地理标志所标示的地域范围为一个县、市内的，由该县、市人民政府或行业主管部门出具证明文件；地域范围为两个以上县、市范围的，由其共同上一级人民政府或行业主管部门出具证明文件。跨省的由中央人民政府相关行业主管部门或相应省人民政府协商解决。

该地域范围可以与所在地区的现行行政区划名称、范围不一致。

生产地域范围可以以下方式之一或其组合界定：

①行政区划；

②经纬度的方式；

③自然环境中的山、河等地理特征为界线的方式；

④地图标示的方式；

⑤其他能够明确确定生产地域范围的方式。

但表述应当清晰、明确、具体，如"主要分布""主要包括"等含糊表述则不符合要求"通过多种方式表述的，其产品地域范围应相互一致，不能互相冲突"。

（6）地理标志产品特定质量、信誉或其他特征与该地域自然因素、人文因素关系说明的审查。

地理标志集体商标和地理标志证明商标指定商品的特定质量、信誉或者其他特征应主要由该地理标志所标示的地区的自然因素或者人文因素所决定，根据生产地域的自然因素、人文因素在地理标志产品特定品质形成过程中的决定作用大小，可分为以下三种情形：

①主要由当地的自然条件决定的，具体可参考如下案例。

例1：吐鲁番葡萄

商标类型：地理标志证明商标

指定商品：第31类鲜葡萄

申请人：吐鲁番地区葡萄产业协会

吐鲁番盆地种植葡萄已经有2000年的历史，该地区高温、干燥，降水极少，高热量、高温差、高光照，独特的水土、光热等自然条件决定了"吐鲁番葡萄"具有皮薄、肉脆、高糖低酸、高出干率等独特的品质。

例2：安溪铁观音

商标类型：地理标志证明商标

指定商品：第30类茶叶

申请人：安溪县茶业总公司

"安溪铁观音"属半发酵茶，产于福建省安溪县境内，产区属亚热带海洋性季风气候，群山环抱，土层厚，有机质含量高。产区的土壤、海拔、积温、降水、温度和湿度，加上独特的初制工艺，造就了"安溪铁观音"外形紧结重实、色泽乌绿油润，冲泡后香气浓郁持久、汤色金黄明亮、浓艳清澈、滋味醇厚、鲜爽甘甜的独特品质。

②自然因素和人文因素均起决定性作用的，具体案例如下。

例：绍兴黄酒

商标类型：地理标志证明商标

指定商品：第33类黄酒

申请人：绍兴市黄酒行业协会

绍兴黄酒的特定品质是由鉴湖水及独特的生产工艺所决定的。产地内四季分明，雨水充沛，适宜酿酒所需的微生物生长。鉴湖水系水质清澄，富含微量元素和矿物质。绍兴黄酒采用精白糯米为原料，配以鉴湖水酿制，形成色泽橙黄、清亮透明，味醇厚、柔和鲜爽的品质。

③主要由人文因素决定的。

例：景德镇陶瓷

商标类型：地理标志证明商标

指定商品：第 21 类瓷器

申请人：景德镇陶瓷协会

景德镇瓷器以当地出产的"高岭土 + 瓷石"独特的二元配方为主，用铁、铜、钴等氧化物，配制成不同色料，施于泥坯或瓷胎之表面，经高温或低温焙烧成景德镇瓷器，使景德镇瓷器具有色彩缤纷、晶莹悦目、风格独特、白如玉、明如镜、薄如纸、声如磬的特点。

④仅由自然因素或者仅由人文因素决定的产品，不符合地理标志概念。

例 1：泗滨砭石

商标类型：地理标志证明商标

指定商品：第 14 类宝石

申请人：泗水县泗滨砭石协会

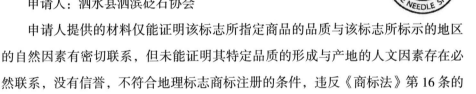

申请人提供的材料仅能证明该标志所指定商品的品质与该标志所标示的地区的自然因素有密切联系，但未能证明其特定品质的形成与产地的人文因素存在必然联系，没有信誉，不符合地理标志商标注册的条件，违反《商标法》第 16 条的规定。

例 2：南汇甜瓜

商标类型：地理标志集体商标

指定商品：第 31 类新鲜甜瓜

申请人：上海市浦东新区农协会

申请人提交的《南汇农业志》《南汇县续志（1986—2001）》《南汇甜瓜生产技术操作规程》等材料表明，"南汇甜瓜"采用大棚种植方式，人工控制生长环境，这种模式下的生长环境可在任意地区复制，其特定品质的形成与产地的自然环境因素无必然联系，不符合地理标志概念，违反《商标法》第 16 条的规定。

例 3：灵宝小吃

商标类型：地理标志集体商标

指定服务：第 43 类餐馆、饭店等

申请人：灵宝市小吃协会

"小吃"是一类在口味上具有特定风格特色的食品的总称，是一个地区不可或缺的重要特色。但小吃因包含多种产品，其口味和产品品质不尽相同，不符合地理标志产品特定品质应确定单一的要求，且申请人所报地理标志"灵宝小吃"指定在第43类餐饮等服务上，服务是人为的活动，与当地的自然因素无任何关联，故服务商标不符合地理标志概念，违反《商标法》第16条的规定。

（7）地理标志客观存在及其信誉证明材料的审查。

地理标志客观存在及信誉情况的证明材料是地理标志确权的重要依据，以下证据材料为判定地理标志是否客观存在的主要依据：

①县志、农业志、产品志、年鉴、教科书；

②上述之外的公开出版的书籍、国家级专业期刊、古籍等材料；

③其他可以证明该地理标志产品客观存在及信誉情况的材料。

地理标志客观存在及其信誉证明材料可以是原件，也可以是加盖出具单位公章的封面、版权页、内容页的复印件。

上述证明材料应对该地理标志的名称及其信誉等有清晰明确的记载。

例如，"苍山大蒜"地理标志证明商标的客观存在证据为公开出版的书籍《苍山县志》，其中记载："苍山大蒜是山东省的著名土特产品，因产地苍山县而得名，具有头大瓣齐、皮薄如纸、洁白似玉、粘辣清香、营养丰富等特点，在国内外享有盛誉"。苍山县由此而成为国家优质大蒜生产、出口的基地县，被誉为大蒜之乡。

（8）使用管理规则的审查。

地理标志集体商标和地理标志证明商标使用管理规则的审查还应对其指定商品的特定质量、信誉或者其他特征及生产地域范围等进行审查。

①指定商品特定品质的审查。

地理标志商品特定品质包括该商品的感官特征、理化指标或其特殊的制作方法。

感官特征包括形状、尺寸、颜色、纹理等视觉特征和嗅觉、味觉感知等。理化指标包括所属族、种等生物特征，重量、密度、酸碱度等物理特征，水分、蛋白质、脂肪、微量元素含量等化学特征。制作方法包括对加工技术的描述以及最终产品的质量标准，如动物产品的饲养过程、屠宰方法等，植物产品的种植过程、收获时间、储存方式等，传统手工艺品的原材料、配料和制作过程等。具体案例可参考如下内容。

例1：烟台苹果

商标类型：地理标志证明商标

指定商品：第 31 类苹果

申请人：烟台市苹果协会

"烟台苹果"果型端正、果面光洁、色泽鲜艳、汁多爽口、肉质松脆。果形指数 0.8 以上，着色面积 80% 以上，可溶性固形物含量在 15% 以上，果实硬度 8.0 千克力 / 平方厘米以上，总酸含量 ≤ 0.4%。

例2：章丘大葱

商标类型：地理标志证明商标

指定商品：第 31 类大葱

申请人：济南市章丘区大葱产业协会

"章丘大葱"具有四大特点：高、长、脆、甜。株高一般在 1.5 米，高的可达 1.8 ~ 2 米，葱白长 0.6 米，长的可达 0.8 米以上，径粗 3 ~ 5 厘米，单株重 0.5 千克左右，葱叶色鲜绿，葱白色泽洁白，平滑光润，落地即断，具有汁多丝少、质地脆嫩、嚼之无丝的品质特点。

地理标志集体商标和地理标志证明商标指定商品特定品质不明确、不客观，或者该商品的特定质量、信誉或其他特征不由当地的自然因素和人文因素决定的，适用《商标法》第 16 条第 2 款规定予以驳回。

例3：昌吉火烧

商标类型：地理标志集体商标

指定商品：第 30 类火烧

申请人：昌吉市种子协会

申请人提交的相关材料表明，"昌吉火烧"是新疆一种手工制作的面点，以精面粉、精油、蜂蜜为主要原料，生产者会根据各自的习惯，掺入花生、蜜瓜泥、核桃仁、鸡蛋、鲜玫瑰泥、蜜樱等不同辅料。因工艺特殊，选料考究，外酥内软，香甜可口，被誉为回民食品中独具特色的传统营养食品。由于"昌吉火烧"加工后成品的特定品质不一致，理化指标无法固定，不符合地理标志概念，引用《商标法》第 16 条第 2 款规定予以驳回。

②指定商品的特定质量、信誉或者其他特征与该地理标志所标示地区的自然因素相关的审查。

在审查地理标志产品的特定品质与生产地域特定的自然地理环境之间的关系时：应重点对两者间的因果关系进行审查。某个具体时间、某个具体环境要素对产品的某一项特定品质产生具体影响的因果关系表述应推理清晰、完整。仅仅罗列产地的气温、光照、降水、土壤、河流等自然条件的，判定为不符合要求。

同时将产地的人文因素一并表述的，应包括种植区域（如山前山后、朝向）、种植时节的选择，特殊的生产建筑（如流入磨坊），当地特有的生产技术等，具体参照如下案例。

例如，关于"金乡黑蒜"：金乡常年 10 月上旬日平均气温在 17.6℃，有利于蒜苗在入冬前形成 5 叶 1 心的壮苗，从而安全越冬。翌年 3 月下旬至 4 月上旬为大蒜起身期，是大蒜生长的最关键时期，需要较高的地温。金乡这一时期常年平均气温为 12.3℃，十分适宜。金乡黑蒜就是由完整、饱满、未剥皮、无霉点的金乡大蒜，用当地弱碱性水浸泡晾干后，在 60 ～ 90℃的高温高湿密制容器中经过40 天特殊发酵而成的。

③生产地域范围的审查。

地理标志集体商标、地理标志证明商标使用管理规则中关于地理标志产品生产地域范围的表述参见本节"地理标志所标示的生产地域范围的审查"。

（9）外国人或者外国企业申请地理标志集体商标和地理标志证明商标的审查。

外国人或者外国企业在中国申请地理标志集体商标和地理标志证明商标注册的，同样应遵循本部分的规定，但根据《集体商标、证明商标注册和管理办法》第 6 条第 2 款的规定，外国人或者外国企业申请地理标志集体商标和地理标志证明商标注册的，申请人应当提供该地理标志以其名义在原属国受法律保护的证明。因此，申请人如提供了有效的上述证明，则视为申请人已符合本部分第（2）、

（3）、（4）、（5）、（6）、（7）部分的要求。

（二）地理标志产品保护的实质审查

地理标志产品保护申请符合形式审查后进入实质审查，即地理标志产品的技术审查。在国家知识产权局受理公告发布后，申请人应着手准备专家技术审查会的相关文件，包括申报产品的陈述报告和申报产品的质量技术要求。

对公告无异议或异议已处理且已完成技术审查准备的，由省级知识产权管理部门向国家知识产权局提出召开技术审查会的建议。国家知识产权局成立地理标志产品专家审查委员会，并根据专业领域和产品类别下设分委员会。专家审查委员会根据需要聘请专家召开技术审查会。专家组成一般包括法律、专业技术、质量检验、标准化、管理等方面的人员。组成人数为奇数，一般为7人以上，但不超过11人。专家技术审查内容包括：

（1）听取申请人代表所作的陈述报告。陈述报告是对申请资料的概括和总结，应重点陈述产品的名称、知名度、质量特色及其与产地的自然因素和人文因素的关联性，拟采取的后续监管措施等。

（2）审查产品的申请资料和证明材料。质量技术要求作为国家知识产权局批准公告的基础，是对原有标准或技术规范中决定质量特色的关键因素的提炼和总结，具有强制性。内容包括产品名称、产地保护范围、为保证产品特色而必须强制执行的环境条件、生产过程规范及产品的感官特色和理化指标等。

（3）围绕产品名称、知名度、与当地的自然因素和人文因素之间的关联性等方面进行技术讨论。

（4）形成会议纪要。

（5）提出地理标志产品保护的建议，包括：是否应对申报产品实施地理标志保护及所存在的问题与处理建议。

（6）讨论产品的质量技术要求。

技术审查合格的，由国家知识产权局发布该产品获得地理标志产品保护的公告，颁发《地理标志产品保护证书》。

（三）农产品地理标志的实质审查

农产品地理标志经过省级绿色食品发展中心的初审和现场核查后，向农业农村部中国绿色食品发展中心转交材料进行审查。中国绿色食品发展中心负责对申请材料进行复核审查，并组织登记评审委员会专家负责申请材料的技术审查。根据《农产品地理标志登记专家评审规范》（现已废止）农产品地理标志登记专家评审一般采用会议评审形式进行。农产品地理标志登记专家评审委员会秘书处（以下简称"秘书处"）设在中国绿色食品发展中心（以下简称"中心"）地理标志处，具体负责专家评审的组织实施和评审意见的通知。评审前，秘书处根据申请登记产品的数量和涉及的行业类别，将申请登记产品按照类别分成若干组，随机从评审委员会专家库中选取相关专业领域专家组成若干评审组开展评审工作。通常情况下，每组专家应不少于4人，专家评审实行组长负责制。专家评审依据《农产品地理标志管理办法》和《农产品地理标志登记审查准则》（现已废止）等相关配套技术规范进行，重点对申请登记产品进行技术审查，包括以下内容：

1. 产品登记范围审查

（1）申请登记产品应是源于农业的初级产品，并属于《农产品地理标志登记保护产品目录》所涵盖的产品。未列入目录的，不予受理。

（2）水、粗制盐、用于动植物生产的种子种苗、纯野生产品、原国家保护部分放开人工养殖的产品等，不予受理。仅限于作为另一种产品的原料，本身并不直接上市的产品，原则上不予受理。

（2）申请登记产品应已列入《全国地域特色农产品普查备案名录》。未列入名录的，申请人应将产品名称、特色品质和人文历史（生产年限和信誉基础）、生产地域范围等情况报省级工作机构审核，审核通过报中心审查同意后方可申请。

2. 产品名称审查

依据《农产品地理标志登记产品名称规范》（现已废止），产品名称审查重点关注：

（1）名称结构审查：产品名称应由地理区域名称和农产品通用名称组成。地理区域名称可为行政区划名称、自然地理实体或居民点名称，也可以是约定俗成、当地使用广泛的特定地理位置名称。农产品通用名称应使用产品的学名、俗名、别名等，也可使用当地历史沿袭名称，但不应导致公众可能对产品本身或产地误认。

（2）不应登记的情形：产品名称为法定的通用名称或全国范围内已约定俗成的通用名称的；产品名称与动植物品种名称相同，可能导致公众对产品产地误认的；产品名称已注册为商标、证明商标或集体商标，未取得所有权人同意的；产品名称与已登记农产品地理标志相同或包含已登记农产品地理标志的。

3. 生产地域范围确定审查

依据《农产品地理标志登记生产地域范围规划》（现已废止），生产地域范围确定审查重点关注：

（1）生产地域范围确定文件应为地方农业农村行政主管部门向申请人出具的文件，内容应包括地域经纬度范围、所辖具体县（区）、乡镇或村名称（列表）、生产规模和产量等必要信息，并附生产地域分布图。

（2）生产地域范围确定应统筹考虑产品的特色品质及其与产地自然生态环境和特定生产方式的关联性，并应在生产地域范围内有实际生产和人文历史基础。生产地域范围可集中连片，也可点状分布。

（3）生产地域分布图应以最新版行政区划图为蓝本（彩图），准确标示出产品的生产地域范围和边界线。地域分布图边界线应采用加宽线条进行标注。

（4）初级加工农产品应确定原料基地的生产地域范围。

（5）跨县（区）或地市地域的产品，应区域联合申请。生产地域范围应由具有跨域管辖权限的上一级农业农村行政主管部门确定，申请人资格亦由上一级地方人民政府确定。地理区域属于跨省份的山脉、河流、湖泊等产品，由具有相关资源管辖权限的专门机构确定生产地域范围和申请人。

（6）对于产品主管部门包括其他部门的，应由农业农村部门和相关行业主管部门联合（或分别）出具生产地域范围确定文件，或农业农村部门征求相关行业部门意见后，单独出具文件，并注明征求意见情况。

（7）生产地域范围确定文件应为原件，复印件无效。

4. 质量控制技术规范审查

依据《农产品地理标志登记准则》（已废止），质量控制技术规范审查重点关注产品名称审查重点关注：

（1）特色品质审查。

产品应具有独特的品质，即明显区别于其他产地该类产品的外在感官特征和（或）内在特色品质。特色品质不明显的产品不应通过审查。

①外在感官特征审查：外在感官特征描述应客观真实，应采用规范性语言描述产品的外观、口感、气味等特征，可使用数字描述的，尽量使用数字，避免评价性语言，如美味、独特、品质好等笼统描述。

产品仅外在感官特征显著的，应提交产品外在感官特征鉴评报告。外在感官特征和内在品质特性均显著的，可不进行外在感官特征鉴评，对产品外在感官特征鉴评报告不作要求。

产品外在感官特征鉴评报告审查。品质鉴评组一般由3～5名专业领域技术专家组成，省级工作机构内部人员不应作为专家组成员。鉴评组成员均应签字，鉴评意见由组长签字。省级工作机构应填写确认意见并签字盖章。鉴评报告应使用固定格式且为原件。

②内在特色品质审查：产品内在特色品质一般由体现产品特色的理化指标构成，指标数一般不超过4个，指标值应为范围值（品质限值），而非固定值，可用大于等于（N）、小于等于（W）、不少于、不超过等表示，也可以是区间范围值。

申报产品存在细分或系列产品，且内在特色品质存在较大差异的，应分别描述特色指标，并用相应的产品品质检测报告进行验证。

产品品质检测报告审查。检测机构应为中心委托或同意的检测单位，报告封面应加盖"报告专用章"、检测机构公章和骑缝章，制表人、审核人、批准人均应签字。检测报告应为原件。

所有内在特色品质指标应在每份报告中进行验证检测且结果符合。采样点和检测报告数量：生产地域范围为县（区）级及以下的，应至少布设3个采样点；生产地域范围为地市级及以上的，范围内所有县（区）均应布设采样点，且每个县（区）采样点不少于3个。生产地域为开放式海域、湖泊、滩涂、山川或集中连片的草场、林场的，采样点不少于 3 个。每个采样点对应一份检测报告。

（2）独特自然生态环境审查。

应重点描述产地与形成产品特色品质因果关系密切的自然生态环境因素（如光照、温度、湿度、降水、水质、土质、地形地貌等）及其关联性。生产地域范围内，自然生态环境或形成产品特色品质的某个或某些自然生态环境因素应基本一致。自然生态环境差异较大的，不应通过审查。

（3）特定生产方式审查。

应重点描述与形成产品特色品质因果关系密切的生产方式（主要品种、产地要求、生产关键环节等）及其关联性。申请登记产品存在细分或系列产品且生产方式不一致的，应分别描述每种产品的生产方式。

（4）标志使用审查。

应写明标志使用人在产品或产品包装上统一使用农产品地理标志公共标识和产品名称组合形式字样。

5. 人文历史佐证材料审查

申请登记产品应在生产地域范围内有一定的生产历史和信誉基础。结合我国国情，原则上产品在生产地域范围内应至少有 30 年的生产历史和 20 年的信誉基础。生产和信誉年限通过审查人文历史佐证资料来确认。

人文历史表现形式包括县志、市志、农业志、产品志等历史文献记载；诗词歌赋、传记、传说、轶事、典故等记载；民间流传的该类产品民风、民俗、歌谣、工艺文化；饮食、烹饪等；名人的评价与文献；荣获省级以上历次名牌产品获奖情况；媒体宣传、报道、图片等。人文历史佐证材料可为多种表现形式，但县志、市志、农业志、产品志等历史文献中关于该产品的记载原则上必须提供。生产历史和信誉基础应在相关材料中作出说明。

人文历史佐证材料应同时说明产品的生产历史和信誉基础，但仅体现生产历史的佐证材料不应通过审查。如"德庆贡柑"，光绪《德庆州志》记载："唐开元，柑橘丰极，官马尤甚。色金、泽，肉爽，味清、蜜，宋高宗甚喜，年贡不断，渐谓之贡柑"。德庆贡柑荣获"中国贡柑之乡""中国柑橘产业十强县"等称号，产品畅销国内大中城市，远销荷兰、澳大利亚等国家。相关材料能够证明德庆贡柑生产历史悠久，且具有良好的声誉基础。又如，《德庆年鉴》记载"以种植砂糖橘、贡柑、马水橘、东莞糯米糍、大红桂味、石硬龙眼等优质水果""大力发展贡柑、砂糖橘"，此部分佐证材料仅能说明德庆生产贡柑，不能说明产品信誉基础，仅有此部分佐证，不应通过登记审查。

6. 样品图片（视频）审查

依据《农产品地理标志登记审查准则》（已废止），样品图片（视频）审查重点关注：样品图片（视频）应含种植（养殖）初级产品、制成品（仅限申请登记产品为初级加工品）图片及产品包装图片，应至少提供一张产品的彩色特写图片或镜头。

7. 登记现场核查报告审查

依据《农产品地理标志登记审查准则》（已废止），登记审查现场应重点关注：

（1）现场核查工作由省级工作机构组织实施，不得由地县级工作机构代为实施。

（2）现场核查组一般由3～5名（含核查员或技术专家）核查员组成。核查组组长应至少有1名升级工作机构核查员参加。地县级工作机构核查员不作为核查组成员参与现场核查工作。现场核查结论表中组长和成员均应签字，非核查组人员不需要签字。

（3）现场核查报告后应附核查员证书复印件，技术专家除外。

8. 特殊情况审查

依据《农产品地理标志登记审查准则》（已废止），特殊情况审查应重点关注：

（1）产品名称与商标冲突性审查。如申请登记产品名称已在先注册为商标、集体商标或证明商标，且申请人与所有权人不是同一主体的，申请人应提供所有权人同意其以该产品名称申请登记农产品地理标志的文件，确保不产生法律纠纷。

（2）同一产品名称项下存在细分或系列产品的审查。使用生产地域范围内同一原料，存在多种细分产品或系列产品的，可一并申请，如羊与羊肉，鸡与鸡肉、鸡蛋，红茶与绿茶等，但应在质量控制技术规范中分别描述产品的外在感官特征和内在特色品质，并分别进行验证。

（3）同一生产区域同类产品的审查。申请登记产品与已登记产品为同一类，且处于同一较大范围生产区域内但无地域交叉的，申请登记产品应与已登记产品特色品质有明显区别。如特色品质无明显区别、仅是地域范围不同的，不予受理，但可重新确定生产地域范围，依照规定申请证书变更。如特色品质确不相同，应突出申请登记产品在已登记产品基础上的个性品质特征，提供特色品质比对情况和信誉佐证材料。例如，某市所辖某县已登记大米，该市另一县申请登记大米时，应充分说明新申请大米与已登记大米的品质差异，及时申请登记大米的信誉。

（4）同类产品存在行政区划隶属关系的审查。申请登记产品与已登记产品为同一类，且生产地域范围存在行政区划隶属关系的，申请前，应分析比较申请登记产品与已登记产品的特色品质及形成特色品质的自然生态环境或人文历史因素，并按如下情况处理：

①申请登记产品行政区域包含已登记产品行政区域，若已登记产品符合或优于申请登记产品特色品质及形成特色品质的自然生态环境或人文历史因素，应征得已登记产品相关权益人同意，将已登记产品生产地域范围划入申请登记产品生产地域范围。申请登记产品经登记后，已登记产品可以使用其原有农产品地理标志，也可以使用申请登记产品农产品地理标志，有关标志使用应在质量控制技术规范中予以明确。若已登记产品不符合申请登记产品特色品质或形成特色品质的自然生态环境或人文历史因素，则不应将已登记产品生产地域范围划入申请登记产品生产地域范围。

②申请登记产品行政区域属于已登记产品行政区域的，申请登记产品应与已登记产品特色品质有明显区别。如特色品质无明显区别，不予受理。如特色品质确不相同（通常情况下应是优于），应突出申请登记产品在已登记产品基础上的品质特征，并提供特色品质比对情况。

上述两种情况审查时，除审查申请登记产品与已登记产品的品质特色情况，应突出审查申请登记产品的信誉基础。信誉基础不充分的，不应通过审查，以保障在先登记产品权益。

（5）含"富硒"或"硒"字样产品的审查。一般情况下，产品名称中不应含"富硒"或"硒"字样，除非同时满足以下条件：生产地域范围在国家确定的自然土壤富硒或含硒地区且产品中的硒是自然生长过程中从土壤中吸收的；国家或行业标准对该类产品富硒或硒含量有明确规定且产品有相应的检测验证；产品名称在一定范围内已约定俗成且使用年限超过 20 年。富含功能性矿物质元素的产品申报与审查参照上述执行。

（6）申请登记产品拟授权标志使用人须在国家农产品质量安全追溯管理信息平台完成主体注册后，方可受理。

评审组内专家根据申请材料，对产品进行合议与表决，评审结论分为通过、不通过和暂缓三种。四分之三以上（含四分之三）专家同意登记的，该产品评审结论为"通过专家评审"。四分之三以上（含四分之三）专家不同意登记的，该产品评审结论为"不通过专家评审"，驳回申请。其他情形的，评审结论为"暂缓"。

评审专家应在评审意见表上给出评审意见和结论，并签字。评审结论为不通过或暂缓的，评审组应给出相应依据和具体意见。评审结束后，将评审意见表统一交回秘书处。评审结论为不通过的，由秘书处书面通知申请人，驳回登记申请，并抄送省级工作机构。评审结论为暂缓的，由秘书处将相关意见告知省级工作机构，省级工作机构通知申请人进行整改。整改后，产品可参加下一次专家评审会。申请人对专家评审结论有异议的，可自收到通知之日起 20 日内向秘书处提出复审请求，并注明理由。秘书处应将复审请求提交专家评审委员会或下次专家评审会进行评审。

第三节　地理标志的审定与公告

一、地理标志的初步审定与公告

（一）地理标志商标的审定与公告

地理标志商标经国家知识产权局初步审定合格，通过官网发布商标的初步审定公告，公告主要内容有：申请人名称及地址、代理机构、核定使用商标 / 服务项目、附有该地理标志商标使用管理规则。初步审定公告明确商标异议期限为三个月，三个月内商标局未收到异议将对该地理标志商标进行核准注册发布注册公告。

（二）地理标志产品保护的审定与公告

申请人申请的地理标志产品保护，在经过国家知识产权局专家审查委员会的技术审查后，审查合格的将在国家知识产权局官网进行公告。随之一并公告的还有该地理标志产品的保护要求，保护要求的内容主要为：地理标志产品名称、申请机构、产地范围质量要求和专用标志使用。

（三）农产品地理标志的审定与公告

农产品地理标志申请经农业农村部准予登记，将向申请人颁发农产品地理标志登记证书，由农业农村部在官网发布公告。

二、地理标志生效

地理标志的三种保护模式下，地理标志保护的生效日期一般为发布公告之日起；农产品地理标志登记证书长期有效，地理标志产品保护的公告明确"即日起实施保护"，而地理标志集体商标、地理标志证明商标的商标专用权期限为十年，到期可续展。

三、地理标志的信息更正

（一）地理标志商标的信息更正

《商标法》第41条规定："注册商标需要变更注册人的名义、地址或者其他注册事项的，应当提出变更申请。"地理标志集体、证明商标权利人对申请注册的内容需要进行信息更正的，应当向国家知识产权局商标局提出商标变更申请。对于地理标志商标而言，其变更事项包括：申请人名称发生变化；申请人地址发生变化；商标使用管理规则内容发生变化，如地理标志产品的生产地域范围扩大或缩小，地理标志产品的特定品质发生优化提升，地理标志产品生产过程中的特殊要求发生变化，地理标志集体商标中集体成员出现增减等情况。

（二）地理标志产品保护的信息更正

受保护地理标志产品保护要求、申请人名称等需要变更的，申请人应当向国家知识产权局提出变更请求，并提交省级知识产权管理部门出具的初审意见。按有关程序进行审查，审查合格的，国家知识产权局发布变更公告；审查不合格的，书面通知申请人并说明理由。变更的内容为在生产者列表中新增生产者的，申请人应当向省级知识产权管理部门提出请求，并提交以下材料：①新增的生产者列表；②有关产品质量检验机构出具的新增生产者所生产的地理标志产品的检验报告；③产地所在的地方知识产权管理部门出具的新增生产者核验报告。省级知识产权管理部门审查合格的，发布核准公告，并报国家知识产权局备案；在中国经销商列表中新增经销商的，申请人应当向国家知识产权局提出请求，审查合格的，发布核准公告。

（三）农产品地理标志的信息更正

农产品地理标志获批生效的登记证书长期有效，并作为申请人使用农产品地理标志公共标识的重要凭证，但如果出现了登记证书持有人或法定代表人发生变化的，地域范围或者相应自然生态环境发生变化的，登记证书持有人应当按照规定程序向农业农村部提出农产品地理标志信息变更申请。变更申请内容符合规定要求的，由农业农村部中国绿色食品发展中心组织专家评审，通过评审再由其代表农业农村部在农业农村部官网、中国绿色食品发展中心等公共媒体上对变更登记的产品名称、登记申请人、登记的地域范围和相应的质量控制技术规范等信息内容进行为期 10 日的公示。专家评审没有通过的，由农业农村部作出不予变更登记的决定，书面通知申请人和省级农业行政主管部门，并说明理由。对公示内容有异议的单位和个人，应当自公示之日起 30 日内以书面形式向农业农村部中国绿色食品发展中心提出，并说明异议的具体内容和理由。农业农村部中国绿色食品发展中心应当将异议情况转所在地省级农业行政主管部门提出处理建议后，组织农产品地理标志登记专家评审委员会复审。公示无异议的，由农业农村部中国绿色食品发展中心报农业农村部作出决定，同意变更的，重新核发《中华人民共和国农产品地理标志登记证书》并公告，原登记证书予以收回、注销。

> **思考题**

1. 简述地理标志商标、地理标志产品保护、农产品地理标志的申请程序。

2. 地理标志关联性主要审查哪些要点？

3. 三种地理标志申请人有何区别？

延伸阅读

地理标志商标注册申请 15 问 ❶

问题一：公司、农民专业合作社可否作为地理标志商标申请人?

答：不可以。

地理标志属于区域公共资源。地理标志商标注册人应当是当地的不以营利为目的团体、协会或者其他组织，一般为社会团体法人、事业单位法人，其业务范围与所监督使用的地理标志产品相关。

地理标志申请人必须经地理标志所标示地区县级以上人民政府或行业主管部门授权其申请注册并监督管理该地理标志。

地理标志商标的具体使用人必须是来自该地理标志标示地区的生产经营者。

问题二：我想申请"高老庄西瓜"地理标志商标，高老庄是我们县里的一个乡镇名称，能否由高老庄乡政府出具授权文件?

答：不可以。

地理标志属于区域公共资源，申请人应提交地理标志所标示地区的县级以上人民政府或者行业主管部门同意该申请人申请注册并监督管理该地理标志的文件。鉴于各地行业主管部门设置并不统一，为避免机构调整及人员更替引发主管部门授权的稳定性，建议由地理标志所标示地区的县级以上人民政府授权为宜。

问题三：我想申请"高老庄西瓜"地理标志商标，在填报商标注册申请书时，商品项目栏能否填"新鲜水果"?

答：不能。

地理标志具有特定品质，一般应指向单一的具体商品。因此，地理标志商标的指定使用商品不能笼统地表述为活动物、新鲜水果、中药材、谷类制品等某一类商品的统称。例如，所报地理标志商标为"日照绿茶"，其指定使用商品应为"绿茶"；所报地理标志商标为"东台西瓜"，其指定使用商品应为"西瓜（新鲜水果）"。

---

❶ 国家知识产权局商标局.地理标志商标注册申请15问［EB/OL］（2022-09-09）.［2023-01-15］.https://sbj.cnipa.gov.cn/sbj/jtzmsb/jtzmsb_sqzn/202211/t20221110_23339.html.

由于我国地大物博，资源丰富，许多物产的称谓具有区域或民族特色，这些物产作为地理标志商标申请时，指定使用商品既可以是商标中包含的特定的单一商品名称，也可以是常用的单一商品名称，例如，所报地理标志商标为"黄梅挑花"，其指定使用商品既可以是"挑花"，也可以是"丝织美术品"。

问题四：我们红旗乡生产富硒枇杷，能否申请"红旗富硒枇杷"地理标志商标？

答：不可以。

"硒"是一种对人体有益的微量元素。经研究决定，对含"硒"或"富硒"文字表述的地理标志商标申请，满足以下条件予以初步审定：

（一）指定使用商品的生产地域范围在国家确定的自然土壤含硒或富硒地区；

（二）国家标准或行业标准对指定使用商品的硒或富硒含量已有明确的规定；

（三）使用管理规则中指定使用商品品质特征表述有明确的符合国家标准或行业标准的硒或富硒含量的指标，且明确表述该指定使用商品含"硒"或"富硒"是在生长过程中从自然土壤中吸收。

对于指定使用在没有含"硒"或"富硒"国家或行业标准商品上的含"硒"或"富硒"的地理标志商标，以及指定使用在有含"硒"或"富硒"地方标准或企业标准的商品上的含"硒"或"富硒"的地理标志商标，因硒含量无法统一，为保证地理标志商品的特定质量，维护地理标志商标信誉，更好地引导消费和保障食用安全，以"易使消费者对商品原料或品质特点产生误认"为由，依法予以驳回。

目前，仅有"大米"和"茶"有明确的富硒行业标准。因此，"红旗富硒枇杷"不能核准为地理标志商标。

问题五：内部资料可否作为地理标志客观存在及信誉情况的证明材料？

答：不可以。

提交地理标志产品客观存在及信誉情况证明材料是地理标志确权的重要依据。该证明材料包括公开出版时间三年以上的县志、农业志、产品志、年鉴、教科书、国家级专业期刊等，可以是原件，也可以是加盖出具单位公章的封面、版权页、内容页的复印件。

根据《内部资料性出版物管理办法》第 15 条的规定，内部资料严格限定在本行业、本系统、本单位内部交流，因此不能作为地理标志客观存在及信誉情况的证明材料。

问题六：《来去县志》记载"来去县出产各种亚热带水果，以柑橘、杨梅、李为大宗"，能否将其作为"来去杨梅"地理标志客观存在及信誉情况的证明材料？

答：不可以。

地理标志是在历史中客观形成的，其表现形式一般为"地理名称 + 商品通用名称"。"来去县出产各种亚热带水果，以柑橘、杨梅、李为大宗"仅表明来去县出产杨梅，但无法证明"来去杨梅"地理标志的客观存在及信誉。如果县志中的表述为"来去杨梅驰名邻近各省、县，20 世纪 50 年代就被确定为省杨梅生产基地县之一"，就可以作为"来去杨梅"地理标志客观存在及信誉情况的证明材料。

问题七：委托检测协议里能否将检测内容约定为对地理标志产品质量的检测？

答：不能。

地理标志应具有特定品质，对地理标志商品的检测应是对其特定品质的检测，而不是质量检测。

地理标志申请人应是对所报地理标志商品具有监督和检测能力的组织。申请人自身具备检测能力的，应提交申请人的检测资质证书、检测人员名单及检测设备清单；自身不具备检测能力的，可以委托具有检测资质的机构对所报地理标志商品的特定品质进行检测，两者签订委托检测协议，协议中必须明确委托检测内容是地理标志商品的特定品质，此外还应提交受托方的检测资质证书、检测人员名单及检测设备清单。上述材料均需加盖出具方公章。

问题八：我们东方乡的马铃薯非常有名，想申请"东方马铃薯"地理标志商标，生产地域范围证明应由谁出具？

答：地理标志商品的生产地域范围既可以由证明地理标志客观存在及信誉情况的历史材料确定，也可以由该地理标志所标示地区的人民政府或行业主管部门出具的生产地域范围证明文件划定。地理标志商品的生产地域范围跨两个乡、镇、县、市的，应由该乡、镇、县、市的共同上级人民政府或行业主管部门出具。

"东方马铃薯"的产地范围在东方乡，其生产地域范围证明可以由东方乡人民政府或其上级政府（行业主管部门）出具。

问题九：我们申请了一个地理标志，在商标局官方网站上下载了使用管理规则范本，其中第5条要求写明地理标志与生产地域特定的自然地理环境之间的关系，这个怎么表述比较规范？

答：使用管理规则第5条第二部分应该对产地自然因素中对地理标志商品特定品质产生影响的各个方面进行详细分析，不能仅仅罗列产地的气温、光照、降水、土壤、河流等自然条件，而要把某个具体时间、某个具体环境要素对产品的某一项特定品质产生的具体影响的过程推理清楚。

有时候也可以将产地人文因素对地理标志商品特定品质产生的影响结合在一起描述，包括种植区域（如山前山后、朝向），种植时节的选择，特殊的生产建筑（如流入磨坊），当地特有的生产技术等。

比如，关于"金乡黑蒜"：金乡县属温带季风型大陆性气候，四季分明，雨热同期，春夏季节长，秋冬季节短。秋播大蒜多在10月上旬播种，播种期要求日平均气温稳定且超过16℃。金乡常年10月上旬日平均气温在17.6℃，有利于蒜苗在入冬前形成5叶1心的壮苗，从而安全越冬。翌年3月下旬至4月上旬为大蒜起身期，是大蒜生长的最关键时期，需要较高的地温，要求日平均气温稳定超过12℃。金乡这一时期常年平均气温为12.3℃，十分适宜。5月中下旬是大蒜的成熟期，虽然4～5月金乡降水稀少，但金乡县地处南四湖西，河流众多，充沛的弱碱性地下水，保证了大蒜起身期和成熟期对水分的需求，而且含水量适中的土壤，既有利于大蒜生长又保证不会腐变，更有利于蛋白质、钠等干物质的积累。当地的潮土和水稻土，透气性好、肥水蓄纳，有益微生物活动，有利于大蒜肥水的良好吸收。金乡黑蒜就是由完整、饱满、未剥皮、无霉点的金乡大蒜，用当地弱碱性水浸泡晾干后，在60～90℃的高温高湿密制容器中经过40天特殊发酵而成。

又如，关于"永定山茶"：该区域属亚热带海洋性季风气候，气候温和，冬暖夏凉，雨量充沛，且地貌为典型的中低山丘陵，森林植被茂密，空气中湿度较高。群峰相连，峡谷纵横，使得该区域如同一个天然的盆地，有利于植物和地表水蒸腾到空气中的水分聚集，形成雾珠，使红橙黄绿青蓝紫七种可见光中的红黄光得到加强，从而提高茶叶中叶绿素、茶多酚和氨基酸的含量，这些是提高茶叶色泽和滋味不可缺少的物质。茶树根的汁液中含有较多的柠檬酸、苹果酸、草酸及琥珀酸等有机酸。这些有机酸所组成的汁液，对酸性的缓冲力较大，对碱性的缓冲力较小，茶树在生理上需要酸性土壤。该区域山地土壤大多为酸性黄壤土，非常适宜茶树生长。永定山茶来自本地野生茶，经过长期人工选育而成，具有茶多酚含量高的特点，其鲜嫩叶的茶多酚含量在 31% 以上。永定山茶的制作仍沿用传统的手工方法，作青时，采取重萎轻摇、轻萎重摇、多摇少作、先轻后重、先少后多、先短后长、看青作青的独特技术。此传统技术对钝化鲜茶叶中氧化酶活性的效果优于其他工艺技术，仅次于绿茶炒青，能有效地抑制鲜叶中的茶多酚等的酶促氧化，保留鲜叶中大部分茶多酚。独特的自然条件、独特的品种和独特的传统制茶工艺造就了永定山茶独特品质。

此外，还需注意，每个地理标志的产地都有促成该地理标志特定品质形成的特有环境，因此，地理标志商品特定品质与产地自然因素、人文因素的联系各不相同，不能抄袭照搬。

问题十：商标局官方网站上提供了地理标志集体／证明商标使用管理规则的模本，其中第 6 条要求写明地理标志商品的特定品质，这个应该怎么表述比较规范？

答：特定品质包括地理标志商品的感官特征、量化指标或其特殊的制作方法。感官特征包括形状、尺寸、颜色、纹理等视觉特征和嗅觉、味觉感知等。量化指标包括所属族、种等生物特征，重量、密度、酸碱度等物理特征，水分、蛋白质、脂肪、微量元素含量等化学特征。制作方法包括对加工技术的描述以及最终产品的质量标准，如动物产品的饲养过程、屠宰方法等，植物产品的种植过程、收获时间、储存方式等，传统手工艺品的原材料、配料和制作过程，等等。描述地理标志商品的特定品质，一定要围绕该地理标志商标指定使用的商品进行，如"羊（活动物）"与"羊肉""新鲜辣椒"与"辣椒（调味品）"就有所不同。

例如，关于"江安黑山羊"，指定使用在"羊（活动物）"商品上时是这样描述的：全身被毛呈黑色，毛细匀短浅；体型中等大，体质结实，各部位结构匀称、紧凑；公羊角粗大，角长 16～19 厘米，向后下弯曲呈镰刀形，有须；母羊角较小、呈八字形；头大小适中，额髋面平，鼻梁微隆，竖耳；颈长短适中，背腰平直，胸部深广、肋骨开张，肩部较宽，尻部较丰满；公羊睾丸对称，大小适中，发育良好；母羊乳头两个，无附乳头，呈球形。体略高但整体匀称，公羊平均体重约 31.45 公斤，平均体高约 67.25 厘米（根据 ××× 研究报告公布的数据，高出其他同类公山羊 5 ~ 7 厘米）；母羊平均体重约 29.47 公斤，平均体高约 59.71 厘米（根据 ××× 研究报告公布的数据，高出其他同类母山羊 2 ~ 4 厘米）。

"江安黑山羊"指定使用在"羊肉"商品上时是这样描述的：肌肉有光泽，红色均匀，脂肪洁白或淡黄，色肉色佳；外表微干或微湿润不黏手，新切面湿润但不黏手；切面肉致密，指压后凹陷可以迅速地恢复原状；具有鲜羊肉固有的气味，膻味相对其他较轻，无臭味，无异味。煮肉汤透明澄清，脂肪团聚于表面，具有香味。蛋白质含量 ≥ 22.6%（根据 ××× 研究报告公布的数据，高出其他同类山羊肉约 0.3%），脂肪含量 ≤ 3%（根据 ××× 研究报告公布的数据，低于其他同类山羊肉约 2.5%）。

问题十一：商标局官方网站提供的地理标志集体 / 证明商标使用管理规则范本的第 14 条、15 条涉及地理标志商标被许可使用人的权利、义务，其中的"其他权利""其他义务"应该怎么表述？

答：商标局官方网站提供的是地理标志集体 / 证明商标使用管理规则的范本，"其他权利""其他义务"字样是为了提示地理标志商标申请人可以根据自己管理的需要，对地理标志被许可使用人设定更多的权利、义务。如果有，应明确权利、义务的具体内容；如果没有，应将"其他权利""其他义务"字样删除。

问题十二：我想申请"凤凰腊肉"地理标志证明商标，但经查询，在 29 类"腌制肉"上已经注册了"凤凰"商标，那"凤凰腊肉"还能核准注册吗？

答：不能核准注册。

地理标志商标作为商标的一种类型，应遵循《商标法》第 30 条的规定。在地理标志商标与普通商标进行近似性比对时，如果地理标志商标申请在后，普通商标申请在前，应当结合地理标志集体商标的知名度、显著性、相关公众的认知等因素，从不易构成相关公众混淆误认的视角，准予核准注册为宜；如果地理标志商标申请在前，普通商标申请在后，从而容易导致相关公众对商品或服务来源产生混淆误认，不当攀附地理标志商标知名度的视角，可以认定二者构成近似商标，对普通商标不予核准注册。

问题十三：我是外国的申请人，想在中国申请注册地理标志，主体资格证明、原属国法律保护证明这些材料是否需要认证？

答：需要认证。

认证是指一国的外交、领事机关在公证文书上证明公证机关的最后一个签字或印章属实的手续。中国目前尚未加入《取消对外国公文认证要求公约》。

《商标法实施条例》第5条规定：外国人或者外国企业的代理委托书及有关的证明文件的公证、认证手续，按照对等原则办理。

国外申请人在商标局提交地理标志商标申请时，应将在国外生成的相关材料进行认证手续之后再行提交。这些材料包括：申请人的主体资格证明文件、该地理标志以其名义在其原属国受法律保护的证明、申请人获得监督管理该地理标志权利的证明材料、申请人的检验能力证明材料。

问题十四：普通集体/证明商标的使用管理规则中是否一定要有明确的品质标准？

答：一定要有。

《集体商标、证明商标注册和管理办法》第10条规定，集体商标的使用管理规则应当包括使用该集体商标的商品的品质；第11条规定，证明商标的使用管理规则应当包括该证明商标证明的商品的特定品质。

商标局官方网站提供了普通集体/证明商标的使用管理规则范本，其中第5条为集体/证明商标使用者经营的商品/提供的服务所应达到的品质标准，申请人应将其所报的每一项商品/服务的品质标准予以明确。

普通集体商标使用管理规则中规定的使用该集体商标的商品或服务的品质标准可以是国家标准、行业标准、地方标准，也可以是自定标准。

普通证明商标使用管理规则中规定的使用该证明商标的商品或服务的品质标准应高于国家标准。

问题十五：我们已经注册了普通商标，现在又想将已注册的普通商标标识注册为集体商标，是否可行？有没有什么具体要求？

答：不可行。

地理标志集体商标、地理标志证明商标、普通集体商标、普通证明商标、普通商标均为不同的商标类型，其使用方式，注册人和使用人的权利、义务等并不相同。如普通商标注册人可以依意愿许可任何其他主体使用，集体商标的使用人只能是该集体组织的成员，且其商品或服务应达到使用管理规则中确定的品质标准。因此，即使是同一申请人，也不可以在相同或类似商品上注册两种不同类型的相同或近似商标。

如果已经注册了普通商标，又想将这个标识注册为集体商标，就必须注销之前注册的普通商标。

第四章　地理标志的运用

∙∙∙∙∙∙∙∙∙∙∙

要点提示

　　本章节要重点掌握的知识：（1）地理标志使用许可的情形、条件和程序；（2）地理标志有限转让的条件和程序；（3）地理标志质押融资的条件和程序；（4）地理标志的合理使用情形。

本章思维导图

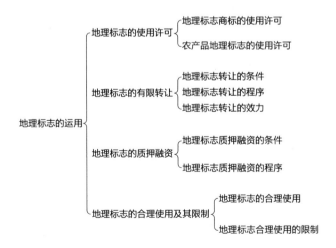

第一节 地理标志的使用许可

横县茉莉花茶
Jasmine tea of Heng Xian County

图 4-1 第 4100770 号商标

横州是著名的茉莉花和茉莉花茶生产中心，"横县茉莉花"和"横县茉莉花茶"的产量均占全国的 80%、全世界的 60%。横县茉莉花产业服务中心（横县茉莉花研究所）于 2006 年 4 月 21 日核准注册了名为"横县茉莉花茶"第 4100770 号证明商标（如图 4-1 所示），经过多年发展已经成为广西的代表性地理标志商标名片。国家知识产权局公告显示，截至 2023 年 1 月，横县茉莉花茶证明商标共计使用许可 17 次，被许可人包括广西横县杯杯香茶叶有限公司等，有力地发挥了证明商标对商品质量品质证明功能，也同时带动了区域经济的发展。

（**资料来源**：广西人大．横县推动茉莉花产业国际化　打造世界茉莉花产业文化中心［EB/OL］.（2020–01–16）［2023–01–23］.https://www.gxrd.gov.cn/html/art167627.html.）

地理标志的使用许可情形主要分为两类：第一类是地理标志商标的使用许可，第二类是农产品地理标志的使用许可。因地理标志产品保护模式下，使用企业在所生产的地理标志产品上使用地理标志保护专用标志的前提是向产品所在地知识产权管理部门提出申请，并经省级知识产权管理部门审核和国家知识产权局审查认定，此间并不涉及地理标志的使用许可，故不存在本节使用许可的适用情形。

一、地理标志商标的使用许可

（一）地理标志商标使用许可概述

地理标志是商业标识的一种，当下我国对地理标志的三大法律保护路径中，商标保护路径的重要性愈发凸显。除商标专用权的注册取得和确权保护之外，如何发挥商标的识别功能，促进商标许可使用作用的发展，在生产经营活动中促进商品的流转和商标价值的积累，于权利人和被许可人而言尤为关键。尤其是作为我国重大优势之一的地理标志，如何在商标领域开疆拓土，最大化实现商标价值的功能，联合开拓海内外市场，更是无法离开地理标志商标的使用许可制度。地理标志商标的使用许可规则的确立，需要首先明确地理标志商标在整个商标体系中的定位，如此才能了解地理标志商标所需遵循的一般性的许可使用规则和需特别区分的特殊规则。《商标法》第 3 条将商标的类型划分为商品商标、服务商标和集体商标、证明商标。《商标法实施条例》第 4 条又进一步规定了地理标志可以作为证明商标或者集体商标申请注册。由此可知，地理标志集体商标和地理标志证明商标首先是商标，应受到商标法及相关法律规定关于商标的一般性规则的调整；同时，地理标志集体商标是集体商标的一种，地理标志证明商标是证明商标的一种，要同时受到《商标法》《商标法实施细则》《集体商标、证明商标注册和管理办法》等条文的约束。由此可得出，地理标志集体商标和地理标志证明商标在整个商标体系中的定位（如图 4-2 所示）：

图 4-2　地理标志集体商标和地理标志证明商标在商标体系中的定位

地理标志商标作为集体商标和证明商标的一类，还具有较之普通商标的特殊性。普通商标的使用许可更多遵循商标权利人的个体意愿，地理标志商标的使用绝非仅是地理标志商标权利人的行为，而是地方政府、社会团体、经营者共同参与打造区域品牌、宣传地域特色产品、促进地方经济发展的行为，具有很强的社会公益性，因此，地理标志商标授权许可对象仅局限于特定地理地区内的经营主体。地理标志商标注册人不能通过商标许可、加盟、入会等方式许可特定地理区域外的主体使用地理标志商标，否则将切断该地理标志商标与特定地理区域的指示关系，从而抹杀地域特色，使得地理标志保护丧失应有的题中之义。对于地理标志集体商标和地理标志证明商标的使用许可规则的探讨，要重点结合共性和特性：共性即地理标志商标作为商标的共性和地理标志作为集体商标和证明商标与一般集体商标和证明商标的共性；特性即地理标志集体商标和证明商标区别于非地理标志集体商标和非地理标志证明商标的特殊性。

（二）地理标志商标使用许可的形态

1.地理标志集体商标的使用许可

（1）地理标志集体商标使用许可的特殊性。

地理标志作为集体商标获准注册后，符合使用该地理标志条件的自然人、法人或者其他组织，可以要求参加以该地理标志作为集体商标注册的团体、协会或者其他组织，该团体、协会或者其他组织应当依据其章程接纳为会员，集体商标注册人的成员在履行该集体商标使用管理规则规定的手续后，可以使用该集体商标。

地理标志集体商标的使用许可与普通商标的使用许可存在较大差异，主要体现在地理标志的特殊性。作为标志，地理标志在满足商标显著性、合法性等要件的基础上，可以作为商标使用和申请注册。但地理标志作为标示特定地域来源的商品的标志，其名称组成多为"地理区域名称＋产品通用名称"，且着重强调地域与商品特定质量、信誉或其他特征之间的内在联系，对于地理标志作为商标的使用许可需考虑被许可方的经营场所、商品来源、商品质量等与地理标志特殊性相关要素，这也是地理标志集体商标与非地理标志集体商标的区别所在，如"稀

归脐橙"地理标志集体商标（如图 4-3 所示），不
仅满足集体商标注册的条件，也满足地理标志关
联性等核心构成条件，产品所具有的"皮薄色鲜、

秭归脐橙

图 4-3 第 3471533 号商标

肉脆汁多、香味浓郁、酸甜可口的优良品质"与秭归县独特的地理和自然环境息
息相关，是秭归县的地域特性成就了"秭归脐橙"浓郁的地理特色和品质特色。

（2）地理标志集体商标使用许可的基本内容。

第一，地理标志集体商标的许可人。地理标志集体商标的许可人为地理标志
集体商标注册人。只有经过集体商标注册程序，获得核准注册的地理标志集体商
标权利人才能够按照规定许可符合条件的其他人使用该地理标志集体商标，未经
核准注册的地理标志集体商标不是注册商标，不享有商标专用权，自然无法许可
他人使用。集体商标是指以团体、协会或者其他组织名义注册，供该组织成员在
商事活动中使用，以表明使用者在该组织中的成员资格的标志。地理标志集体商
标作为集体商标的一类，其权利的取得同样需向国家知识产权局申请注册，申请
人应当满足集体商标关于集体性组织的要求。此外，地理标志属于区域公共资源，
地理标志集体商标注册人应当是当地不以营利为目的团体、协会或者其他组织，
一般为社会团体法人、事业单位法人，其业务范围与所监督使用的地理标志产品
相关。地理标志申请人必须经地理标志所标示地区的县级以上人民政府或行业主
管部门授权其申请注册并监督管理该地理标志使用情况。

第二，地理标志集体商标的被许可人。首先，集体商标所表明的是使用者在
该组织中的成员资格，因此，地理标志集体商标作为集体商标的一种，其被许可
人应满足集体商标使用人的一般要求，即属于集体性组织的成员。在此基础上，
地理标志集体商标的注册人通常并非该标志的使用人，经过该注册人同意的组织
成员才是地理标志集体商标的使用人。地理标志集体商标注册人的集体成员需要
在满足入会要求的基础上，履行入会的基本程序和手续，而后才可在规定的范围
和商品上使用该地理标志集体商标。囿于集体商标的特殊性，我国《集体商标、
证明商标注册和管理办法》第 17 条明确规定"集体商标不得许可非集体成员使
用"。其次，地理标志作为商标使用具有标示商品来源和特定品质的特性，地理标
志集体商标的具体使用人必须是来自该地理标志标示地区的生产经营者，只有该

地理标志标示地区的生产经营者才能在其商品上使用该地理标志。尤为关键的是，使用地理标志的商品必须具有特定质量、信誉或其他特征，而且其特定质量、信誉或其他特征主要由该地区的自然因素或人文因素所决定。综上所述，地理标志集体商标注册人的成员，在满足地理标志特性要求的基础上，履行集体性组织制定的集体商标使用管理规则规定的手续后，可以作为被许可人使用该地理标志集体商标。

第三，地理标志集体商标的许可内容。较之普通商标的使用许可，地理标志集体商标更强调"组织性"。经许可使用的地理标志集体商标，其一，可以集体成员身份从事生产经营活动；其二，可将地理标志集体商标按照要求标识在获得特定的商品上进行商标性使用；其三，经公告备案的已作为集体商标注册的地理标志的被许可人可以按照规定同时使用地理标志专用标志；其四，权利与义务并存，作为集体组织成员之一，对地理标志集体商标的使用还需受到集体性组织的监督和管理，包括但不限于产品质量、检验监督等；其五，违反规定使用地理标志集体商标的成员，还需承担相应的责任，具体以集体性组织制定的集体商标使用管理规则为准。

> **典型案例** 潼关肉夹馍商标维权争议案

图 4-4 第 14369120 号商标

潼关肉夹馍协会（前身是老潼关小吃协会）于 2014 年 4 月 14 日在第 30 类"肉夹馍"商品上将地理标志作为集体商标（如图 4-4 所示）申请注册，于 2015 年 12 月 14 日核准注册，专用权期限为 2015 年 12 月 14 日至 2025 年 12 月 13 日。

2021 年 6 月以来，潼关肉夹馍协会以"侵害商标权"为由起诉了 200 余家招牌中带有"潼关"二字的小吃店和快餐店等，要求赔偿 3 万 ~ 5 万元不等，并指明，"潼关肉夹馍"是其地理标志集体商标，继续使用"潼关"商标的前提是加盟潼关肉夹馍协会，并缴纳 99800 元的入会费。

最高人民法院认为："地理标志属于区域公共资源，地理标志集体商标注册人应当是当地不以营利为目的的团体、协会或其他组织。根据《商标法》的规定，即便取得地理标志集体商标的专用权，权利人亦无权禁止他人正当使用注册商标中包含的地名。他人正当使用注册商标中包含的地名，权利人向人民法院提起相关诉讼的，人民法院依法不予支持"。因此，个别协会和组织利用地理标志集体商标要求正当使用注册商标中包含地名的他人加入协会缴纳加盟费的行为，在《商标法》上没有依据。随之，潼关肉夹馍协会对启动的商标维权案相继进行了主动撤诉。

（**资料来源：**中国法院网. 最高法回应"潼关肉夹馍"等地理标志维权问题［EB/OL］.（2021-12-12）［2023-01-23］.https://www.chinacourt.org/article/detail/2021/12/id/6428612.shtml.）

2. 地理标志证明商标的使用许可

当以地理标志作为证明商标核准注册后，其商品符合使用该地理标志条件的自然人、法人或者其他组织，可以向该证明商标的权利人要求使用该证明商标，控制该证明商标的组织应当允许。

（1）地理标志证明商标使用许可的特殊性。

《商标法》第3条第3款规定：证明商标是指"对某种商品或服务具有监督能力的组织所控制，而由该组织以外的单位或者个人使用于其商品或者服务，用以证明该商品或者服务的原产地、原料、制造方法、质量或者其他特定品质的标志"。从定义上也能明显得出地理标志证明商标只是证明商标的一种，地理标志的"特定质量、信誉或其他特征"不能覆盖证明商标的"原产地、原料、制造方法、质量或者其他特定品质"。例如，"绿色食品"（如图4-5所示）属于典型的证明商标，由中国绿色食品发展中心注册，但该证明商标不仅名称中不包括地名，更与特定的地域不存在内在联系，其所证明的是该食品属于经中国绿色食品发展中心认证的无污染的安全、优质、营养类食品。当然，也存在诸如"百色芒果"这种证明商标（如图4-6所示），其由百色市果业发展中心申请注册，商品所具有的"核小肉厚、香气浓郁、肉质嫩滑、纤维少和口感清甜爽口"的特定品质与百色市当地独特的气候、土壤、水文、地势等自然因素关系密切，属于地理标志证明商标。由此可知，地理标志证明商标属于证明商标的一种类型。

图 4-5　第 17625752 号商标　　　　　图 4-6　第 17637101 号商标

证明商标强调的是对某种商品某项特定品质的证明。将证明商标使用在某一商品上，使消费者基于对该证明商标的信任进而形成该商品具备特定品质的认识，也是因证明商标具备的此种作用，使证明商标的注册取得和使用许可都具有严格的要求。基于此，作为地理标志与证明商标结合的地理标志证明商标，更是在证明商标的基础要求和特性上附加了地理标志的属性。地理标志证明商标的"证明"对象更侧重于地理标志所标示的"取决于特定地域的自然因素或者人文因素而产生的特定的质量、信誉或其他特征"。

（2）地理标志证明商标使用许可的基本内容。

第一，地理标志证明商标的许可人。地理标志证明商标的许可人为地理标志证明商标注册人。证明商标的基本功能在于证明商品或服务的原产地、原料、制造方法、质量或者其他特定品质。因此，能够申请注册证明商标的主体更为强调对产品质量的监督能力，一般应为依法成立且对所申请的商品或者服务的特定品质具有监督能力的组织，如杭州市西湖龙井茶管理协会、百色市果业发展中心等。证明商标注册申请人应当提交依法成立的身份证明文件证明其具备申请的主体资格，包括营业执照、事业单位法人证书、社会团体法人登记证书等。

第二，地理标志证明商标的被许可人。地理标志证明商标的被许可人应当是同时满足地理标志使用要求和证明商标使用要求的主体，即商品符合地理标志证明商标条件的自然人、法人或其他组织。与集体商标相同，根据《集体商标、证明商标注册和管理办法》第 11 条的规定，地理标志证明商标在注册时也要求提交证明商标的使用管理规则，其中应当明确包括："使用证明商标的宗旨；该证明商标证明的商品的特定品质；使用该证明商标的条件；使用该证明商标的手续；使用该证明商标的权利、义务；使用人违反该使用管理规则应当承担的责任；注册人对使用该证明商标商品的检验监督制度。"对于欲申请使用地理标志证明商标的主体而言，其应当严谨适用该地理标志证明商标注册人制定并被审核通过的证明商标使用管理规则，在满足使用条件时，可经权利人许可在核定范围内使用。

第三，地理标志证明商标的许可内容。较之普通商标的使用许可，地理标志证明商标更强调"证明性"。首先，经许可使用的地理标志证明商标可以将地理标志证明商标按照要求标识在特定的商品上进行证明性使用，以标示该产品因某些特定品质获得了某种认证；其次，经公告备案的已作为证明商标注册的地理标志的被许可人，可以按照规定同时使用地理标志专用标志；再次，证明是一种面向消费者的证明力，消费者会因该证明标志所代表的官方认证效力而进行一定的指引和信任消费，因此，为了维系地理标志证明商标的证明效力，并保护消费者的合法权益，注册商标权利人有权对使用人的商品进行检验监督，地理标志证明商标的被许可人应配合；最后，违反规定使用地理标志证明商标的被许可人，需承担相应的责任，具体以地理标志证明商标专用权人制定的证明商标使用管理规则为准。

（三）地理标志商标使用许可的条件

1. 地理标志集体商标使用许可的条件

地理标志集体商标属于集体商标的一种，需要遵循集体商标使用许可的基本原则和要求。根据《商标法》《商标法实施条例》《商标审查审理指南（2021）》《集体商标、证明商标注册和管理办法》的规定，集体商标的申请人应当在申请之时即提交集体商标使用管理规则。《集体商标、证明商标注册和管理办法》第10条进一步规定："集体商标使用管理规则应当包括以下主要内容：使用集体商标的宗旨，使用该集体商标的商品的品质，使用该集体商标的手续，使用该集体商标的权利、义务，成员违反使用管理规则应当承担的责任，注册人对使用该集体商标商品的检验监督制度"。《商标审查审理指南（2021）》中进一步明确："集体商标使用管理规则的内容应当明确、具体，既便于申请使用该集体商标的集体成员进行商品生产经营或服务提供时有据可依，也便于集体组织的管理和其他集体成员的监督"。在地理标志集体商标具体申请注册程序中，地理标志集体商标使用

许可的条件由国家知识产权局制定基本范式供地理标志集体商标注册申请人制定
具体的管理规则参考，而由地理标志集体商标申请人制定并经国家知识产权局审
核过后的集体商标使用管理规则是确定集体商标使用许可具体内容的基本依据，
集体商标注册申请人对于集体商标使用许可条件的确定具有很大的话语权。总体
而言，地理标志集体商标使用许可的条件一般可重点参考两部分的内容：其一是
国家知识产权局制定的《地理标志集体商标使用管理规则》（参考样本），可称之
为一般性要求；其二是各地理标志集体商标注册申请人根据管理需要进行的具体
权利义务的设置，明确集体成员所享有的权利和应履行的义务，而非泛泛表述为
"其他权利""其他义务"，可称之为特殊性要求。

（1）一般性要求：

第一，商品生产地域要件。使用地理标志集体商标的商品的生产地域范围
（范围具体到乡镇及村，或者以山、河为界划定）及该地域特定的自然地理环境。

第二，商品特定品质要件。使用地理标志集体商标的商品的特定品质，包括
感官和量化指标。

第三，商品在种植和养殖及加工制造过程中的特殊要求。此条限商品需加工
制造的情形，对于产品无需加工制造的，不写此条。

（2）特殊性要求：

集体性组织可出于维护地理标志集体商标的信誉、便于管理等目的，进一步
细化地理标志集体商标使用许可的条件。集体性组织入会的基本条件由集体性组
织自行确定。

2. 地理标志证明商标使用许可的条件

地理标志证明商标属于证明商标的一种，需要遵循证明商标使用许可的基本
原则和要求。根据《商标法》《商标法实施条例》《商标审查审理指南（2021）》及
《集体商标、证明商标注册和管理办法》的规定，证明商标的申请人应当在申请之
时即提交证明商标使用管理规则和申请人监督检测能力证明材料。

《集体商标、证明商标注册和管理办法》第 11 条进一步规定："证明商标使用
管理规则应当包括以下主要内容：使用该证明商标的宗旨；该证明商标证明的商
品或者服务的特定品质；使用该证明商标的条件；使用该证明商标的手续；使用

该证明商标的权利、义务；使用人违反使用管理规则应当承担的责任；注册人对使用该证明商标商品的检验监督制度"。《商标审查审理指南（2021）》中进一步明确："证明商标使用管理规则的内容应当明确、具体，既便于证明商标注册人进行管理，也便于申请该证明商标的申请人进行商品生产经营或服务提供时有据可依，如在使用管理规则中应当对该证明商标所证明的内容（包括原料、制造方法、质量或者其他特定品质等）予以详细说明，不能在使用管理规则中出现'其他权利''其他义务'等不明确表述"。同地理标志集体商标使用条件的构成一致，地理标志证明商标使用许可条件的设置同样重点结合两部分的内容：其一是国家知识产权局制定的《地理标志证明商标使用管理规则》（参考样本），可称之为一般性要求；其二是各地理标志证明商标注册申请人根据管理需要进行的具体权利义务的设置，明确成员所享有的权利和应履行的义务，可称之为特殊性要求。鉴于特殊性要求因地理标志证明商标注册申请人的不同而迥异，下文仅对国家知识产权局制定的一般性要求进行简要介绍。

国家知识产权局的参考样本中对地理标志证明商标的使用设置了三个条件，只有三个条件都同时符合的产品经营者，才可申请使用地理标志证明商标。第一，关于商品生产地域要件，要求地理标志证明商标的商品的生产地域范围（范围具体到乡镇及村，或者以山、河为界划定）及该地域特定的自然地理环境；第二，关于商品的特定品质要件，要求使用地理标志证明商标的商品的特定品质（包括感官和量化标准）；第三，关于使用地理标志证明商标的商品在种植、养殖及加工制造过程中的特殊要求（限商品需加工制造的情形，产品无须加工制造的，不需考虑）。

（四）地理标志商标使用许可的程序

1. 地理标志集体商标使用许可的程序

拟使用地理标志集体商标的主体向集体商标持有人申请入会的程序，一般而言，国家知识产权局制定了地理标志集体商标的使用程序供集体性组织制定地理标志集体商标使用管理规定参考，但具体的可由集体性组织自行确定。

国家知识产权局提供参考样本的一般性地理标志集体商标使用管理程序包括

如下内容：

第一，申请使用地理标志集体商标的申请人应向地理标志注册人递交地理标志集体商标使用申请书。

第二，地理标志注册人自收到申请人提交的申请书后，在一定期限内完成以下列审核工作：

①地理标志注册人派人对申请人的产品及产地进行实地考察；

②综合审查后，作出书面审核意见。

第三，地理标志注册人成员使用该地理标志集体商标，应办理如下事项：

①申请领取《地理标志集体商标使用证》；

②申请领取地理标志集体商标标识；

③申请人缴纳管理费。

第四，申请人未获准使用地理标志集体商标的，可以在收到审核意见通知一定期限内，向注册人所在地县级以上市场监督管理部门申诉，地理标志注册人尊重市场监督管理部门的裁定意见。

第五，集体商标注册人的成员发生变化的，注册人应当向商标局申请变更注册事项，由商标局公告。

2. 地理标志证明商标使用许可的程序

一般而言，国家知识产权局制定了地理标志证明商标的使用程序供注册申请人制定地理标志集体商标使用管理规定参考，但具体的可由其自行确定。

国家知识产权局提供的一般性的地理标志证明商标使用管理程序包括如下内容：

第一，申请使用地理标志证明商标的申请人应向地理标志注册人递交地理标志证明商标使用申请书。

第二，地理标志注册人自收到申请人提交的申请书后，在一定期限内完成下列审核工作：

①地理标志注册人派人对申请人的产品及产地进行实地考察；

②综合审查后，作出书面审核意见。

第三，符合地理标志证明商标使用条件的，应办理如下事项：

①双方签订地理标志证明商标使用许可合同；

②申请领取地理标志证明商标准用证；

③申请领取地理标志证明商标标识；

④申请人缴纳管理费。

第四，申请人未获准使用地理标志证明商标的，可以自收到审核意见通知一定期限内，向注册人所在地县级以上市场监督管理部门申诉，地理标志注册人尊重市场监督管理部门的裁定意见。

第五，地理标志证明商标使用许可合同约定有效期年限，到期继续使用者，须在合同有效期届满前一定期限内地理标志注册人提出续签合同的申请，逾期不申请者，合同有效期届满后不得使用该商标。

第六，证明商标注册人准许他人使用其商标的，注册人应当在一年内报商标局备案，由商标局公告。

商标使用许可备案公告示例如图4-7所示。

第1711期商标公告　　　　　　　　　　　　　　　　　2020年09月13日

商标使用许可备案公告

注册号：12405997

商标：彭水晶丝苕粉

类别：30

备案号：20200000022818

许可使用的期限：2020年06月28日　　至　　2024年04月13日

许可人：彭水苗族土家族自治县红薯专业技术协会

被许可人：彭水县龙须晶丝苕粉有限公司

许可使用的商品/服务项目：晶丝苕粉(粉丝(条))

1 / 1

图4-7　地理标志证明商标使用许可备案公告示例

二、农产品地理标志的使用许可

（一）农产品地理标志使用许可概述

农产品地理标志，是指标示农产品来源于特定地域，产品品质和相关特征主要取决于自然生态环境和人文历史因素，并以地域名称冠名的特有农产品标志。农产品地理标志的保护和发展是关系到区域品牌建设的重要环节，近年来出台了一系列的推动政策。在农产品地理标志保护路径下，并非所有的农产品地理标志都能够获得保护，能够主张获得农产品地理标志保护的农产品主要指来源于农业的初级产品，即在农业活动中获得的植物、动物、微生物及其产品。在该范围之外，申请地理标志登记的农产品，还应当符合下列条件：称谓由地理区域名称和农产品通用名称构成、产品有独特的品质特性或者特定的生产方式、产品品质和特色主要取决于独特的自然生态环境和人文历史因素、产品有限定的生产区域范围和产地环境、产品质量符合国家强制性技术规范要求。

根据《农产品地理标志管理办法》的规定，农产品地理标志保护的初衷是为了规范农产品地理标志的使用，保证农产品的品质和特色，提升农产品市场竞争力，由此可知，使用许可制度和农产品地理标志保护，是关系到农产品地理标志高质量发展和长远发展的重要一环。农产品地理标志公共标识基本图案如图4-8所示。

根据《农产品地理标志管理办法》的规定，国家对农产品地理标志实行登记制度，经登记的农产品地理标志受法律保护。而对于符合条件的单位和个人，可以向登记证书持有人申请使用农产品地理标志。此外，为符合区域公用农产品品牌的特性，农产品地理标志登记证书持有人不得向农产品地理标志使用人收取使用费。

图4-8 农产品地理标志公共标识基本图案

1. 农产品地理标志的许可主体

农产品地理标志许可主体为农产品地理标志登记主体。根据《农产品地理标志管理办法》的规定，国家对农产品地理标志实行登记制度，经登记的农产品地理标志受法律保护，换言之，农产品地理标志获得保护的前提是向国家申请，经国家有关部门审查和评审并获准登记，具有显著的官方授权色彩。

农产品地理标志登记申请人为县级以上地方人民政府根据下列条件择优确定的农民专业合作经济组织、行业协会等组织：其应当具有监督和管理农产品地理标志及其产品的能力，具有为地理标志农产品生产、加工、营销提供指导服务的能力，并具有独立承担民事责任的能力。农产品地理标志登记证书持有人可以依据《农产品地理标志管理办法》的规定，向符合条件的单位和个人授权使用农产品地理标志。农产品地理标志登记证书持有人是农产品地理标志的唯一许可主体。

2. 农产品地理标志的使用主体

在农产品地理标志保护模式下，农产品地理标志的使用主体是满足条件的单位和个人，其可以向登记证书持有人申请使用农产品地理标志。使用农产品地理标志，应当按照生产经营年度与登记证书持有人签订农产品地理标志使用协议，在协议中载明使用的数量、范围及相关的责任义务。

3. 农产品地理标志的使用规范

（1）农产品地理标志使用人的权利。

农产品地理标志使用人享有以下权利：第一，可以在产品及其包装上使用农产品地理标志；第二，可以使用登记的农产品地理标志进行宣传和参加展览、展示及展销。

（2）农产品地理标志使用人的义务。

农产品地理标志使用人应当履行以下义务：第一，自觉接受登记证书持有人的监督检查；第二，保证农产品地理标志的品质和声誉；第三，正确规范地使用农产品地理标志。

（3）监督管理。

农产品地理标志的生产经营者，应当建立质量控制追溯体系，农产品地理标志登记证书持有人和标志使用人，对农产品的质量和声誉负责。对于违反农产品地理标志使用规定的行为，主要由县级以上人民政府农业行政主管部门按照《农产品质量安全法》进行行政处罚。

（二）农产品地理标志使用许可的条件

1. 基本条件

可以向登记证书持有人申请使用农产品地理标志的单位和个人，需要同时满足下列四个条件：

（1）生产经营的农产品产自登记确定的地域范围；

（2）已取得登记农产品相关的生产经营资质；

（3）能够严格按照规定的质量技术规范组织开展生产经营活动；

（4）具有地理标志农产品市场开发经营能力。

2. 书面条件

使用农产品地理标志，应当按照生产经营年度与登记证书持有人签订农产品地理标志使用协议，在协议中载明使用的数量、范围及相关的责任义务。

（三）农产品地理标志使用许可的程序

农产品地理标志使用许可程序是指申请人向农产品地理标志登记证书持有人申请使用农产品地理标志所需履行的程序。整体来看，该程序的履行主要包括如下四个方面的程序：

（1）申请人提出书面申请。符合上述基本条件的标志使用申请人应向农产品地理标志登记证书持有人提出书面申请，并提交一系列申请和证明材料，包括：使用申请书、生产经营者资质证明、生产经营计划和相应质量控制措施、规范使用农产品地理标志书面承诺和其他必要的证明文件和材料。

（2）农产品地理标志登记证书持有人进行材料审核。农产品地理标志登记证书持有人在收到申请人提交的申请书和证明材料后，需要依据《农产品地理标志管理办法》第15条的规定，对材料所反映出的申请人是否满足标志使用条件进行审查，并得出是否授权使用的结论。

（3）农产品地理标志登记证书持有人与申请人签订农产品地理标志使用协议。

经审核符合标志使用条件的，农产品地理标志登记证书持有人应当按照生产经营年度与标志使用申请人签订农产品地理标志使用协议，在协议中载明标志使用数量、范围及相关责任义务。

（4）使用人规范使用农产品地理标志。农产品地理标志使用协议生效后，标志使用人可以在农产品或者农产品包装物上使用农产品地理标志及农产品地理标志公共标识，并可以使用登记的农产品地理标志进行宣传和参加展览、展示及展销活动。申请人印刷农产品地理标志公共标识应当符合《农产品地理标志公共标识设计使用规范手册》要求。全国可追溯防伪加贴型农产品地理标志由中国绿色食品发展中心统一设计、制作，农产品地理标志使用人可以根据需要选择使用。农产品地理标志使用人不得超范围使用经登记的农产品地理标志。

第二节　地理标志的有限转让

引入案例

自古酿醋数山西，追根溯源在清徐。清徐是山西老陈醋的正宗发源地，2006年，清徐老陈醋酿制技艺列入第一批国家级非物质文化遗产名录。清徐县2021年醋年产规模达70万吨，占全省80%、全国20%，是全国最大的醋生产基地。2007年，清徐县农业产业化协会注册"清徐老陈醋""清徐陈醋"原产地地理标志证明商标（如图4-9和图4-10所示），由县市场监管局管理使用。2018年11月该县成立清徐县醋产业协会，集聚全县45家食醋企业，受清徐县市场监管局监督管理。

为推进清徐醋产业"双百"（食醋产量百万吨、产值百亿元）战略目标完成，清徐县市场监管局支持和帮助清徐县醋产业协会受让"清徐老陈醋""清徐陈醋"原产地地理标志证明商标。经过两年的努力，获得国家知识产权局商标局批准的转让证明。

清徐老陈醋　　**清徐陈醋**

图 4-9　第 2016507 号商标 　　　　图 4-10　第 2016506 号商标

（**资料来源**：潇湘晨报．"清徐老陈醋""清徐陈醋"地理标志证明商标转让［EB/OL］．（2021-12-12）［2023-01-17］.https://baijiahao.baidu.com/s？id=1718920078185606425&wfr=spider&for=pc．）

地理标志商标属于区域公共品牌，是发展地区经济的载体，其承载的除了商标所具有的识别来源作用外，更兼具公共属性，地理标志商标的转让规则与一般的商标转让规则存在较大差异。在目前现有的商标法保护模式、地理标志产品保护模式和农产品地理标志保护模式下，只有地理标志商标才具有有限可转让性，地理标志产品保护经核准和农产品地理标志经登记后，不得转让。

一、地理标志商标转让的条件

根据目前现有的法律规定，地理标志商标即地理标志集体商标和地理标志证明商标能够转让的情形有两种：其一是协议转让，其二是注册主体合并、兼并、改制或发生注销后丧失了管理、监督等职能，但该地理标志商标仍需继续使用和运营，便需寻求新主体承担管理、监督该地理标志商标等职能。

作为商标的一种，集体商标和证明商标都可以转让，只是出于使受让人能够成为地理标志商标新的合格权利人的考虑，受让人的主体资格和受让的程序更加细致。《商标法》第 42 条规定："转让注册商标的，转让人和受让人应当签订转让协议，并共同向商标局提出申请。受让人应当保证使用该注册商标的商品质量。"根据《集体商标、证明商标注册和管理办法》第 16 条的规定："申请转让集体商标、证明商标的，受让人应当具备相应的主体资格，并符合商标法、实施条例和本办法的规定。集体商标、证明商标发生转移的，权利继受人应当具备相应的主体资格，并符合商标法、实施条例和本办法的规定"。根据《商标法实施条例》第

4条和《集体商标、证明商标注册和管理办法》的有关规定，地理标志集体商标和地理标志证明商标的注册申请需要提供主体资格证明、地理标志所标示地区人民政府或行业主管部门的批准文件、申请人的检测能力证明材料等，因此，对于地理标志商标转让的受让人资格的审查，应包括申请人主体资格审查、使用管理规则、检验检测能力等特有事项。

通过结合地理标志集体商标和地理标志证明商标注册申请的主体要求，以及在注册申请和监督管理过程中有关部门所发挥的职能，可以将协议转让地理标志商标的条件总结为如下几个内容：

第一，受让人必须属于地理标志产品的生产地域范围之内，以维持地理标志产品的区域性。此要求与申请地理标志集体商标和地理标志证明商标注册的主体资格要求一致。

第二，受让人是合法经营的满足地理标志集体商标和地理标志证明商标申请的组织，如证明商标的申请人需具有检验能力，而集体商标的申请人需为集体性组织等，需提供相应的证照等证明材料予以证明。

第三，县级以上人民政府或者行业主管部门同意该地理标志商标转让的授权文件，如同意转让的批复文件等。地理标志所标示的地域范围为一个县、市范围内的，由该县、市人民政府或者行业主管部门出具；地域范围为两个以上县、市范围的，由其共同上一级人民政府或者行业主管部门出具。

第四，转让协议或其他导致权利继受的文件。

第五，满足地理标志集体商标和地理标志证明商标相关注册要求的使用管理规则。

二、地理标志商标转让的程序

地理标志商标转让从程序上可以划分为四个阶段，如图4-11所示：

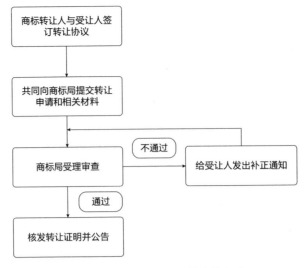

图 4-11　地理标志商标转让的程序

（一）商标转让人与受让人签订转让协议

注册商标的转让是指注册商标所有人在法律允许的范围内，将其注册的商标转让给他人所有的行为。商标是一种无形财产，与有形财产一样可以在法律允许的范围内根据商标权人的意志自由转让。但鉴于商标作为知识产权客体所具有的公共政策特性，注册商标的转让需由双方签订书面转让协议，并书面确定权利义务之后，作为后续共同向商标局申请转让的前序要求。

（二）共同向商标局提交转让申请和相关材料

在可转让的基础上，商标权的转让与有形财产的转让存在差异，它关系到商品的来源和企业的信誉及声誉。基于此，对于注册商标的转让，商标局需加以审查和核准，这就需要转让人和受让人共同向商标局提交转让注册商标的申请及相关材料。

国家知识产权局商标局规定了注册商标转让需提交的材料清单，在普通注册商标转让所需提交的申请书之外，申请转让的商标是集体商标、证明商标的，还需提交申请书之外的如下文件：集体商标转让需提交商标转让合同、集体成员名单、受让主体资格证明文件复印件和商标使用管理规则；证明商标转让需提交商标转让合同、受让主体资格证明文件复印件、受让人检测能力证明和商标使用管理规则；地理标志集体商标/证明商标转让需提交商标转让合同、受让资格证明文件复印件、地方政府或主管部门同意该地理标志转让的批复、受让人监督检测能力的证明和商标使用管理规则。

（三）商标局受理审查

对符合条件的转让申请，国家知识产权局商标局会给当事人发放缴费通知书，当事人应按要求及时缴纳商标费用，否则不予受理该转让申请。对于地理标志商标转让的受理审查，除需满足普通商标转让所需进行的审查事项外，还需对地理标志商标的受让人的主体资格进行审查，以确保受让人满足地理标志集体商标和地理标志证明商标的主体要求。结合《商标法》第42条对注册商标转让中关于审查内容的规定，可将地理标志商标转让的审查事项总结为如下几点：

1. 拟转让的地理标志商标的权利状态

地理标志商标权存续，且商标注册人是拟转让人，为商标局审查的首要事项。只有拟转让人的商标权不存在权利瑕疵，且商标仍在可转让的存续期间，本次地理标志商标转让才具有审查的必要。

2. 受让人主体资格

对于地理标志受让人主体资格的审查，需结合地理标志证明商标和地理标志集体商标申请人主体资格的要求开展，以确保新的注册商标权利人能够满足《商标法》《商标法实施条例》及《集体商标、证明商标注册和管理办法》的规定。鉴于本书在第三章中已详细阐明地理标志商标申请人的相关要求，此处不再赘述。

3. 地理标志商标的一并转让

注册商标的一并转让，是指转让注册商标时，商标注册人对其在同一种商品上注册的近似的商标，或者在类似商品上注册的相同或者近似的商标，应当一并转让。已作出审查结论（含已初步审定、处于驳回复审、异议程序中的商标）的商标注册申请，应当参照注册商标一并办理转让。一并转让的要求是出于商标的本质功能考虑，避免因单一商标的转让造成市场中商品或服务来源的混淆，以最终达到促进商标识别来源功能和保护消费者合法权益的目的。

4. 其他容易导致混淆或有其他不良影响的转让

商标局对注册商标转让的审查目的之一，即确保本次转让不会引起商品或服务来源的混淆，这就将转让的后果圈定在权利人的变更，而不至于延伸以引发商品市场中消费者对产品出处的混淆，从而作出错误的消费选择。因此，对于地理标志商标的转让，同样会对容易导致混淆或有其他不良影响的转让进行审查，若有此类情形，则商标局将不予核准，以书面形式通知申请人并说明理由。

（四）核发转让证明并公告

商标局在对注册商标转让申请及相关材料进行审查后，会依据情况作出审查结论。对已核准转让的注册商标申请，商标局给受让人核发转让证明，并予以公告；对违反注册商标一并转让要求的，商标局书面通知其限期改正，逾期未改正的，视为放弃转让该注册商标的申请，商标局会以书面形式通知申请人。转让申请被视为放弃或不予核准的，国家知识产权局商标局对其发出视为放弃通知书或不予核准通知书。

三、地理标志商标转让的效力

> **典型案例** "清河胖头鱼"地理标志商标转让案

图 4-12　第 10174324 号商标和第 10174325 号商标

"清河胖头鱼"（活）和"清河胖头鱼"（非活）是地理标志证明商标（如图4-12所示），核准注册在第31类"3104—活鱼"和第29类"2902—鱼（非活的）"，专用权期限为2012年3月28日至2022年3月27日。但该地理标志证明商标的权利人于2020年被撤销，其名下的两枚地理标志证明商标无法办理续展。

2020年12月初，经地方市场监督管理局研究协调，2020年12月30日，辽宁省清河水库管理局有限责任公司所属的铁岭市清河区清河水库水产协会以受让人的名义向国家知识产权局申请办理地理标志商标转让，将"清河胖头鱼"（活）、"清河胖头鱼"（非活）两枚地理商标由铁岭市清河区清河水库水产养殖总场水产协会名下转到铁岭市清河区清河水库水产协会名下。

（**资料来源：**赵增宇. 清河区市场局助力清河经济发展成功办理地理商标转让续展 [EB/OL].（2022-01-25）[2023-01-25].https://new.qq.com/rain/a/20220125A0019000.）

地理标志商标转让经商标局核准后予以公告，受让人自公告之日起享有商标专用权。地理标志商标转让后，新的受让人成为地理标志商标的权利人，可以行使地理标志集体商标权利人和地理标志证明商标权利人的权利。

第三节 地理标志的质押融资

引入案例

梅县金柚是广东十大岭南佳果，是梅县区优势特色产业之一。2016 年正式注册"梅县金柚"为国家地理标志证明商标（如图 4-13 所示）。梅县区 2021 年金柚种植面积 26.2 万亩，产值 43.5 亿元，金柚人均年收入 8800 多元，产业园带动农户增收效益显著。产业兴旺是乡村振兴的重要基础，助力乡村振兴行动，围绕用好

图 4-13 第 14616403 号商标

一件地理标志，作强一个品牌，发展一个产业，造福一方百姓，促进乡村产业规模化、集约化和品牌化发展。2022 年梅州农商银行对地理标志证明商标授信 5 亿元，是积极助推地方特色产业发展的切实体现，既实现知识产权为企业融资

提速增效，也体现了地方金融机构的责任与担当。

（**资料来源**：汪思婷，黄韬炜 . 梅州农商银行为"梅县金柚"商标质押融资授信 5 亿元〔EB/OL〕.（2022-09-28）〔2023-02-11〕.https://baijiahao.baidu.com/s？id=174513553957011 6807&wfr=spider&for=pc.）

在强化知识产权运用的新形势下，知识产权质押融资作为知识产权运用的重要方式，在企业特别是科技型企业的发展中发挥着越来越重的作用。然而，我国知识产权质押融资发展以专利权、商标权和著作权为主，地理标志等非传统知识产权难以进入知识产权质押融资的客体范围。基于地理标志保护及其运用方面的不足，中国银保监会、国家知识产权局、国家版权局于 2019 年 8 月发布《关于进一步加强知识产权质押融资工作的通知》，其中明确指出，要加强知识产权质押融资服务创新，"研究扩大知识产权质押物的范围，积极探索地理标志、集成电路布图设计作为知识产权质押物的可行性，进一步拓宽企业融资渠道"。

一、地理标志质押融资的条件

《民法典》第 440 条确立了可以处置的权利范围，其中"（五）可以转让的注册商标专用权、专利权、著作权等知识产权中的财产权"。在第 444 条中，进一步规定"以注册商标专用权、专利权、著作权等知识产权中的财产权出质的，质权自办理出质登记时设立。知识产权中的财产权出质后，出质人不得转让或者许可他人使用，但是出质人与质权人协商同意的除外。出质人转让或者许可他人使用出质的知识产权中的财产权所得的价款，应当向质权人提前清偿债务或者提存"。

根据我国《民法典》确立的知识产权质押融资的基本理念来看，质押的应当是知识产权中的具有可转让性的财产权。就目前我国关于地理标志确立的三大保护模式下，地理标志的质押主要集中在地理标志商标上，因此，地理标志集体商标和地理标志证明商标可以按照《民法典》《商标法》等相关规定进行质押融资，让更多的拥有该类知识产权的主体充分利用其经济价值。

关于地理标志质权设立的条件，需着重考虑如下几个方面的内容：第一，质押合同有效。我国《商标法实施条例》第70条规定："以注册商标专用权出质的，出质人与质权人应当签订书面质权合同，并共同向商标局提出质权登记申请，由商标局公告"。出质人与质权人基于主债务合同就地理标志商标质押担保事项达成书面担保协议，所签协议应当符合《民法典》关于合同生效要件的规定。地理标志商标质押融资是平等的民事主体之间开展的民事活动，需充分尊重双方的意思自治，尤其在质押条件的设置上，质权人大多为银行机构，其对质押业务的开展设置了诸多的规范性要求，包括但不限于事先的尽职调查要求、当地相关管理部门的担保要求等，地理标志质押融资的磋商需在平等的基础上供当事人协商进行，最终形成互为认可的质押融资协议。

第二，就地理标志商标即"质押物"而言，其首先需满足质押物合法性的要求。虽然我国关于出质的权利范围在不断扩张，但地理标志集体商标或地理标志证明商标也应当属于合法的商标，不存在权利瑕疵，且在权利保护期间。此外，地理标志商标属于无形财产，价值的取得和提升与该商标相关业务活动的开展，宣传活动的展开等息息相关，每一个地理标志商标的价值都需要独立评估，如此才能进一步确定质押物的价值。

第三，出质人实施的是有权处分行为。无论是地理标志商标的注册人还是实际使用人，对于质押标的必须具有相应的处分权，否则构成无权处分。就地理标志商标质押主体而言，其应当是依照《商标法》及相关法律规定取得地理标志集体商标或地理标志证明商标专用权的权利人，只有经注册申请程序或商标转让程序正当取得商标权的人才能在商标存续期间对该权利进行出质。

第四，依法办理地理标志商标的质押登记。动产质权的设立与维持需要以质权人直接占有或者间接占有为要件，而地理标志商标具有无形性的特征，决定了其在质权设立方式上有别于一般的权利质权。根据《注册商标专用权质押登记程序规定》，商标质押公示采取登记设立主义，由国家知识产权局负责办理商标权质押登记。

二、地理标志质押融资的程序

典型案例 "永春闽南水仙"地理标志证明商标质押融资案

图4-14 第6655469号商标

在福建，"永春闽南水仙"地理标志证明商标（如图4-14所示）的价值被充分挖掘。永春县农村信用合作联社向永春县茶叶同业公会"永春闽南水仙"地理标志商标权综合授信1亿元，盘活当地1万余亩水仙茶园，让5000多户水仙茶农从中受益，有效延伸了水仙茶产业链。"永春闽南水仙"地理标志证明商标质权登记公告如图4-15所示。

第1800期商标公告	2022年07月20日
商标质权登记公告	
注册号/申请号：6655469	
商标：永春闽南水仙	
类别：30	
出质人：永春县茶叶同业公会	
质权人：永春县农村信用合作联社湖洋信用社	
质权登记期限： 自 2022年07月04日 至 2023年05月07日	

图4-15 "永春闽南水仙"地理标志证明商标质权登记公告

（资料来源：王娟停.源头活水来 地标踏浪行［EB/OL］.（2022-06-15）［2023-01-12］.http://www.iprchn.com/cipnews/news_content.aspx? newsId=134750.）

地理标志商标出质人与质权人签订地理标志商标权质押合同后，共同向商标登记管理部门申请办理质押登记，经审核符合登记条件的，进行登记公示，并发放《商标专用权质押登记证》，质押自登记之日起设立。同时，出质人有与地理标志商标近似的联合商标应与主商标一并办理出质。

第四节　地理标志的合理使用及其限制

引入案例

第 2016462 号"陽山"注册商标（如图 4-16 所示）系地理标志证明商标，其注册人为阳山水蜜桃协会，注册有效期自 2003 年 5 月 28 日至 2013 年 5 月 27 日，核定使用商品类别为第 31 类的桃子。经核准，有效期续展至 2023 年 5 月 27 日。权利商标曾被原国家工商行政管理总局商标局认定为"中国驰名商标"。《"阳山"证明商标使用管理规则》规定：使用"阳山"证明商标的商品的生产地域范围必须是无锡市特定区域范围内，且产品品质特征符合其特定要求，申请使用"阳山"证明商标的，应当经阳山水蜜桃协会审核批准。

图 4-16　第 2016462 号商标

王某某在某平台开设了名为"小憨孩水果"的店铺。2020 年 8 月 28 日，该店铺出售名称为"正宗无锡七彩阳山水蜜桃新鲜水果 5 两 15 个装当季桃子超甜毛桃孕妇（8 月 30 日发完）"的商品（以下简称"被控侵权商品"）一款。销售页面显示"已拼 1 万件"，单独购买 59.8 元，发起拼单 58 元。商品详情显示，产地为中国大陆／江苏省／无锡市。

阳山水蜜桃协会主张王某某在商品名称、页面宣传、产品介绍中使用"阳山"字样，构成近似商标。

王某某主张，其销售的水蜜桃产地为阳山，故其使用"阳山"是正当使用地名。法院认为，王某某应当证明其销售的水蜜桃产地为阳山，否则不能使用"阳山"标识。

法院认为，案件争议焦点在于王某某使用阳山水蜜桃字样是否构成商标侵权。因王某某不能证明其销售的水蜜桃产地，故其关于合理使用地名的主张，法院不予支持。王某某在销售水蜜桃时，在商品名称、页面宣传、商品介绍中使用"阳山"字样，容易导致消费者的混淆误认，侵害了阳山水蜜桃协会的注册商标专用权。

（**资料来源**：上海知识产权法院（2021）沪73民终783号民事判决书。）

一、地理标志的合理使用

合理使用是知识产权制度中的一个重要内容，是认定知识产权侵权的一个重要抗辩事由。地理标志有关的合理使用制度，主要集中在地理标志商标的合理使用上，满足合理使用要求的非商标权人正当地使用注册商标，不认定为侵权，这是对地理标志商标权人的一种限制。

《商标法》第59条第1款中规定了商标的合理使用制度，即商标权人无权禁止的事项，具体规定为"注册商标中含有的本商品的通用名称、图形、型号，或者直接表示商品的质量、主要原料、功能、用途、重量、数量及其他特点，或者含有的地名，注册商标专用权人无权禁止他人正当使用"。可以看出，该条款不仅适用于普通商标，同样也适用于地理标志商标，即使用人可以正当合理地使用地理标志商标中含有的商品通用名称、图形、型号，或者直接表示商品的质量、主要原料、功能等特点，或者含有的地名。

地理标志证明商标具有标示商品的地理来源和特定品质的功能，其注册人不能剥夺商品确实符合原产地等特定品质的自然人、法人或其他组织正当使用该证明商标中地名的权利。在《商标法实施条例》第4条中，明确规定了地理标志商标正当使用的依据，即"以地理标志作为证明商标注册的，其商品符合使用该地理标志条件的自然人、法人或者其他组织可以要求使用该证明商标，控制该证明商标的组织应当允许。以地理标志作为集体商标注册的，其商品符合使用该地理标志条件的自然人、法人或者其他组织，可以要求参加以该地理标志作为集体商标注册的团体、协会或者其他组织，该团体、协会或者其他组织应当依据其章程接纳为会员；不要求参加以该地理标志作为集体商标注册的团体、协会或者其他组织的，也可以正当使用该地理标志，该团体、协会或者其他组织无权禁止"。因此，相比普通商标，地理标志证明商标的功能在于证明商标的原产地及该产地的自然、人文等因素决定的商品品质，其识别的是商品来源的特殊地理区域而不是具体商品的提供者。

地理标志商标合理使用的分类主要是基于一般性的商标合理使用的分类，根据合理使用的情形和目的的不同，可以划分为地理标志商标的叙述性合理使用和说明性合理使用两类。

（一）叙述性合理使用

叙述性合理使用是指为提供商品或服务的基本信息而善意地使用商品通用名称或自己的名称、地址、原产地等，即使用他人商标中的文字或图形等要素对商品或服务特征进行描述的行为。叙述性合理使用并不利用他人的商标的识别功能来指示商品或服务的来源，而是用来说明商品或服务的特征或其他情况。

> **典型案例**　"阿克苏"地名合理使用案

阿克苏苹果是产自新疆维吾尔自治区阿克苏地区的特产，具有果面光滑细腻、色泽光亮、果肉细腻、果核透明、甘甜味厚、汁多无渣等特点。阿克苏地区苹果协会于2007年2月15日就阿克苏苹果申请了地理标志证明商标（如图4-17所示），注册公告日为2009年1月21日，经续展，专用权期限为2019年1月21日至2029年1月20日。

图4-17　第5918994号商标

阿克苏地区苹果协会作为"阿克苏苹果"地理标志证明商标权利人发现，兴敏商行在未向协会提出使用该证明商标要求的前提下擅自在其销售的苹果上使用了阿克苏苹果的表述，认为其侵犯了注册商标权，要求承担侵权责任。

法院认为："本案涉案商标系地理标志证明商标，即证明苹果产地为新疆维吾尔自治区阿克苏地区，且商品的特定品质主要由阿克苏地区的自然因素所决定。兴敏商行虽没有向阿克苏地区苹果协会提出使用该证明商标的要求，但阿克苏地区苹果协会作为该商标的注册人，不能剥夺商品确产于阿克苏地区的自然人、法人或者其他组织正当使用该证明商标中地名的权利。阿克苏地区苹果协会对商品并非产于阿克苏地区的自然人、法人或者其他组织在商品上标注该商标的有权禁止并依法追究其侵犯证明商标权利的责任。本案中，兴敏商行销售的涉案苹果确实产自阿克苏地区，因此，阿克苏地区苹果协会不能剥夺兴敏商行销售的苹果用'阿克苏苹果''阿克苏'来标识苹果产地的权利。"

因此，注册商标中含有地名的，注册商标专用权人无权禁止他人正当使用。地理标志证明商标所有权人不能剥夺商品确产于该地区的自然人、法人或者其他组织正当使用该证明商标中地名的权利。

（资料来源：青海省高级人民法院（2020）青知民终 20 号民事判决书。）

对于产自特定地理区域内产品的表述，无论产品是否具备特定品质，生产者只能用描述性方式正当使用地名。例如，"源自（或产自）+ 地名"不能直接用"地理区域名称 + 产品通用名称"的方式，且不能用地理标志证明商标或者集体商标中的特有图案。由于产品与产地的关联是地理标志的核心要素，所以对于非产自地理标志特定区域范围的产品，可用"实际产地地名 + 产品通用名称"来表述。

（二）说明性合理使用

说明性合理使用是指生产者、经营者为了向公众介绍自己生产经营的产品的质量、功能、主要原料、用途、产品型号等涉及产品的基本信息，使用他人的注册商标。客观地说明商品或者服务的特点、用途等而在生产经营活动中使用他人注册商标的行为构成合理使用。

为说明商品特点、服务的内容等而对他人商标进行的合理使用，如"可提供安吉白茶代购""本鱼食适用于清河胖头鱼""淘宝店铺中对彭水晶丝苕粉所提供商品的展示和宣传"等。这种未经许可使用地理标志商标文字或图形的行为指示的是商品的真实来源，非为了混淆商品来源，不构成侵权。反之，若不对他人商标进行使用，则无法精准、简洁地向公众传达有关服务对象、内容和性质的信息。

二、地理标志合理使用的限制

地理标志商标合理使用的认定需综合考虑多方面的要素，以地名为例，判断是否构成合理使用时一般需考虑"使用人使用地名的目的和方式""商标和地名的知名度""相关商品或服务的分类情况""相关公众在选择此类商品或服务时的注意程度"和"地名使用的具体环境和情形"等。而为了更为统一地作出判断，北京市高级人民法院在 2006 年《关于审查审理商标民事纠纷案件若干问题的解答》中，对正当使用商标标识的行为的构成要件进行的总结和规定，包括：第一，使用出于善意；第二，不是作为自己商品的商标进行使用；第三，使用只是为了说明或者描述自己的商品。

> **典型案例**　"舟山"地名合理使用案

舟山市水产流通与加工行业协会（以下简称舟山水产协会）系"舟山带鱼 ZHOUSHAN DAIYU 及图"（如图 4-18 所示）的专用权人。2011 年 1 月 28 日，舟山水产协会在某超市公证购买了某食品销售公司生产的"舟山精选带鱼段"，认为其外包装上突出使用了"舟山带鱼"字样，容易造成公众混淆，侵犯了自己的商标权，随后起诉到法院。

图 4-18　第 5020381 号商标

一审法院认为：在原产于舟山海域的带鱼上标注"舟山精选带鱼段"属于对地理标志的正当使用，并不侵犯舟山水产协会的商标权利，被告提供的证据可以初步证明公司生产销售带鱼的原产地为舟山，原告舟山水产协会作为证明商标的注册人，属于对商品有监督能力的组织，应当提供证据证明某带鱼产品是否属于舟山海域的带鱼，否则应该承担举证不能的责任。一审法院判决原告败诉，原告不服上诉到了二审法院。

二审法院认为：某食品销售公司虽然没有向舟山水产协会提出使用涉案商标的要求，但如果其生产、销售的带鱼商品确实产自浙江舟山海域，则舟山水产协会不能剥夺其在该带鱼商品上用"舟山"来标示商品产地的权利，包括以该案中的方式——"舟山精选带鱼段"对其商品进行标示。该案中，某食品销售公司作为涉案商品的生产者，对于涉案商品是否产自浙江舟山海域负有举证责任。二审法院认为：某食品销售公司提供的证据不能证明涉案产品来自舟山，应该承担侵权责任。

核心观点：证明商标是用来标示商品原产地、原料、制造方法、质量或其他特定品质的商标。其设置和注册的目的是向社会公众证明某一产品或服务所具有的特定品质，而非用以区分商品或服务的来源。因此，证明商标注册人的权利不以禁止造成生产者或提供者的混淆误认为内容，而应以保有、管理、维持证明商标为核心。

（**资料来源**：北京市高级人民法院（2012）高民终字第 58 号民事判决书。）

思考题

1. 简述三种地理标志使用许可条件及区别。

2. 简述地理标志转让的条件。

3. 简述地理标志合理使用的类型。

延伸阅读

广东省地理标志条例 ●

（2022 年 11 月 30 日广东省第十三届人民代表大会常务委员会第四十七次会

● 国家法律法规数据库. 广东省地理标志条例［EB/OL］.（2022-11-30）［2023-01-23］.https://flk.npc.gov.cn/detail2.html? ZmY4MDgxODE4NDQyMzJmNzAxODUzM2IzN2RjYjdjNDk%3D.

议通过）

第一条 为了加强地理标志运用、保护、管理和服务，保证地理标志产品质量和特色，促进地理标志产业发展，助力乡村振兴，根据有关法律、行政法规，结合本省实际，制定本条例。

第二条 本条例适用于本省行政区域内地理标志的运用、保护、管理和服务等活动。

本条例所称地理标志，是指标示产品来源于某一特定地区，该产品的特定质量、信誉或者其他特征，主要由该地区的自然因素或者人文历史因素所决定的标志。

地理标志的申请、登记或者注册、变更、撤销，以及地理标志专用标志使用的申请按照国家有关规定执行。

第三条 县级以上人民政府应当将地理标志工作纳入国民经济和社会发展相关规划，将地理标志相关工作经费纳入本级财政预算。

第四条 县级以上人民政府知识产权部门负责本行政区域内地理标志运用、保护、管理和服务等工作。

县级以上人民政府发展改革、财政、农业农村、自然资源、生态环境、文化和旅游、工业和信息化、商务、林业等有关部门应当按照职责分工，作好地理标志运用和产业发展相关工作，支持和引导特色产业发展。

第五条 县级以上人民政府应当定期组织开展地理标志资源普查工作，针对当地具有独特品质的初级农产品、加工食品、道地药材、传统手工艺品等产品，采集其特色质量、特殊工艺、人文历史、产地环境、地理范围、发展状况等基础信息数据与资料，纳入地理标志资源库，并加强跟踪服务和监督。

各级人民政府应当加强地理标志资源所在地范围内自然资源、人文历史资源的保护，引导地理标志的申请、运用和保护，促进地理标志资源科学合理利用。

第六条 县级以上人民政府应当根据实际，制定地理标志相关产业发展规划，建立工作协调机制，在地理标志产业促进等方面出台扶持政策措施。

第七条 县级以上人民政府应当加强本地地理标志宣传和推介，推动建设地理标志产品品牌展示馆和产品体验地，加强区域地理标志工作交流。

县级以上人民政府应当拓展地理标志产品推介渠道，利用博览会、交易会等大型展会和电子商务平台等，支持地理标志产品生产经营者推介展示本地地理标志产品。

县级以上人民政府应当加强对地理标志产品品牌培育的指导，鼓励和支持地理标志产品生产经营者和有关行业组织加强地理标志品牌建设，推动建设优质地理标志产品基地，提升地理标志品牌价值。

第八条　县级以上人民政府应当支持地理标志产品生产经营者开展天然种质和繁育种质资源保护以及技术改造、科技创新，促进相关科技成果向地理标志产业的转化，提高产品附加值。

第九条　县级以上人民政府应当支持在地理标志产品产地建设产业园区，发挥地理标志产品龙头企业带动作用，培育多种形式的产业化经营模式，促进地理标志产业集群发展。

县级以上人民政府应当完善政策措施，支持地理标志相关产业园区申请建设国家和省级地理标志产品保护示范区、国家和省级现代农业产业园区。

第十条　县级以上人民政府应当促进地理标志产业与互联网、电子商务、文化创意、生态旅游等产业融合，支持地理标志新业态发展，提升地理标志产业综合效益。

第十一条　省和地级以上市人民政府应当培育地理标志产品交易市场，规范市场秩序，促进产销对接。

县级以上人民政府应当推动地理标志产品储藏、加工、运输、销售等相关产业联动发展，鼓励电子商务平台、展会服务平台开设地理标志产品线上专区，拓展地理标志产品贸易渠道。

第十二条　鼓励银行、保险、信托等金融机构研发适合地理标志产业发展特点的金融产品和融资模式，加大对地理标志产品生产经营者的信贷支持力度。

第十三条　省人民政府应当推动建立地理标志国际交流合作机制，促进地理标志产品国际贸易，提升地理标志产业国际运营能力。

省人民政府知识产权部门应当会同有关部门支持地理标志产品生产经营者开展对外合作与交流，积极开拓海外市场。

第十四条　县级以上人民政府应当强化本地地理标志产品质量管控，加强应用标准、检验检测、认证等质量基础设施建设，构建政府监管、行业管理、生产者自律的质量保证体系。

第十五条　县级以上人民政府知识产权部门应当会同有关部门加强对地理标志产品的产地范围、质量特色、标准符合性等方面日常监督管理，定期公开监督检查情况。

县级以上人民政府知识产权部门应当加强地理标志专用标志使用日常监督管理，规范使用地理标志专用标志的行为，建立地理标志专用标志使用情况年报制度，推动建立地理标志专用标志使用异常名录。

县级以上人民政府知识产权部门应当依法查处地理标志违法行为，对地理标志产品生产集中地、销售集散地等场所实行重点监管。

第十六条　省和地级以上市人民政府标准化行政主管部门应当会同有关部门制定地理标志产品地方标准，推动制定地理标志产品团体标准。

地理标志申请经批准或者登记、注册后，申请人应当配合标准化行政主管部门或者有关部门制定相应的标准、管理规范或者规则。

第十七条　县级以上人民政府知识产权部门应当推进地理标志领域信用体系建设，按照国家和省的有关规定将自然人、法人和非法人组织在地理标志领域的失信行为纳入公共信用信息。

第十八条　地理标志申请经批准或者登记、注册后，申请人为该地理标志管理人。申请人注销、解散或者怠于履行管理责任的，县级以上人民政府可以另行指定或者协调地理标志管理人。

地理标志管理人应当推动地理标志标准、管理规范或者规则的执行，推广应用过程控制、产地溯源等管理方法，对地理标志产品的质量特色等进行管理。

鼓励地理标志管理人探索开展地理标志产区等级划分。

第十九条　地理标志产品生产经营者应当按照相应的标准、管理规范或者规则组织生产经营，对其产品的质量和信誉负责。

地理标志产品生产经营者应当建立生产、仓储、销售台账和地理标志使用档案，如实记载产量和地理标志使用情况，保证地理标志产品产地可以溯源。

鼓励地理标志产品生产经营者开展产品特色质量品级划分。

第二十条　任何单位和个人不得有下列行为：

（一）擅自使用地理标志专用标志；

（二）不符合地理标志产品标准和管理规范要求而使用该地理标志产品的名称；

（三）在产品上使用与地理标志专用标志相似的标志，致使公众将该产品误认为地理标志产品；

（四）通过使用产品名称或者产品描述，致使公众误认为该产品来自地理标志产品产地范围；

（五）销售本条第（一）项至第（四）项情形产品。

地理标志专用标志合法使用人不得在保护公告的产地范围外生产的产品上使用地理标志专用标志，不得在保护公告的产品品种以外的产品品种上使用地理标志专用标志。

第二十一条　省人民政府公共数据主管部门应当会同省人民政府知识产权部门等有关部门加强地理标志相关信息的归集和共享，提供查询检索等信息公共服务。

县级以上人民政府知识产权部门应当完善地理标志的档案资料管理。

第二十二条　县级以上人民政府应当组织有关部门和行业组织按照地理标志产品的相应的标准、管理规范或者规则以及保护措施加强生产指导和技术服务，加大对地理标志产品生产经营者的培训力度。

第二十三条　有关行业组织应当发挥行业自律作用，开展地理标志运用、保护的宣传、引导和培训，提供信息互通、技术共享、品牌共建服务，引导地理标志产品生产经营者规范生产经营。

鼓励各类知识产权服务机构开展地理标志市场化服务，开展地理标志品牌运营、供需对接、市场拓展等专业服务。

鼓励有条件的地理标志产品产地建设专业化检验检测机构。鼓励第三方检测机构为地理标志运用和保护提供数据和技术支持。

第二十四条　省和地级以上市人民政府应当健全符合本行政区域实际的地理标志产业统计调查制度，组织实施地理标志产业统计调查。

县级以上人民政府知识产权、农业农村、工业和信息化等有关部门应当建立地理标志产品产值统计机制，对地理标志产品信息进行监测分析。

鼓励和支持高等学校、科研机构和社会组织开展地理标志产业经济贡献率等方面的研究。

第二十五条 县级以上人民政府应当加大人才培养力度，扩大人才培养规模，建立健全人才使用与激励机制，加强人才引进和交流，支持有关行业组织加强地理标志人才队伍建设。

省人民政府知识产权部门应当建立地理标志专家库，组织开展地理标志基础理论研究，为地理标志运用、保护和产业发展提供专业支持。

第二十六条 违反本条例第二十条规定的，由县级以上人民政府知识产权部门责令限期改正，没收违法生产、销售的产品，并处违法生产、销售产品货值金额等值以下的罚款；有违法所得的，并处没收违法所得；同时违反《中华人民共和国商标法》《中华人民共和国反不正当竞争法》等法律法规的，按照相关法律法规进行处理；构成犯罪的，依法追究刑事责任。

第二十七条 人民检察院在履行职责中发现损害社会公共利益的地理标志违法行为，可以依法支持起诉或者提起公益诉讼。

第二十八条 本条例自 2023 年 1 月 1 日起施行。

第五章　地理标志的管理

• • • • • • • • • •

要点提示

本章节重点掌握的知识：（1）地理标志注册人的管理权限、管理措施；（2）地理标志专用标志的申请、许可与管理；（3）地理标志的行政管理机关、管理权限与管理责任。

本章思维导图

- 地理标志的管理
  - 地理标志注册人的管理
    - 地理标志商标保护模式下地理标志注册人的管理权限
    - 地理标志产品保护模式下地理标志的特殊管理规定
    - 农产品地理标志保护模式下地理标志登记证书持有人的管理权限
  - 地理标志专用标志的使用管理
    - 地理标志专用标志的申请管理规范
    - 地理标志专用标志的使用规范
  - 地理标志的行政管理
    - 地理标志行政管理管理机关
    - 地理标志行政管理管理权限
    - 地理标志行政管理管理责任

第一节　地理标志注册人的管理

图 5-1　第 9921918 号商标

洞头羊栖菜是一件地理标志证明商标（如图 5-1 所示），原注册人是"洞头县民营企业协会"。因为产业调整和监督管理权限转移，经当地县政府授权与国家知识产权局审核公示，该商标于 2016 年 9 月 13 日完成第一次转让，由洞头县民营企业协会转让给洞头县水产流通与加工协会（温州市洞头区水产流通与加工协会）。2019 年 9 月 27 日，该商标又由洞头县水产流通与加工协会（温州市洞头区水产流通与加工协会）转让给温州市洞头区农产品经纪人协会。

（**资料来源：**国家知识产权局商标局 . 洞头羊栖菜转让公告［EB/OL］.（2019-09-27）［2023-01-20］.https://wsgg.sbj.cnipa.gov.cn：9443/tmann/annInfoView/annSearch.html？annNum=.）

地理标志是一种特殊的知识产权客体，其申请人必须是经过县级以上人民政府授权的团体、协会等集体性组织，且即便获准注册登记，申请人也仅为经过政府授权的管理人，而非如同普通商标一般享有绝对权的权利人。就地理标志注册人的管理权限来看，我国《集体商标、证明商标注册和管理办法》第 21 条明确规定了集体商标、证明商标注册人应当承担有效管理或者控制职责。《农产品地理标志管理办法》第 19 条也规定了农产品地理标志登记证书持有人的管理职责。由于地理标志产品保护的特殊性，地理标志注册人并无管理权限，其管理权限由市场监督管理部门（知识产权管理部门）管辖。

一、地理标志商标保护模式下地理标志注册人的管理权限

（一）地理标志商标使用授权审核与公示

地理标志商标注册人接受地理标志商标使用人的授权申请，进行审核，对于符合条件的申请人颁发使用证书，并进行公示。地理标志集体商标与地理标志证明商标由于法律性质不同，在履行使用授权审核与公示义务时，采取的流程是不同的。集体商标注册人的成员发生变化的，注册人应当向商标局申请变更注册事项，由商标局公告。证明商标注册人准许他人使用其商标的，注册人应当在一年内报商标局备案，由商标局公告。

（二）地理标志注册人对使用管理规则的修改权

地理标志商标注册人有权根据管理需求进行使用管理规则修改，依据《集体商标、证明商标注册和管理办法》第 13 条之规定，集体商标、证明商标注册人对使用管理规则的任何修改，应报经商标局审查核准，并自公告之日起生效。

（三）对地理标志商标的使用人进行监督与管理

地理标志注册人对地理标志商标的使用产地范围、产品名称、原材料、生产技术工艺、质量特色、质量等级、数量、包装、标识进行管理和监督。对地理标志使用人的生产环节进行管理和监督。地理标志注册人对地理标志商标的产品生产环境、生产设备、产品的标准符合性进行管理和监督。

（四）地理标志商标发生转让或移转的管理

地理标志集体商标和地理标志证明商标注册人的主体常常因发生职权变更而需要转让，或者机构合并需要移转。地理标志注册人因主体发生转让的，应当及时向国家知识产权局商标局提交转让或移转申请，并进行公示。

二、地理标志产品保护模式下地理标志的特殊管理规定

（一）地理标志产品保护管理主体

在《地理标志产品保护规定》中，第4条规定："国家质量监督检验检疫总局统一管理全国的地理标志产品保护工作。各地出入境检验检疫局和质量技术监督局依照职能开展地理标志产品保护工作。"基于机构改革的部门职责调整，地理标志产品保护与管理权限归属于知识产权管理部门。

（二）地理标志产品保护申请人无使用许可权限

根据《地理标志产品保护规定》及《地理标志产品保护规定实施细则（暂行）》有关规定，地理标志产品保护模式下，地理标志产品保护申请人实际是申请地理标志产品特殊保护的提出人获批保护后，无权直接许可经营主体使用。在申请授权阶段的履行义务较重，在申请阶段需要准备申报产品的陈述报告和申报的质量技术要求。陈述报告是对申请资料的概括和总结，应重点陈述产品的名称、知名度、质量特色及其与产地的自然因素和人文因素的关联性，拟采取的后续监管措施等。质量技术要求作为国家知识产权局批准公告的基础，是对原有标准或技术规范中决定质量特色的关键因素的提炼和总结，具有强制性，其内容包括产品名称、产地保护范围、为保证产品特色而必须强制执行的环境条件、生产过程规范，以及产品的感官特色和理化指标等。《地理标志产品保护规定实施细则（暂行）》中规定，地理标志保护产品产地范围内的生产者需要使用地理标志保护产品专用标志的，是向当地质检机构（现为知识产权管理部门）提出申请，并提交相关资料。因此，地理标志产品保护申请人不存在使用许可权限。

三、农产品地理标志保护模式下地理标志登记证书持有人的管理权限

农产品地理标志登记申请人为县级以上地方人民政府根据下列条件择优确定的农民专业合作经济组织、行业协会等组织，条件为：第一，具有监督和管理农产品地理标志及其产品的能力；第二，具有为地理标志农产品生产、加工、营销

提供指导服务的能力；第三，具有独立承担民事责任的能力。

（一）地理标志农产品登记证书持有人变更权限

根据《农产品地理标志管理办法》（2007年12月25日农业部令第11号公布，2019年4月25日农业农村部令2019年第2号修正）相关规定，农产品地理标志登记证书持有人或者法定代表人发生变化的和地域范围或者相应自然生态环境发生变化的，应当按照规定程序提出变更申请。

（二）农产品地理标志登记证书持有人授权使用权限

农产品地理标志登记证书持有人可以向符合申请条件的单位和个人授权农产品地理标志使用。

符合下列条件的单位和个人，可以向登记证书持有人申请使用农产品地理标志：

（1）基本要求。

①生产经营的农产品产自登记确定的地域范围；

②已取得登记农产品相关的生产经营资质；

③能够严格按照规定的质量技术规范组织开展生产经营活动；

④具有地理标志农产品市场开发经营能力。

（2）农产品地理标志使用协议。

使用农产品地理标志，应当按照生产经营年度与登记证书持有人签订农产品地理标志使用协议，并在协议中载明使用的数量、范围及相关的责任义务。

（3）不得收取使用费用。

农产品地理标志登记证书持有人不得向农产品地理标志使用人收取使用费。

第二节　地理标志专用标志的使用管理

一、地理标志专用标志的申请管理规范

为加强我国地理标志保护，统一和规范地理标志专用标志使用，2020年4月国家知识产权局制定《地理标志专用标志使用管理办法（试行）》（以下简称"《管理办法》（试行）"）。《管理办法（试行）》自2020年4月3日起施行，原相关地理标志专用标志使用过渡期至2020年12月31日，在2020年12月31日前生产的使用原标志的产品可以继续在市场流通。《管理办法（试行）》统一了地理标志专用标志的使用管理体系，厘清了地理标志专用标志颁发部门和日常监管权责。国家知识产权局负责统一制定发布地理标志专用标志使用管理要求，组织实施地理标志专用标志使用监督管理。地方知识产权管理部门负责地理标志专用标志使用的日常监管。同时，农产品地理标志依据《农产品地理标志管理办法》使用"农产品地理标志公共标识"。

（一）地理标志商标与地理标志产品保护模式下地理标志专用标志申请规范

1. 使用申请人要求

（1）经公告核准使用地理标志产品专用标志的生产者；

（2）经公告地理标志已作为集体商标注册的注册人的集体成员；

（3）经公告备案的已作为证明商标注册的地理标志的被许可人；

（4）经国家知识产权局登记备案的其他使用人。

2. 申请程序

（1）地理标志商标。

　　申请人提出申请→商标注册人授权许可→国家知识产权局商标局许可备案→地理标志数据管理系统上传→地理标志专用标志下载→地理标志专用标志使用。

　　（2）地理标志产品保护。

　　申请人提出申请→县级知识产权管理部门初步核查→市一级知识产权管理部门初审→省级知识产权管理部门核准公告并报国家知识产权局备案→地理标志数据管理系统上传→地理标志专用标志下载→地理标志专用标志使用。

　　3. 申请文件

　　（1）地理标志专用标志使用登记备案表；

　　（2）专用标志使用人主体资格证明（包括营业执照、组织机构代码证、批准举办活动的相关文件）。

（二）农产品地理标志保护模式下地理标志公共标识申请规范

　　1. 使用申请人要求

　　（1）生产经营的农产品产自登记确定的地域范围；

　　（2）已取得登记农产品相关的生产经营资质；

　　（3）能够严格按照规定的质量技术规范组织开展生产经营活动；

　　（4）具有地理标志农产品市场开发经营能力。

　　2. 申请程序

　　申请人提出申请→农产品地理标志登记证书持有人资格审查及公示→农业行政主管部门审查、考核与公示→与申请人签订农产品地理标志使用协议→报农业行政主管部门备案→地理标志公共标识使用。

　　3. 申请文件

　　依据《农产品地理标志使用规范》，主要申请文件有：

　　（1）标志使用申请书；

　　（2）生产经营者资质证明；

　　（3）生产经营计划和相应质量控制措施；

　　（4）规范使用农产品地理标志书面承诺；

　　（5）其他必要的证明文件。

二、地理标志专用标志的使用规范

（一）地理标志商标与地理标志产品保护模式下地理标志专用标志使用规范

《管理办法（试行）》统一了地理标志商标与地理标志产品保护模式的地理标志专用标志（如图 5-2 所示）。

图 5-2　地理标志专用标志标注

1. 整体使用要求

地理标志专用标志合法使用人应当遵循诚实信用原则，履行如下义务：第一，按照相关标准、管理规范和使用管理规则组织生产地理标志产品；第二，按照地理标志专用标志的使用要求，规范标示地理标志专用标志；第三，及时向社会公开并定期向所在地知识产权管理部门报送地理标志专用标志使用情况。

2. 规范专用标志的使用方式

作为集体商标、证明商标注册的地理标志和地理标志保护产品使用地理标志专用标志的，应在地理标志专用标志的指定位置标注统一社会信用代码。国外地理标志保护产品使用地理标志专用标志的，应在地理标志专用标志的指定位置标注经销商统一社会信用代码。

作为集体商标、证明商标注册的地理标志使用地理标志专用标志的，应同时使用地理标志和该集体商标或证明商标，并加注商标注册号。地理标志保护产品使用地理标志专用标志的，应同时使用地理标志专用标志和地理标志名称，并在产品标签或包装物上标注所执行的地理标志标准代号或批准公告号。

3. 标准使用地理标志专用标志

地理标志专用标志合法使用人可在国家知识产权局官方网站下载基本图案矢量图。地理标志专用标志矢量图可按比例缩放，标志应清晰可识，不得更改专用标志的图案形状、构成、文字字体、图文比例、色值等。

4. 正确标示地理标志专用标志

地理标志专用标志合法使用人可采用的地理标志专用标志标示方法如下：第

一，采取直接贴附、刻印、烙印或者编织等方式将地理标志专用标志附着在产品本身、产品包装、容器、标签等上；第二，使用在产品附加标牌、产品说明书、介绍手册等上；第三，使用在广播、电视、公开发行的出版物等媒体上，包括以广告牌、邮寄广告或者其他广告方式为地理标志进行的广告宣传；第四，使用在展览会、博览会上，包括在展览会、博览会上提供的使用地理标志专用标志的印刷品及其他资料；第五，将地理标志专用标志使用于电子商务网站、微信、微信公众号、微博、二维码、手机应用程序等互联网载体上；第六，其他合乎法律法规规定的标示方法。

5. 地理标志专用标志使用资格的停止

地理标志专用标志合法使用人未按相应标准、管理规范或相关使用管理规则组织生产的，或者在 2 年内未在地理标志保护产品上使用专用标志的，知识产权管理部门可停止其地理标志专用标志使用资格。

6. 地理标志专用标志误导性使用的处理

对于未经公告擅自使用或伪造地理标志专用标志的，或者使用与地理标志专用标志相近、易产生误解的名称或标识及可能误导消费者的文字或图案标志，使消费者将该产品误认为地理标志产品的行为，知识产权管理部门及相关执法部门依照相关法律法规进行调查处理。

（二）农产品地理标志保护模式下地理标志公共标识使用规范

根据《农产品地理标志管理办法》的规定，农产品地理标志保护的初衷是为了规范农产品地理标志的使用，保证地理标志农产品的品质和特色，提升农产品市场竞争力，是关系到农产品地理标志高质量发展和长远发展的重要一环。

农产品地理标志公共标识基本图案（如图 5-3 所示）由中华人民共和国农业农村部中英文字样、农产品地理标志

图 5-3　农产品地理标志公共标识图案

中英文字样和麦穗、地球、日月图案等元素构成。公共标识基本组成色彩为绿色（C100Y90）和橙色（M70Y100）。

第三节　地理标志的行政管理

引入案例

第 19564618 号 "BORDEAUX" 商标（如图 5-4 所示）为波尔多葡萄酒行业联合委员会在葡萄酒商品上注册的地理标志集体商标，专用权期限至 2027 年 7 月 20日。2021 年 9 月 16 日，烟台市市场监督管理局根据举报对烟台某葡萄酒有限公司进行现场检查，在成品库内发现该公司生产的公爵大酒窖干红葡萄酒（750 毫升/瓶）、公爵大酒窖干红葡萄酒（1.5 升/瓶）、公爵传奇干红葡萄酒等三款产品上使用"BORDEAUX" 字样。经查，当事人受上海某酒业有限公司委托生产上述产品，并签订产品购销合同，涉案货值 39240 元。烟台市市场监督管理局认为，当事人在生产的葡萄酒上使用 "BORDEAUX" 商标，构成《商标法》第 57 条第 1 款第 1 项规定的商标侵权行为，依据《商标法》第 60 条第 2 款规定，责令当事人立即停止侵权行为，没收侵犯注册商标专用权的公爵大酒窖干红葡萄酒（750 毫升/瓶）60 瓶、公爵大酒窖干红葡萄酒（1.5 升/瓶）300 瓶、公爵传奇干红葡萄酒 468 瓶，并处罚款 50000 元。

BORDEAUX

图 5-4　第 19564618 号 "BORDEAUX" 商标

行政保护是地理标志保护的重要一环，哪些行政管理机关有权对地理标志进行保护与管理，行政管理机关有何权责值得我们探究。

（**资料来源**：中国质量新闻网.山东省 2021 年度知识产权行政保护十大典型案例 ［EB/OL］.（2022-04-28）［2023-01-16］.https://www.cqn.com.cn/ms/content/2022-04-28/

content_8813871.htm. ）

　　地理标志是通过向行政管理机关申请审批并由行政管理机关授予知识产权的一项新兴知识产权客体类型，地理标志的有效保护与管理离不开行政管理机关。国家在近几年的知识产权重要政策文件中均提及行政管理对知识产权保护的重要性。2019 年 11 月，中共中央办公厅和国务院办公厅在联合印发的《关于强化知识产权保护的意见》中指出："综合运用法律、行政、经济、技术、社会治理手段强化保护，促进保护能力和水平整体提升"❶；2021 年 9 月中共中央和国务院印发的《知识产权强国建设纲要（2021—2035）》指出："健全专门保护与商标保护相互协调的统一地理标志保护制度""健全统一领导、衔接顺畅、快速高效的协同保护格局"❷；2022 年 4 月最高人民检察院与国家知识产权局在联合发布的《关于强化知识产权协同保护的意见》中提出：构建"严保护、大保护、快保护、同保护"的知识产权管理部门与检察机关知识产权保护工作格局。❸

一、地理标志行政管理机关

　　基于我国现行的"三元"地理标志保护模式，目前对地理标志商标、地理标志产品保护、农产品地理标志三个类型的地理标志分别采取不同的保护模式。

（一）行政主管部门

1. 国家知识产权局

（1）商标局。国家层面，国家知识产权局商标局是地理标志商标行政管理部门；地方层面，各级知识产权管理部门是地理标志商标行政管理部门。地理标志商标行政管理部门的确立源自我国 2001 年修订的《商标法》第 2 条的规定，即

---

❶　中共中央办公厅、国务院办公厅.关于强化知识产权保护的意见［EB/OL］.（2019-11-24）［2023-01-01］.http://www.gov.cn/zhengce/2019-11/24/content_5455070.htm.

❷　中共中央、国务院.知识产权强国建设纲要（2021—2035 年）［EB/OL］.（2021-09-11）［2023-01-01］.http://www.gov.cn/zhengce/2021-09/22/content_5638714.htm.

❸　最高人民检察院、国家知识产权局.关于强化知识产权协同保护的意见［EB/OL］.（2022-04-25）［2023-01-01］.https://www.spp.gov.cn/xwfbh/wsfbt/202204/t20220425_555135.shtml#1.

"国务院工商行政管理部门商标局主管全国商标注册和管理的工作"。其中第 16 条提出地理标志的定义，即"指标示某商品来源于某地区，该商品的特定质量、信誉或者其他特征，主要由该地区的自然因素或者人文因素所决定的标志"，同时在第 3 条确立了可以通过证明商标和集体商标的方式对地理标志进行保护的制度。2003 年国家工商行政管理总局修订的《集体商标、证明商标注册和管理办法》进一步明确了以集体商标或证明商标进行注册地理标志商标保护的规则，为地理标志的管理规范作出明确指引。2018 年国务院行政机构改革后，国家知识产权局商标局取代国家工商行政管理总局商标局商标注册和管理职责。依据《中央编办关于国家知识产权局所属事业单位机构编制的批复》（中央编办复字〔2018〕114 号）规定，将原国家工商行政管理总局商标局、商标评审委、商标审查协作中心整合为国家知识产权局商标局，作为国家知识产权局所属事业单位。

（2）知识产权保护司。地理标志产品保护行政管理部门国家层面为国家知识产权局知识产权保护司，地方层面为各级知识产权管理部门。地理标志产品保护行政主管部门的确立源自我国 1999 年国家质量技术监督局发布《原产地域产品保护规定》（现已失效）第 6 条"国家质量技术监督局确立原产地域产品保护办公室，具体负责组织对原产地域产品保护的审核和注册登记等管理工作"的规定，2001 年新组建的国家质量监督检验检疫总局于 2005 年发布《地理标志产品保护规定》替代《原产地域产品保护规定》，其中第 4 条规定："国家质量监督检验检疫总局统一管理全国的地理标志产品保护工作。各地出入境检验检疫局和质量技术监督局依照职能开展地理标志产品保护工作。"2018 年国务院行政机构改革后，国家知识产权局知识产权保护司履行原国家质量监督检验检疫总局的原产地地理标志管理职责。

2. 农业农村部

农产品地理标志的行政管理部门形成了以农业农村部为统领，各级农业行政管理部门分层级管理的行政管理模式。2018 年国务院行政机构改革后，新组建的农业农村部承接了原农业部农产品地理标志管理职责。农业部最初负责农产品地理标志管理的法律源于我国 2002 年修订的《农业法》，其中第 23 条明确规定"符合规定产地及生产规范要求的农产品可以依照有关法律或者行政法规的规定申请使用农产品地理标志。"自此确立了农产品地理标志制度。2007年农业部发布的《农产品地理标志管理办法》进一步细化了农产品地理标志的保护管理规则，其中第4条确立了农产品地理标志行政管理主体：第一，农业部负责全国农产品地理标志的登记工作，农业部农产品质量安全中心（后由中国绿色食品发展中心负责）负责农产品地理标志登记的审查和专家评审工作。第二，省级人民政府农业行政主管部门负责本行政区域内农产品地理标志登记申请的受理和初审工作。第三，农业部设立的农产品地理标志登记专家评审委员会，负责专家评审。农产品地理标志登记专家评审委员会由种植业、畜牧业、渔业和农产品质量安全等方面的专家组成。第18条明确了县级以上农业行政主管部门为农产品地理标志监督管理，"县级以上人民政府农业行政主管部门应当加强农产品地理标志监督管理工作，定期对登记的地理标志农产品的地域范围、标志使用等进行监督检查"。

（二）协同保护单位

地理标志的管理保护体系单位以行政主管管理部门为主，多部门协同管理保护为辅。除地理标志的行政主管管理部门之外，相关地理标志管理部门还包括海关部门、公安机关、检察机关、法院等与地理标志保护管理保护联系紧密的单位。此外，部分省市地理标志地方立法，如《广东省地理标志条例》将"发展改革、财政、农业农村、自然资源、生态环境、文化和旅游、工业和信息化、商务、林业"纳入共同监管的行政部门之中。

1. 海关部门

海关部门作为知识产权进出口管理的重要单位，依据《中华人民共和国海关法》（以下简称《海关法》）第44条"海关依照法律、行政法规的规定，对与进出境货物有关的知识产权实施保护"的规定，对涉及进出口的知识产权实施管理。同时《中华人民共和国知识产权海关保护条例》第2条明确了海关知识产权保护的定义，即"指海关对与进出口货物有关并受中华人民共和国法律、行政法规保护的商标专用权、著作权和与著作权有关的权利、专利权实施的保护"，明确将商标专用权纳入保护范围，除此之外，第3条也明确了海关作为进出口知识产权管理部门"海关依照有关法律和本条例的规定实施知识产权保护，行使《海关法》

规定的有关权力"。因此，地理标志作为知识产权类型的一种在进出口时应接受海关部门管理。

> **典型案例** 镇江香醋假冒出口案

2012 年，天津海关下属新港海关按照风险分析指令对某公司申报出口的一批食醋实施人工查验。海关查验关员发现 2180 箱货物中有 599 箱醋的瓶体纸质贴签印有"镇江香醋"字样，字体较大且位于贴签中心。根据《中华人民共和国知识产权海关保护条例》规定，天津海关立即通知"镇江香醋（如图 5-5 所示）"商标权利人镇江市醋业协会进行核实。经镇江市醋业协会书面确认，这批出口的食醋侵犯"镇江香醋"商标专用权，属假冒商品。

镇江香醋

图 5-5 第 4488806 号商标

（资料来源：中华人民共和国中央人民政府 .2012 年中国海关保护知识产权十大案例公布［EB/OL］.（2013-04-23）［2023-01-26］.http://www.gov.cn/jrzg/2013-04/23/content_2386436.htm.）

2. 公安机关

公安机关是协同保护地理标志单位之一。2008 年《国务院办公厅关于印发实施国家知识产权战略纲要任务分工的通知》将公安部纳入"加强司法保护体系和行政执法体系建设，发挥司法保护知识产权的主导作用，提高执法效率和水平，强化公共服务"的负责部门之一。2021 年国家知识产权局、公安部印发《关于加强协作配合强化知识产权保护的意见》，明确了国家知识产权局与公安机关协同知识产权保护的具体方案，其中第 2 条指出，"国家知识产权局和公安部加强知识产权保护工作的协作配合，包括情况交流、专业支撑、基础建设、法律研究、业务培训、宣传教育和国际交流等事项"。

3. 检察机关

检察院是协同保护地理标志单位之一。2021 年最高人民检察院与国家知识产权局联合发布的《关于强化知识产权协同保护的意见》明确建立常态化联络机制，"知识产权保护工作中的协作配合，由国家知识产权局知识产权保护司和最高人民检察院知识产权检察办公室负责，分别作为国家知识产权局和最高人民检察院之间的日常联络机构。双方各确定一名联络人，负责日常沟通联络。省级以下知识产权管理部门、检察机关根据当地实际情况，建立相应的联络机制，指定专人负责。"确立了检察机关与知识产权管理部门协同进行知识产权保护的制度。

> **典型案例**　奉贤黄桃地理标志证明商标续展案

"奉贤黄桃"地理标志证明商标（如图5-6所示）于2011年3月21日注册，截至2021年3月20日到期。奉贤区人民检察院在开展地理标志专项保护工作中发现，"奉贤黄桃"地理标志证明商标已于2021年3月过有效期，在宽展期内尚未提出续展申请。对此，奉贤区检察院针对该地理标志保护开展以下工作：

图5-6　第7500221号商标

（1）实地走访，排摸地理标志侵权线索。为打好品牌保卫战，检察机关先后走访该商标属地监管所、奉贤黄桃业协会，了解得知"奉贤黄桃"注册商标因注册人社团登记证书过期、法人代表变更等情况，导致未能在商标有效期内顺利续展，虽在宽展期限尾期内提出，但申请尚在审查中。在走访黄桃业协会过程中，检察官还发现"奉贤黄桃"组合商标在官方委托印制的宣传载体上存在商标字体改动等使用不规范问题，并获悉市场上已经有仿冒"奉贤黄桃"注册商标包装盒的侵权现象。

（2）上下联动，护卫地理商标及时续展。针对上述情况，奉贤区检察院一方面提示黄桃业协会积极配合国家知识产权局商标局跟进商标审核进展、及时完善申请材料。另一方面，将相关情况汇报给市检察院，由市检察院向上海知识产权联席会议反映了相关情况。2021年8月19日"奉贤黄桃"商标及时通过实质审核，避免了估价上亿的"奉贤黄桃"面临"价值归零"的风险，有效保护了区域品牌、防止国有资产流失。

（3）紧密对接，有的放矢提出检察建议。经过对黄桃包装商标侵权线索"行刑衔接"研判后，检察机关建议奉贤区市场监管局对涉案包装企业进行相应行政处罚。通过将宣传教育与行政执法相结合，增强了社会公众对地理标志的保护意识，督促地理标志商标规范化使用。

最后，通过奉贤区检察机关延伸履职，主动作为，"奉贤黄桃"地理标志证明商标注册十周年之际，携手打击地理标志商标侵权行为，推动商标续展获得核准通过，成为检察机关协同保护地理标志的典型案例。

（资料来源：上观新闻.2021年上海检察机关强化知识产权权利人合法权益保护典型案例［EB/OL］.（2022-05-05）［2023-01-27］.https://sghexport.shobserver.com/html/baijiahao/2021/11/25/594471.html.）

4. 法院

法院是协同保护地理标志单位之一，其主要保护方式为司法裁判保护。2021年最高人民法院关于印发《人民法院知识产权司法保护规划（2021—2025）》明确指出"强化行政执法和司法衔接机制"，"加强与知识产权行政职能部门协同配合，积极参与构建知识产权大保护工作格局"❶，明确了法院与知识产权管理部门协同配合进行知识产权管理的制度。例如，2023年云霄县人民法院在"3·15"国际消费者权益日到来之际，云霄法院地理标志产品保护巡回法庭联合云霄县市场监督管理局一行，深入枇杷盛产地和平乡桉树村进行现场监督指导。

（三）其他事业单位

除行政管理机关直接承担地理标志管理职能外，地理标志行政主管部门下属相关事业单位亦承担相应地理标志管理与保护职责，如中国绿色食品发展中心、知识产权管理部门下属知识产权快速维权中心与知识产权保护中心等。

1. 中国绿色食品发展中心

依据《农产品地理标志管理办法》第4条之规定，原农业部农产品质量安全中心负责"农产品地理标志登记的审查和专家评审工作"。2018年1月，原农业部

---

❶ 最高人民法院.人民法院知识产权司法保护规划（2021—2025）的通知［EB/OL］.（2021-04-23）［2023-01-01］.https://enipc.court.gov.cn/zh-cn/news/view-1205.html.

发布《关于调整无公害农产品认证、农产品地理标志审查工作的通知》，将"农产品地理标志评审登记工作职责由农业部农产品质量安全中心划转到由中国绿色食品发展中心承担"，即由中国绿色食品发展中心承担农产品地理标志评审登记相关工作。中国绿色食品发展中心下设地理标志处，负责农产品地理标志登记审查工作。

2. 知识产权快速维权中心

知识产权快速维权中心的主要职责为知识产权快速维权，根据 2020 年国家知识产权局发布的《国家知识产权局关于进一步加强知识产权快速维权中心建设工作的通知》，其中明确提出"鼓励快速维权中心结合实际需求，探索开展商标、地理标志等知识产权相关工作。"自此将地理标志快速维权的管理职责纳入知识产权快速维权中心。截至 2022 年 11 月，我国已建成 35 家国家级快速维权中心。

3. 知识产权保护中心

知识产权保护中心主要承担的职责为知识产权维权与协同保护工作，根据 2016 年国家知识产权局发布《国家知识产权局关于开展知识产权快速协同保护工作的通知》，其中提出"推进知识产权保护协作""有序推进与各类社会调解及仲裁机构的合作，形成多途径保护知识产权的合力，协同化解各类知识产权纠纷"。地理标志作为知识产权客体的一类，知识产权保护中心有权进行相应纠纷的维权保护管理。截至 2022 年 11 月，我国已建成国家级知识产权保护中心 62 家。

二、地理标志行政管理权限

地理标志行政管理部门主要承担着地理标志的行政审查权、行政监管权、行政裁决权及行政执法权四大核心行政管理权限，贯穿了地理标志管理的所有过程，本部分主要针对行政主管部门的四大核心管理权限进行介绍。

（一）行政审查权

地理标志属于通过行政审查授权的一种知识产权客体类型，其权利的授予需要经过行政主管部门的审批，不同的地理标志授权机构的职权不相同，本书第三章已对地理标志申请与注册进行介绍，本部分主要介绍行政审查授权部门的职责。

1. 地理标志商标审查

根据《商标法》的规定，国家知识产权局商标局为地理标志商标审查授权部门。国家知识产权局商标局下设申请业务管理处、申请受理事务一至二处、审查管理一至二处、审查一至五处、审查事务管理处、审查事务一至五处、国际注册一至三处、异议形式审查处、异议审查一至八处、评审案件受理处、评审一至九处、评审事务处、文档事务处等职能处负责地理标志商标的审查授权管理工作。

地理标志商标需同普通商标一样经过申请与审查，同时还需依据《集体商标、证明商标注册和管理办法》进行审查，最后通过审查后授予地理标志商标权。依据《商标法》规定，地理标志商标需要经历申请受理—初步审查—注册公告三个阶段。

申请受理阶段，商标局对申请商标进行形式审查。依据《商标法实施条例》第18条的规定，"对于商标注册申请手续齐备、按照规定填写申请文件并缴纳费用的，商标局予以受理并发放受理通知书。不符合注册申请条件或未缴纳商标费用的，商标局不予受理并发放不予受理通知书。需要补正的，发放补正通知书"。

初步审查阶段，商标局对商标进行实质审查。依据《商标法实施条例》第21条的规定，"对受理的地理标志商标注册申请，对符合规定或者在部分指定商品上使用商标的注册申请符合规定的，予以初步审定，并予以公告；对不符合规定或者在部分指定商品上使用地理标志商标的注册申请不符合规定的，予以驳回或者驳回在部分指定商品上使用地理标志商标的注册申请，书面通知申请人并说明理由"。

注册公告阶段，自初步审查通过后三个月内，如无人对地理标志商标提出异议，商标局将作出注册公告并下发地理标志商标注册证书。

2. 地理标志产品保护审查

地理标志产品保护审查工作由国家知识产权局知识产权保护司负责。根据《地理标志产品保护规定》及《地理标志产品保护规定实施细则（暂行）》，地理标志产品保护审查分为申请—初步审查—形式审查受理—技术审查—批准五个阶段。

申请阶段，地理标志产品保护申请人向县级以上知识产权管理部门进行申请，并征求相关部门意见，根据保护地域范围由不同层级人民政府提出产地范围建议。

初步审查阶段，由省级知识产权管理部门进行初步审查，符合初审条件的，由省级知识产权管理部门向国家知识产权局提出初审意见，并将相关文件、资料上报国家知识产权局。

形式审查受理阶段，由国家知识产权局对收到的申请进行形式审查。审查合格的，由国家知识产权局在国家知识产权局公报、政府网站等媒体上向社会发布受理公告；审查不合格的，书面告知申请人。

技术审查阶段，由国家知识产权局按照地理标志产品的特点设立相应的专家审查委员会负责地理标志产品保护申请的技术审查工作，应遵循："（一）产品名称应当符合《地理标志产品保护规定》第2条的规定；（二）产品的品质、特色和声誉能够体现该地区的自然环境和人文因素，有一定知名度，并具有稳定的质量，生产历史较长；（三）加工的产品采用特定工艺；（四）其产地保护范围是公认的或协商一致的，并经所在地方政府确认的；（五）涉及安全、卫生、环保的产品应当符合国家同类产品的强制性规范的要求。种植、养殖的产品需满足上述（一）、（二）、（四）、（五）项的要求；其他产品需满足上述全部项目要求。"

批准阶段，技术审查合格的，由国家知识产权局发布该产品获得地理标志产品保护的公告，并函告申请人，颁发地理标志产品保护证书。

3. 农产品地理标志审查

首先，在行政审查职责分工上，《农产品地理标志管理办法》第4条明确了行政主管部门的审查管理职权：第一，农业部❶负责全国农产品地理标志的登记工作；第二，农业部❷农产品质量安全中心（2018年后改由中国绿色食品发展中心）负责农产品地理标志登记的审查和专家评审工作；第三，省级人民政府农业行政主管部门负责本行政区域内农产品地理标志登记申请的受理和初审工作；第四，农业部❸设立的农产品地理标志登记专家评审委员会，负责专家评审。农产品地理标志登记专家评审委员会由种植业、畜牧业、渔业和农产品质量安全等方面的专家组成。

其次，在审查登记过程中的管理权限上，《农产品地理标志管理办法》第二章明确予以明确：第一，省级人民政府农业行政主管部门自受理农产品地理标志登

---

❶❷❸　现在相关机构是农业农村部。

记申请之日起，应当在 45 个工作日内完成申请材料的初审和现场核查，并提出初审意见。符合条件的，将申请材料和初审意见报送农业农村部农产品质量安全中心；不符合条件的，应当在提出初审意见之日起 10 个工作日内将相关意见和建议通知申请人。第二，农业部❶农产品质量安全中心（2018 年后改由中国绿色食品发展中心）应当自收到申请材料和初审意见之日起 20 个工作日内，对申请材料进行审查，提出审查意见，并组织专家评审。第三，经专家评审通过的，由农业部❷农产品质量安全中心❸对社会公示。公示无异议的，由农业农村部作出登记决定并公告，颁发《中华人民共和国农产品地理标志登记证书》，公布登记产品相关技术规范和标准。其中专家评审没有通过的，由农业农村部作出不予登记的决定，书面通知申请人，并说明理由。

（二）行政监管权

1. 品质监管

对地理标志的品质监管是地理标志行政主管部门的重要工作之一，地理标志的独特性品质使地理标志行政机关的品质监管具有重要意义。《广东省地理标志条例》第 14 条明确了行政部门监督地理标志品质的规定，即"县级以上人民政府应当强化本地地理标志产品质量管控，加强应用标准、检验检测、认证等质量基础设施建设，构建政府监管、行业管理、生产者自律的质量保证体系"。前文已提及，地理标志的使用受到各自行政主管部门监管，对于不符合地理标志相应品质规范的使用者，行政主管部门有权行使相应行政监管权。

（1）地理标志商标方面。《集体商标、证明商标注册和管理办法》第 23 条明确："集体商标、证明商标注册人没有对该商标的使用进行有效管理或者控制，致使该商标使用的商品达不到其使用管理规则的要求，对消费者造成损害的，由工商行政管理部门责令限期改正；拒不改正的，处以违法所得三倍以下的罚款，但最高不超过三万元；没有违法所得的，处以一万元以下的罚款"。这强调了行政主管部门对地理标志商标使用的监管。

---

❶❷ 现在相关机构是农业农村部。
❸ 2018 年后改为中国绿色食品发展中心。

（2）地理标志产品保护方面。《地理标志产品保护规定》第22条规定："各地质检机构对地理标志产品的产地范围，产品名称，原材料，生产技术工艺，质量特色，质量等级、数量、包装、标识，产品专用标志的印刷、发放、数量、使用情况，产品生产环境、生产设备，产品的标准符合性等方面进行日常监督管理。"对品质监管的行政主管部门即各地市场监督管理部门以及具体地理标志产品保护的要求作出详细规定。同时第24条明确了未达到相应品质要求的处罚措施，即"违反本规定的，由质量技术监督行政部门和出入境检验检疫部门依据《中华人民共和国产品质量法》、《中华人民共和国标准化法》、《中华人民共和国进出口商品检验法》等有关法律予以行政处罚"。

（3）农产品地理标志方面。《农产品地理标志管理办法》第18条明确了品质监管的主体为县级以上农业行政主管部门，同时规定其"定期对登记的地理标志农产品的地域范围、标志使用等进行监督检查"。对于"登记的地理标志农产品或登记证书持有人不符合本办法第7条、第8条规定的，由农业部注销其地理标志登记证书并对外公告"，其中第7条第1款第2项为"农产品地理标志应符合的条件：产品有独特的品质特性或者特定的生产方式"。

（三）地理标志行政裁决权

地理标志的行政裁决主要针对地理标志在产生权属纠纷时，由行政主管部门进行纠纷裁决管理，通过行政确权确立地理标志权归属。

1. 地理标志商标行政裁决

地理标志商标行政裁决主要针对地理标志商标注册过程中的商标异议、商标无效宣告、商标无效宣告复审、商标确权行政诉讼等核心确权阶段。

（1）商标异议。《商标法》第33条与第35条规定，对初步审定公告的商标，自公告之日起三个月内，在先权利人、利害关系人认为违反本法第13条第2款和第3款、第15条、第16条第1款、第30条、第31条、第32条规定的，或者任何人认为违反本法第4条、第10条、第11条、第12条、第19条第4款规定的，可以向商标局提出异议。公告期满无异议的，予以核准注册，发给商标注册证，并予公告。对初步审定公告的商标提出异议的，商标局应当听取异议人和被异议人陈述事实和理由，经调查核实后，自公告期满之日起 12 个月内作出是否准予注册的决定，并书面通知异议人和被异议人。有特殊情况需要延长的，经国家知识产权局批准，可以延长 6 个月。

（2）商标无效宣告。商标局作出准予注册决定的，发给商标注册证，并予公告。异议人不服的，可以依照《商标法》第 44 条、第 45 条的规定向商标局请求宣告该注册商标无效。

（3）商标无效宣告复审。商标局作出不予注册决定，被异议人不服的，可以自收到通知之日起 15 日内向商标局申请复审。商标局应当自收到申请之日起 12 个月内作出复审决定，并书面通知异议人和被异议人。有特殊情况需要延长的，经国家知识产权局批准，可以延长 6 个月。

（4）商标确权行政诉讼。被异议人对商标局的决定不服的，可以自收到通知之日起三十日内向人民法院起诉。人民法院应当通知异议人作为第三人参加诉讼。

2. 地理标志产品保护行政裁决

根据《地理标志产品保护规定》第 14 条、第 16 条的规定，有关单位和个人对地理标志产品保护申请有异议的，可在国家知识产权局形式审查合格公告后的 2 个月内向国家知识产权局提出。国家知识产权局专家审查委员会对没有异议或者有异议但被驳回的申请进行技术审查，审查合格的，由国家知识产权局发布批准该产品获得地理标志产品保护的公告。根据《地理标志产品保护规定实施细则（暂行）》第 14 条规定，地理标志产品保护异议一般遵循属地原则调解异议。在发布受理公告后规定的异议期内如收到异议，第一，由国家知识产权局责成有关省级知识产权管理部门对异议进行处理，并将处理结果上报国家知识产权局；第二，特殊情况由国家知识产权局组织有关专家进行论证，借鉴专家论证意见进行调研；第三，跨省的异议由国家知识产权局负责协调。

3. 农产品地理标志行政裁决

《农产品地理标志管理办法》第 12 条规定，有关单位和个人对通过专家评审的地理标志产品公示有异议的，应当自公示截止日起 20 日内向农业农村部农产品质量安全中心❶ 提出。异议成立的，由农业农村部作出不予登记决定，书面通知申请人，并说明理由。异议不成立的，由农业农村部作出登记决定并公告，颁发《中华人民共和国农产品地理标志登记证书》，公布登记产品相关技术规范和标准。

（四）地理标志行政执法权

地理标志行政执法权是行政主管部门职权之一，通过行政监管中的地理标志权利保护，更利于地理标志权人的权利保护与地理标志产业的稳定发展。

1. 地理标志商标行政执法

《商标法》第七章规定了注册商标专用权保护的具体规则，其中地理标志商标行政执法基本模式如下：

（1）执法依据。《商标法》第61条："对侵犯注册商标专用权的行为，工商行政管理部门❷ 有权依法查处；涉嫌犯罪的，应当及时移送司法机关依法处理。"

（2）执法渠道。《商标法》第60条明确了协商、诉讼与行政部门处理事项。有《商标法》第57条所列侵犯注册商标专用权行为之一，引起纠纷的，由当事人协商解决；不愿协商或者协商不成的，商标注册人或者利害关系人可以向人民法院起诉，也可以请求工商行政管理部门❸ 处理。

（3）执法管理职权。《商标法》第62条规定了县级以上市场监督管理部门根据已经取得的违法嫌疑证据或者举报，对涉嫌侵犯他人注册商标专用权的行为进行查处时，可以行使下列职权"（一）询问有关当事人，调查与侵犯他人注册商标专用权有关的情况；（二）查阅、复制当事人与侵权活动有关的合同、发票、账簿以及其他有关资料；（三）对当事人涉嫌从事侵犯他人注册商标专用权活动的场所实施现场检查；（四）检查与侵权活动有关的物品，对有证据证明是侵犯他人注册商标专用权的物品，可以查封或者扣押。工商行政管理部门❹ 依法行使前款规定的职权时，当事人应当予以协助、配合，不得拒绝、阻挠。"

（4）具体行政执法措施。《商标法》第60条予以明确。工商行政管理部门❺

---

❶ 2018年改为中国绿色食品发展中心。

❷❸❹❺ 现在相关机构是市场监督管理部门。

处理时，认定侵权行为成立的，责令立即停止侵权行为，没收、销毁侵权商品和主要用于制造侵权商品、伪造注册商标标识的工具，违法经营额五万元以上的，可以处违法经营额五倍以下的罚款，没有违法经营额或者违法经营额不足五万元的，可以处二十五万元以下的罚款，对五年内实施两次以上商标侵权行为或者有其他严重情节的，应当从重处罚。销售不知道是侵犯注册商标专用权的商品，能证明该商品是自己合法取得并说明提供者的，由工商行政管理部门❶责令停止销售。

（5）行政调解。《商标法》第 60 条予以明确。对侵犯商标专用权的赔偿数额的争议，当事人可以请求进行处理的工商行政管理部门❷调解，也可以依照《中华人民共和国民事诉讼法》（以下简称《民事诉讼法》）向人民法院起诉。经工商行政管理部门❸调解，当事人未达成协议或者调解书生效后不履行的，当事人可以依照《民事诉讼法》向人民法院起诉。

> **典型案例**　　"马坝油粘"地理标志证明商标专用权被侵犯案

马坝油粘

图 5-7　第 51792650 号商标

2022 年 5 月 31 日，韶关市市场监管部门根据线索依法对当事人某特价商行的经营场所进行检查，现场发现当事人店内摆放着 9 包兴丰牌"马壩油粘"，涉嫌侵犯"马坝油粘"（如图 5-7 所示）地理标志证明商标专用权。2022 年 8 月 15 日，韶关市市场监管部门，认定当事人违反了《商标法》第 57 条第 3 项的规定，属于销售侵犯注册商标专用权的商品的违法行为。依据《商标法》第 60 条第 2 款的规定，韶关市市场监管部门对当事人作出责令停止侵权行为、没收违法所得和并处罚款的行政处罚。

（资料来源：韶关市人民政府 . 韶关市市场监督管理局公布 2022 年知识产权行政执法典型案例［EB/OL］.（2022-11-30）［2023-01-26］.https://www.sg.gov.cn/bmpdlm/sgsscjdglj/xwzx/gzdt/content/post_2334565.html.）

---

❶❷❸　现在相关机构是市场监督管理部门。

2. 地理标志产品保护行政执法

（1）执法依据。《地理标志产品保护规定》第 24 条规定："违反本规定的，由质量技术监督行政部门和出入境检验检疫部门依据《中华人民共和国产品质量法》《中华人民共和国标准化法》《中华人民共和国进出口商品检验法》等有关法律予以行政处罚。"《产品质量法》第 5 条规定："禁止伪造或者冒用认证标志等质量标志；禁止伪造产品的产地，伪造或者冒用他人的厂名、厂址；禁止在生产、销售的产品中掺杂、掺假，以假充真，以次充好。"第 21 条规定："产品质量认证机构应当依照国家规定对准许使用认证标志的产品进行认证后的跟踪检查；对不符合认证标准而使用认证标志的，要求其改正；情节严重的，取消其使用认证标志的资格。"第 31 条规定："生产者不得伪造或者冒用认证标志等质量标志。"第 38 条规定："销售者不得伪造或者冒用认证标志等质量标志。"

（2）执法管理职权。《地理标志产品保护规定》第 21 条明确了各地质检机构❶依法对地理标志保护产品实施保护。对于擅自使用或伪造地理标志名称及专用标志的；不符合地理标志产品标准和管理规范要求而使用该地理标志产品的名称的；或者使用与专用标志相近、易产生误解的名称或标识及可能误导消费者的文字或图案标志，使消费者将该产品误认为地理标志保护产品的行为，质量技术监督部门和出入境检验检疫部门❷将依法进行查处。

（3）行政执法措施。《产品质量法》第 53 条明确了具体处罚措施。伪造产品产地的，伪造或者冒用他人厂名、厂址的，伪造或者冒用认证标志等质量标志的，责令改正，没收违法生产、销售的产品，并处违法生产、销售产品货值金额等值以下的罚款；有违法所得的，并处没收违法所得；情节严重的，吊销营业执照。《产品质量法》第 57 条明确了产品质量认证机构连带责任，"产品质量认证机构违反本法第 21 条第 2 款的规定，对不符合认证标准而使用认证标志的产品，未依法要求其改正或者取消其使用认证标志资格的，对因产品不符合认证标准给消费者造成的损失，与产品的生产者、销售者承担连带责任；情节严重的，撤销其认证资格"。

---

❶❷　现在相关机构是市场监督管理部门。

3. 农产品地理标志行政执法

（1）执法依据。《农产品地理标志管理办法》第 23 条明确了行政执法权的法律依据，即"违反本办法规定的，由县级以上人民政府农业行政主管部门依照《中华人民共和国农产品质量安全法》有关规定处罚"。《农产品质量安全法》第 32 条明确："农产品质量符合国家规定的有关优质农产品标准的，生产者可以申请使用相应的农产品质量标志。禁止冒用前款规定的农产品质量标志。"

（2）执法职权。《农产品地理标志管理办法》第 18 条明确了县级以上人民政府农业行政主管部门的监督管理职责，即应当加强农产品地理标志监督管理工作，定期对登记的地理标志农产品的地域范围、标志使用等进行监督检查。对于登记的地理标志农产品或登记证书持有人不符合本办法第 7 条、第 8 条规定的，由农业部❶注销其地理标志登记证书并对外公告。

（3）行政执法措施。《农产品质量安全法》第 51 条规定："违反本法第三十二条规定，冒用农产品质量标志的，责令改正，没收违法所得，并处二千元以上二万元以下罚款。"

三、地理标志行政管理责任

地理标志行政管理责任与地理标志行政管理权限相对应，即地理标志行政管理部门或管理人员超出法律法规所规定的职权时，应当承担的行政管理的相应责任。依据三种类型地理标志对应的法律法规规定，地理标志行政管理责任主要为行政责任与刑事责任。

（一）行政管理人员的行政责任

三种类型地理标志均规定了行政管理的行政责任，其中核心行为为滥用职权、玩忽职守、徇私舞弊、以权谋私等违反相关法律法规规定的行为。地理标志商标方面，《商标法》第 71 条规定："从事商标注册、管理和复审工作的国家机关工作

---

❶ 现在相关部门为农业农村部。

人员玩忽职守、滥用职权、徇私舞弊，违法办理商标注册、管理和复审事项，收受当事人财物，牟取不正当利益，构成犯罪的，依法追究刑事责任；尚不构成犯罪的，依法给予处分。"地理标志产品保护方面，《地理标志产品保护规定》第25条规定："从事地理标志产品保护工作的人员应忠于职守，秉公办事，不得滥用职权、以权谋私，不得泄露技术秘密。违反以上规定的，予以行政纪律处分；构成犯罪的依法追究刑事责任。"农产品地理标志方面，《农产品质量安全法》第43条规定："农产品质量安全监督管理人员不依法履行监督职责，或者滥用职权的，依法给予行政处分。"《农产品地理标志管理规定》第22条规定："从事农产品地理标志登记管理和监督检查的工作人员滥用职权、玩忽职守、徇私舞弊的，依法给予处分。"

（二）行政管理人员的刑事责任

刑事责任是维护地理标志行政监管秩序的最后一道防线，三类型地理标志均规定了相应的刑事责任，主要刑事责任为公务人员的滥用职权的相关犯罪。地理标志商标方面，《商标法》第71条规定："从事商标注册、管理和复审工作的国家机关工作人员玩忽职守、滥用职权、徇私舞弊，违法办理商标注册、管理和复审事项，收受当事人财物，牟取不正当利益，构成犯罪的，依法追究刑事责任；尚不构成犯罪的，依法给予处分。"地理标志产品保护方面，《地理标志产品保护规定》第25条规定："从事地理标志产品保护工作的人员应忠于职守，秉公办事，不得滥用职权、以权谋私，不得泄露技术秘密。违反以上规定的，予以行政纪律处分；构成犯罪的依法追究刑事责任。"农产品地理标志方面，《农产品质量安全法》第53条规定："违反本法规定，构成犯罪的，依法追究刑事责任。"《农产品地理标志管理规定》第22条规定："从事农产品地理标志登记管理和监督检查的工作人员滥用职权、玩忽职守、徇私舞弊的，依法给予处分；涉嫌犯罪的，依法移送司法机关追究刑事责任。"

思考问题

1. 地理标志注册人有哪些管理权限?
2. 简述地理标志专用标志使用需要注意的事项。
3. 简述地理标志行政管理机关的管理权限。

延伸阅读

本章节选取《地理标志保护与运用"十四五"规划》中涉及地理标志的管理等与本章有关的内容供读者阅读思考。

《地理标志保护和运用"十四五"规划》(摘选) ❶

2021 年 12 月 31 日

(二)提升地理标志保护和管理水平

7. 加强地理标志专用标志管理。深入推进地理标志专用标志使用核准改革,完善地理标志专用标志使用管理制度。提升地理标志专用标志使用管理智能化和便利化水平,强化监管效果。加大宣传推广力度,提高合法使用人规范使用地理标志专用标志的意识。优化地理标志专用标志使用信息查询服务,加大专用标志使用监管情况向社会公开的力度。建立健全举报投诉机制,完善调查处理程序。严格监督和查处地理标志专用标志使用人未按管理规范或集体商标、证明商标使用管理规则组织生产的违规违法行为。(保护司负责,各地方知识产权管理部门参与)

8. 强化地理标志产地质量管控。推动原产地政府加强应用标准、检验检测、认证等质量基础设施建设,构建政府监管、行业管理、生产者自律的质量保证体系。鼓励综合运用大数据、区块链、电子围栏等技术,建立来源可查、去向可追、责任可究的地理标志来源追溯机制。落实地理标志产品生产者主体责任,加大对

---

❶ 国家知识产权局. 地理标志保护和运用"十四五"规划 [EB/OL] . (2022-01-10) [2023-01-23] .https://www.cnipa.gov.cn/art/2022/1/10/art_65_172702.html.

生产经营主体的培训力度，加强地理标志相关产品标准的实施应用和示范推广，提高地理标志产品生产者质量管理水平。探索开展地理标志产区等级划分和产品特色质量品级划分，科学合理设定分级指标和要求。（保护司负责，各地方知识产权管理部门参与）

9. 强化地理标志保护监管。健全"双随机、一公开"行政监管机制，聚焦重点地理标志产品加强行政保护。建立地理标志领域的信用监管机制。建立地理标志保护检查对象随机抽查名录，制定抽查事项清单、工作细则和抽查计划。结合地理标志产品的区域性、季节性等特点，加强重点地理标志执法保护。针对示范区地理标志产品、高价值产品、热销产品和互认互保产品等，加强对擅自使用地理标志的生产、销售等违法行为的执法保护力度，严格规范在营销宣传和产品外包装中使用地理标志的行为。加强对相同或近似产品上使用意译、音译、字译或标注"种类""品种""风格""仿制"等地理标志"搭便车"行为的规制和打击。（保护司负责，各地方知识产权管理部门参与）

10. 增强地理标志公共服务能力。支持引导各级各类知识产权公共服务机构开展地理标志信息查询检索、咨询、预警、公益讲座、专题培训等，积极推动高校、科研院所、图书情报等机构参与提供地理标志信息公共服务。依托知识产权保护信息平台、国家知识产权大数据中心和国家知识产权公共服务平台等，统筹开展地理标志信息化建设，实现平台数据共享、互联互通，推动实现面向公众的地理标志"一站式"信息服务。（保护司、公共服务司按职责分工负责，各地方知识产权管理部门参与）

第六章　侵犯地理标志的法律责任

•••••••••••

要点提示

本章节重点掌握的知识：（1）侵犯地理标志的民事责任；（2）侵犯地理标志的行政责任；（3）侵犯地理标志的刑事责任。

本章思维导图

侵犯地理标志的法律责任
- 侵犯地理标志的民事责任
  - 地理标志侵权类型
  - 地理标志侵权责任构成要件
  - 地理标志侵权民事责任承担形式
- 侵犯地理标志的行政责任
  - 地理标志商标保护模式下行政处罚及其承担方式
  - 地理标志产品保护模式下行政处罚及其承担方式
  - 农产品地理标志保护模式下行政处罚及其承担方式
- 侵犯地理标志的刑事责任
  - 侵犯地理标志的刑事责任依据
  - 侵犯地理标志的刑事犯罪构成要件
  - 侵犯地理标志的刑事责任承担方式

第一节　侵犯地理标志的民事责任

引入案例

2000 年 4 月 21 日，郫都食品协会就"郫县豆瓣"文字商标（如图 6-1 所示）在第 30 类"豆瓣"商品上获得注册。2015 年 12 月 31 日，国家质量监督检验检疫总局批准对"郫县豆瓣"地理标志产品保护。2018 年、2019 年，郫都食品协会代理人在安徽、河南、天津、江苏、湖北、浙江、陕西及江西等地购买了多款被控侵权产品，该产品标有"郫县风味豆瓣"或"红油郫县豆瓣"（如图 6-2 所示）及"成都市郫香园食品有限公司"（以下简称"郫香园食品公司"）或"乐陵金川食品有限公司"（以下简称"金川食品公司"）等信息。郫都食品协会以郫香园食品公司、金川食品公司侵害其商标权为由诉至法院。

成都中院经审理认为，郫香园食品公司、金川食品公司生产、销售的被控侵权商品与涉案商标"郫县豆瓣"使用的商品均为豆瓣，属于相同商品。被控侵权商品的包装上突出使用了"郫县豆瓣"四个大字，其中，"郫"字采用的字体形似"郫"字，与案涉商标近似。即使如金川食品公司所称，其有"郫县"的商标使用权，但其在被控侵权产品上，通过放大、变形字体的方式，突出使用与"郫县豆瓣"近似的"郫县豆瓣"标识，从普通消费者视觉整体观察，二者构成商标近似，故郫香园食品公司、金川食品公司构成商标侵权。

该案中郫香园食品公司、金川食品公司地理标志侵权责任的构成要件是什么？

图 6-1 第 1388982 号商标

图 6-2 侵权商标

（**资料来源**：成都市中级人民法院（2019）川 01 民初 7184 号民事判决书。）

地理标志在我国存在地理标志商标、地理标志产品保护及农产品地理标志三种保护模式。由于我国尚未制定地理标志专门法律，地理标志侵权以商标法为基础，地理标志产品保护及农产品地理标志的两部部门规章主要侧重于行政管理与监督，并不存在民事性权利，民事侵权部分将从商标权利角度进行展开。地理标志商标是比普通商标更为特殊的一种标志，其在性质上具有地理标志和商标的双重特征。地理标志商标表明某产品在特定区域内生产并具有一定的质量和信誉，而普通商标主要对产品或服务的提供者进行区分。因此，在判断地理标志商标权利范围时，应充分考虑地理标志商标的特殊性。

一、地理标志侵权类型

依据《商标法》第 57 条规定，有下列行为之一的，可构成侵犯地理标志的商标专用权：

（1）未经地理标志商标注册人的许可，在同一种商品上使用与其注册地理标志商标相同的商标的；

（2）未经地理标志商标注册人的许可，在同一种商品上使用与其注册地理标志商标近似的商标，或者在类似商品上使用与其注册地理标志商标相同或者近似的商标，容易导致混淆的；

（3）销售侵犯注册地理标志商标专用权的商品的；

（4）伪造、擅自制造地理标志注册商标标识或者销售伪造、擅自制造的地理标志注册商标标识的；

（5）未经地理标志商标注册人同意，更换其地理标志注册商标并将该更换商

标的商品又投入市场的;

（6）故意为侵犯地理标志商标专用权行为提供便利条件，帮助他人实施侵犯地理标志商标专用权行为的;

（7）给他人的地理标志注册商标专用权造成其他损害的。

上述七类侵犯地理标志注册商标专用权的行为，通常会导致消费者混淆地理标志产品来源、损害地理标志商标注册人合法权益、扰乱正常的地理标志产品市场秩序的后果。例如，2017 年，北京市东城区人民法院接到了法国香槟酒行业委员会对于北京弋久弋久商贸有限公司、北京义酒义酒商贸有限公司、上海好来喜糖业烟酒有限公司提出的诉讼。❶法国香槟酒行业委员会诉讼的理由是，这些公司在其产品包装封面的标注上使用"香槟"和"Champagne"字样，侵犯了其地理标志权。法院在判决书中表示，1989 年 10 月 26 日国家工商行政管理局商标局发布的《关于停止在酒类产品上使用香槟或 Champagne 字样的通知》指出，"香槟"是法文"Champagne"的译音，指产于法国香槟省的一种起泡葡萄酒，它不是酒的通用名称，而是原产地名称。香槟作为具有影响力的地理标志，在中国市场的知名度不言而喻。随着 2001 年中国加入 WTO，中国有义务依据 TRIPs 协定为境外地理标志提供法律保护。被告在所售产品的包装封面的显著位置上使用了"香槟"和"Champagne"字样，虽然其产品的原材料和生产工艺与起泡酒无关，但是其与起泡酒在销售上多方面存在关联，这会使消费者误认为该产品也是起泡酒的一类，或者也来源于法国香槟省，从而产生混淆或误认，侵犯该地理标志商标专用权。

二、地理标志侵权责任构成要件

地理标志侵权责任构成要件符合一般侵权责任构成要件：①必须有违法行为的存在；②应有损害事实的发生；③违法行为与损害后果之间具有因果关系；④行为人主观上有故意或过失的过错。

---

❶ 北京市东城区人民法院民事裁定书（2017）京 0101 民初 14412 号。

（一）必须有违法行为的存在

地理标志商标是由注册人专属享有的法律权利，其他生产经营者未经许可擅自使用即有可能构成对地理标志的侵权行为。例如，他人未经库尔勒香梨协会允许在其所售出的白梨产品上突出使用了"库尔勒香梨"地理标志证明商标，涉嫌构成侵犯地理标志权利的行为。

（二）应有损害事实的发生

地理标志商标专用权属于无形财产权，存在实质损害不明显和难以举证证明的特点。地理标志商标专用权作为一种团体性权利，被侵权人往往是特定地理标志区域众多的企业和个人，因此，当侵权行为发生时，被侵权人往往因为侵权行为所损害的对象针对性不强，而忽视侵权人的侵权行为。这将可能因为假冒地理标志产品质量低劣，而使消费者对于该地理标志的评价降低，造成该地理标志的声誉下降的损害事实发生。

（三）违法行为与损害事实之间有因果关系

地理标志侵权中的损害事实不单指一般意义上显而易见的物质性直观可视的损害结果，还应当包括给权利人造成的短时间内不可预见无法衡量的无形财产损害。地理标志是一项独立的智力劳动成果，其受到侵害产生的物质损害结果往往在较短时间内不易被察觉或者利益相关人难以举示相应的纸质证据材料证明，但是无论如何，侵权人的违法使用行为一定会使得地理标志遭受到某种程度的无形损害。地理标志作为一种团体性知识产权客体，滥用地理标志的违法行为损害的不仅是某一自然人或企业的个别利益，如产品销量骤然下滑、行业商誉急速降低、品牌效益消耗殆尽等不良影响，而是更多地导致该地理标志所代表的整类商品信誉与市场经济价值的大幅度滑坡，违法行为与损害事实之间存在因果关系。

（四）行为人主观上应当有过错

地理标志侵权行为的过错一般分为两种情况：一种是行为人主观上存在过错，

例如，假冒、伪造或擅自使用他人的地理标志等；另一种是推定过错，例如，侵权人实施了在同种商品上对地理来源作引人误解的虚假宣传、将他人的地理标志用作自己商品的包装、装潢突出使用的行为等具体情形。

三、地理标志侵权民事责任承担形式

（一）停止侵权

侵犯地理标志商标专用权的行为，容易造成消费者对地理标志产品的评价降低，责令相关责任人停止侵权是恢复和维持地理标志商标的应有信誉的必然要求。《商标法》第 60 条规定："工商行政管理部门❶ 处理时，认定侵权行为成立的，责令立即停止侵权行为"；第 65 条规定："商标注册人或者利害关系人有证据证明他人正在实施或者即将实施侵犯其注册商标专用权的行为，如不及时制止将会使其合法权益受到难以弥补的损害的，可以依法在起诉前向人民法院申请采取责令停止有关行为和财产保全的措施。"为了避免损害不当扩大，在实践中，人民法院对侵犯地理标志注册商标专用权的行为通常都会判令立即停止侵权。例如，2014年，泰州某饭店在未经授权的情况下，使用"盱眙龙虾"的宣传广告牌，而"盱眙龙虾"早由江苏省盱眙龙虾协会注册了商标，并在 2009 年便被国家工商行政管理总局商标局认定为驰名商标，声名远扬。江苏省盱眙龙虾协会起诉该饭店使用未经授权商标的图形或字样误导消费者，对"盱眙龙虾"的信誉造成了影响，最终法院判决被告侵犯了原告注册商标专用权，判决被告饭店立即停止侵权并赔偿原告经济损失和维权支出。❷

（二）赔偿损失

赔偿损失作为承担民事责任的主要方式之一，亦是侵犯地理标志商标专用权的典型责任承担形式。

---

❶ 现在相关机构是市场监督管理部门。

❷ 江苏省高级人民法院民事判决书（2015）苏知民终字第 00068 号。

1. 赔偿损失数额的确定

根据《商标法》第 60 条第 3 款的规定，对侵犯商标专用权的赔偿数额的争议，当事人可以请求进行处理的工商行政管理部门 ❶ 调解，也可以依照《民事诉讼法》向人民法院起诉。为了使侵犯商标专用权的赔偿数额的争议得到尽快合理解决，除了对解决方式作出规定，《商标法》还在第 63 条进一步明确了侵犯商标专用权的赔偿数额的确定方式：

（1）侵犯商标专用权的赔偿数额，按照权利人因被侵权所受到的实际损失确定；实际损失难以确定的，可以按照侵权人因侵权所获得的利益确定；权利人的损失或者侵权人获得的利益难以确定的，参照该商标许可使用费的倍数合理确定。对恶意侵犯商标专用权，情节严重的，可以在按照上述方法确定数额的一倍以上五倍以下确定赔偿数额。赔偿数额应当包括权利人为制止侵权行为所支付的合理开支。

（2）人民法院为确定赔偿数额，在权利人已经尽力举证，而与侵权行为相关的账簿、资料主要由侵权人掌握的情况下，可以责令侵权人提供与侵权行为相关的账簿、资料；侵权人不提供或者提供虚假的账簿、资料的，人民法院可以参考权利人的主张和提供的证据判定赔偿数额。

（3）权利人因被侵权所受到的实际损失、侵权人因侵权所获得的利益、注册商标许可使用费难以确定的，由人民法院根据侵权行为的情节判决给予五百万元以下的赔偿。

2. 赔偿责任的抗辩

为了引导正确注册和使用商标，打击恶意抢注行为，避免注册商标专用权人滥用权利，《商标法》第 64 条规定了被控侵权人不承担赔偿责任的两种抗辩情形：

（1）注册商标未使用抗辩。注册商标专用权人请求赔偿，被控侵权人以注册商标专用权人未使用注册商标提出抗辩的，人民法院可以要求注册商标专用权人提供此前三年内实际使用该注册商标的证据。注册商标专用权人不能证明此前三年内实际使用过该注册商标，也不能证明因侵权行为受到其他损失的，被控侵权

---

❶ 现在相关机构是市场监督管理部门。

人不承担赔偿责任。

（2）合法来源抗辩。销售不知道是侵犯注册商标专用权的商品，能证明该商品是自己合法取得并说明提供者的，不承担赔偿责任。

第二节　侵犯地理标志的行政责任

引入案例

2020 年 12 月 4 日，江门市新会区市场监督管理局依职权对江门市新会区某健康产业有限公司涉嫌冒用国家地理标志保护产品专用标志进行立案调查。经查明，当事人江门市新会区某健康产业有限公司委托江门市新会区某陈皮茶业有限公司加工茶制品及代用茶一批，期间，当事人在未经核准的情况下，擅自购买"新会陈皮"（如图 6-3 所示）国家地理标志保护产品专用标志并在其实体店的产品包装上加贴后，对外销售，违法所得为 306 元。2021 年 1 月 15 日，办案部门认定当事人上述未经核准擅自在产品上使用新会陈皮国家地理标志保护产品专用标志的行为，违反了《产品质量法》第 38 条的规定。根据《产品质量法》第 53 条的规定，责令当事人改正违法行为，作出没收涉案的小青柑茶和"新会陈皮"、没收违法所得 306 元和罚款 4404 元的行政处罚。

图 6-3　新会陈皮

除上述行政处罚外，市场监督管理局对违反地理标志产品保护规定的行为还能作出哪些处罚？

（**资料来源**：广东省市场监管局 .2021 年度知识产权行政执法典型案例［EB/OL］.（2022—04—25）［2023—01—26］.http://amr.gd.cn/znadt/zwdt/xwfbt/contemt/post-3919213.html.）

行政责任包括行政处罚以及行政处分，行政处罚适用于所有公民、法人及其他组织，而行政处分只适用于国家工作人员，基于第五章已论述地理标志行政管理人员的行政处分责任，本章将从行政处罚这一行政责任类型进行分析，不再对行政处分进行概述。

一、地理标志商标保护模式下行政处罚及其承担方式

（一）地理标志违法主体的行政处罚

1. 行政处罚的法律依据

地理标志商标违法主体的行政处罚法律依据为《商标法》第 60 条第 1 款，即"有本法第五十七条所列侵犯注册商标专用权行为之一，引起纠纷的，由当事人协商解决；不愿协商或者协商不成的，商标注册人或者利害关系人可以向人民法院起诉，也可以请求工商行政管理部门❶ 处理"。

2. 行政处罚的承担方式

地理标志的商标主体的行政处罚承担方式由《商标法》第 60 条第 2 款明确，即"工商行政管理部门❷ 处理时，认定侵权行为成立的，责令立即停止侵权行为，没收、销毁侵权商品和主要用于制造侵权商品、伪造注册商标标识的工具，违法经营额五万元以上的，可以处违法经营额五倍以下的罚款，没有违法经营额或者违法经营额不足五万元的，可以处二十五万元以下的罚款。对五年内实施两次以上商标侵权行为或者有其他严重情节的，应当从重处罚。销售不知道是侵犯注册商标专用权的商品，能证明该商品是自己合法取得并说明提供者的，由工商行政

---

❶ 现在相关机构是市场监督管理部门。

❷ 现在相关机构是市场监督管理部门。

管理部门 ❶ 责令停止销售。"

（二）地理标志商标代理机构的行政处罚

1. 行政处罚的法律依据

地理标志商标代理机构的行政处罚法律依据由《商标法》第68条予以明确，主要处罚类型有以下三种：

（1）办理商标事宜过程中，伪造、变造或者使用伪造、变造的法律文件、印章、签名的；

（2）以诋毁其他商标代理机构等手段招徕商标代理业务或者以其他不正当手段扰乱商标代理市场秩序的；

（3）违反《商标法》第4条、第19条第3款和第四款规定的。

地理标志商标代理机构有上述行为之一，将会面临工商行政管理部门 ❷ 或商标局的行政处罚。

2. 行政处罚的承担方式

地理标志商标代理机构的行政处罚的承担方式如下：

（1）警告和罚款。市场监督管理部门责令限期改正，给予警告，处一万元以上十万元以下的罚款；对直接负责的主管人员和其他直接责任人员给予警告，处五千元以上五万元以下的罚款。

（2）记录信用档案。商标代理机构有上述规定行为的，由工商行政管理部门 ❸ 记入信用档案；情节严重的，国家知识产权局商标局还可以决定停止受理其办理商标代理业务，予以公告。

（三）恶意申请地理标志商标的行政处罚

风清气正的商标注册管理秩序是推动知识产权事业高质量发展、营造良好创新环境和营商环境的重要基础。对于恶意申请地理标志商标注册的行为，由负责商标执法的部门根据情节给予警告、罚款等行政处罚。

---

❶❷❸ 现在相关机构是市场监督管理部门。

> **典型案例**　　**五常大米假冒宣传案**

2021 年 5 月，山东省滨州市沾化区市场监管局执法人员在执法检查中发现，辖区内某商贸公司涉嫌销售虚假宣传五常大米，经查，当事人委托青岛亚鑫达包装有限公司印制大米外包装袋 10600 个，内包装袋 11650 个，其中，外包装袋带有"五常稻花香大米""原料采自原产地"字样。当事人使用上述包装袋委托加工并销售稻花香大米，沾化区市场监管局向巴彦县市场监管局发出《关于协助调查连万家稻花香米原料产地的函》，2021 年 5 月 22 日，收到巴彦县市场监督管理局《关于〈关于协助调查连万家稻花香米原料产地的函〉的回复》，该大米并非产自五常市，而是哈尔滨市巴彦县生产的连万家稻花香米。依据《反不正当竞争法》第 20 条第 1 款、参照《山东省市场监督管理局行使行政处罚裁量权适用规则（试行）》第 12 条第 5 项和《市场监管总局关于规范市场监督管理行政处罚裁量权的指导意见》第三节行政处罚裁量权的适用规则中的第 7 条行政处罚裁量情形的相关规定，罚款 20000 元，上缴国库。

（资料来源：中国质量新闻网 . 山东滨州知识产权行政保护十大典型案例［EB/OL］.（2022−04−27）［2023−01−18］.https://www.cqn.com.cn/ms/content/2022−04/27/content_8813297.htm.）

二、地理标志产品保护模式下行政处罚及其承担方式

（一）地理标志产品保护违法主体的行政处罚

1. 行政处罚依据

《地理标志产品保护规定》第 24 条："违反本规定的，由质量技术监督行政部门和出入境检验检疫部门 ❶ 依据《中华人民共和国产品质量法》《中华人民共和国标准化法》《中华人民共和国进出口商品检验法》等有关法律予以行政处罚。"

---

❶　现在相关机构是市场监督管理部门。

2. 行政处罚的承担方式

地理标志产品保护模式下行政处罚的承担方式主要由《产品质量法》和《中华人民共和国进出口商品检验法》（以下简称《进出口商品检验法》）予以规定。

（1）责令改正与取消资格。产品质量认证机构应当依照国家规定对准许使用认证标志的产品进行认证后的跟踪检查；对不符合认证标准而使用认证标志的，要求其改正；情节严重的，取消其使用认证标志的资格。

（2）没收违法产品、罚款、没收违法所得、吊销营业执照。《产品质量法》第53条规定，伪造产品产地的，伪造或者冒用他人厂名、厂址的，伪造或者冒用认证标志等质量标志的，责令改正，没收违法生产、销售的产品，并处违法生产、销售产品货值金额等值以下的罚款；有违法所得的，并处没收违法所得；情节严重的，吊销营业执照。《进出口商品检验法》第34条规定，伪造、变造、买卖或者盗窃商检单证、印章、标志、封识、质量认证标志的，依法追究刑事责任；尚不够刑事处罚的，由商检机构、认证认可监督管理部门依据各自职责责令改正，没收违法所得，并处货值金额等值以下的罚款。

（二）产品质量检验机构、认证机构的行政处罚

1. 行政处罚依据

《产品质量法》第21条第1款："产品质量检验机构、认证机构必须依法按照有关标准，客观、公正地出具检验结果或者认证证明。"

2. 行政处罚的承担方式

产品质量检验机构、认证机构的行政处罚的承担方式如下：

（1）罚款、没收违法所得。产品质量检验机构、认证机构伪造检验结果或者出具虚假证明的，责令改正，对单位处五万元以上十万元以下的罚款，对直接负责的主管人员和其他直接责任人员处一万元以上五万元以下的罚款；有违法所得的，并处没收违法所得。

（2）取消检验资格、认证资格。产品质量检验机构、认证机构伪造检验结果或者出具虚假证明，情节严重的，取消其检验资格、认证资格。

图6-4　石屏豆腐皮

典型案例　"石屏豆腐皮"地理标志保护产品违规用标案

弥勒市市场监管局查实，2021年10月，石屏县玉兰王中王豆皮有限公司（经审核注册登记的地理标志保护产品"石屏豆腐皮"生产企业）因自身产量不足，通过口头协定委托弥勒香州豆制品有限公司进行豆腐皮生产加工，并在产品包装上使用地理标志保护产品"石屏豆腐皮"（如图6-4所示）名称及专用标志，共生产豆腐皮产品160箱，结算价格12.4元/公斤，货值金额14384元。弥勒香州豆制品有限公司不在石屏县范围内，不是合法的地理标志保护产品"石屏豆腐皮"用标企业。弥勒香州豆制品有限公司违反了《地理标志产品保护规定》第21条的规定，依据《产品质量法》第31条和第53条的规定，责令弥勒香州豆制品有限公司改正冒用质量标志的违法行为，对其作出没收侵权商品并罚款7000元的行政处罚；对石屏县玉兰王中王豆皮有限公司超出地理标志保护产品产地范围许可生产者使用地理标志违法行为予以罚款10000元行政处罚，并依法上报国家知识产权局注销其地理标志保护产品专用标志使用注册登记，停止其使用地理标志保护产品专用标志资格。

（**资料来源**：中国质量新闻网.云南省市场监管局公布6起知识产权行政执法典型案例［EB/OL］.（2022-04-22）［2023-01-18］.https://www.cqn.com.cn/ms/content/2022/04/22/content_8810934.htm.）

三、农产品地理标志保护模式下行政处罚及其承担方式

（一）农产品地理标志违法主体的行政处罚

1. 行政处罚依据

《农产品地理标志管理办法》第20条："任何单位和个人不得伪造、冒用农产品地理标志和登记证书。"第23条："违反本办法规定的，由县级以上人民政府农业行政主管部门依照《中华人民共和国农产品质量安全法》有关规定处罚。"

2. 行政处罚的承担方式

根据《中华人民共和国农产品质量安全法》第74条规定，冒用农产品质量标志的，责令改正，没收违法所得，违法生产经营的农产品货值金额不足5000元的，并处5000元以上5万元以下罚款，货值金额5000元以上的，并处货值金额10倍以上，20倍以下罚款。因此，农产品地理标志违法主体的行政处罚的承担方式主要是没收违法所得和罚款。

（二）农产品质量安全检测机构的行政处罚

1. 行政处罚依据

《农产品质量安全法》第48条："农产品质量安全检测应当充分利用现有的符合条件的检测机构。从事农产品质量安全检测的机构，应当具备相应的检测条件和能力，由省级以上人民政府农业农村主管部门或者其授权的部门考核合格。具体办法由国务院农业农村主管部门制定。农产品质量安全检测机构应当依法经资质认定。"

2. 行政处罚的承担方式

农产品质量安全检测机构的行政处罚的承担方式如下：

（1）没收违法所得、罚款。农产品质量安全检测机构伪造检测结果的，责令改正，没收违法所得，并处5万元以上10万元以下罚款，对直接负责的主管人员和其他直接责任人员处1万元以上5万元以下罚款。

（2）撤销检测资格。农产品质量安全检测机构伪造检测结果，情节严重，或出具检测结果不实，造成重大损害的，撤销其检测资格。

第三节 侵犯地理标志的刑事责任

> **引入案例**

"西湖龙井"是经国家工商行政管理总局注册的地理标志证明商标（如图 6-5 所示），用以证明具备"西湖龙井"产品的原产地和特定品质。2011 年"西湖龙井"被授予"中国国际最具影响力品牌"；2012 年被国家工商行政管理总局商标局认定为"中国驰名商标"。使用"西湖龙井"地理标志证明商标的商品原产地是有严格限定范围的，该地域特定的自然地理环境决定了西湖龙井茶的特有外形和特定口感。2018 年至 2021 年 4 月，姚某某未经商标权利人杭州市西湖龙井茶管理协会许可，在电商平台网店擅自使用带有"西湖龙井"字样的标题、图片及文字描述，并从他人处购买"西湖龙井"茶叶外包装袋、茶叶罐等，将产自杭州市余杭区中泰街道的自家茶叶及少量收购的茶叶以"西湖龙井"茶的名义包装销售，销售金额达人民币 60 万元以上。

本案中姚某某应承担什么刑事责任？

图 6-5 第 7643639 号商标

资料来源：中国新闻网.男子侵犯"西湖龙井"地理标志证明商标 共享法庭成功化解 ［EB/OL］.（2021-12-29）［2023-01-19］.http://www.zj.chinanews.com.cn/jzkzj/2021-12-29/detail-ihauhawv2967590.shtml.

基于地理标志产品保护模式与农产品地理标志保护模式下地理标志主体无具体的民事权利，同时在刑法中未规定相应的地理标志刑事责任，本部分将从地理标志商标保护模式角度展开。

一、侵犯地理标志的刑事责任依据

从国际条约来看，TRIPs 协定第 61 条规定各成员应规定至少将适用于具有商业规模的蓄意假冒商标或盗版案件的刑事程序和处罚。可使用的救济应包括足以起到威慑作用的监禁和/或罚金，并应与适用于同等严重性的犯罪所受到的处罚水平一致。在适当的情况下，可使用的救济还应包括扣押、没收和销毁侵权货物和主要用于侵权活动的任何材料和工具。各成员可规定适用于其他知识产权侵权案件的刑事程序和处罚，特别是蓄意并具有商业规模的侵权案件。可见，包括地理标志在内的知识产权侵权案件，并不排斥刑事手段的介入。

从我国规定来看，在《中华人民共和国刑法》（以下简称《刑法》）中有关商标侵权刑事犯罪的具体条款有《刑法》第 213 条关于假冒注册商标罪的规定："未经注册商标所有人许可，在同一种商品、服务上使用与其注册商标相同的商标，情节严重的，处三年以下有期徒刑，并处或者单处罚金；情节特别严重的，处三年以上十年以下有期徒刑，并处罚金。"《刑法》第 214 条关于销售假冒注册商标的商品罪的规定："销售明知是假冒注册商标的商品，违法所得数额较大或者有其他严重情节的，处三年以下有期徒刑，并处或者单处罚金；违法所得数额巨大或者有其他特别严重情节的，处三年以上十年以下有期徒刑，并处罚金。"《刑法》第 215 条关于非法制造、销售非法制造的注册商标标识罪的规定："伪造、擅自制造他人注册商标标识或者销售伪造、擅自制造的注册商标标识，情节严重的，处三年以下有期徒刑，并处或者单处罚金；情节特别严重的，处三年以上十年以下有期徒刑，并处罚金。"

涉地理标志商标案件相对集中于授权、确权行政案件，刑事案件极少。这主要是由于地理标志系注册为集体商标或证明商标，而过去关于这两种商标是否属于受刑法保护的注册商标存有争议，导致司法机关出于谨慎的考虑而未予追究。

事实上，我国《刑法》并未对刑法保护的注册商标类型作出限制，集体商标、证明商标作为注册商标的一种，理应属于受该法保护的权利客体。最高人民法院刑事审判第二庭对该问题早已有过明确批复："我国《商标法》第三条规定：'经商标局核准注册的商标为注册商标，包括商品商标、服务商标和集体商标、证明商标；商标注册人享有商标专用权，受法律保护。'因此，《刑法》第 213 ~ 215 条所规定的'注册商标'应当涵盖'集体商标'。"❶同时，该批复还明确，在商标标识中注明了自己的注册商标的同时，又使用了他人注册为集体商标的地理名称，可以认定为刑法规定的"相同的商标"。山西省清徐县溢美源醋业有限公司在其生产的食用醋的商标上用大号字体在显著位置上清晰地标明"镇江香（陈）醋"，说明其已经使用了与江苏省镇江市醋业协会所注册的"镇江香（陈）醋"集体商标相同的商标。而且，山西省清徐县溢美源醋业有限公司还在其商标标识上注明了江苏省镇江市丹阳市某香醋厂的厂名厂址和企业食品生产许可标志，也说明其实施假冒注册"镇江香（陈）醋"集体商标的行为。显然，只要满足相关商标侵权刑事犯罪的构成要件，侵犯地理标志商标的行为也会受到刑法的规制。

二、侵犯地理标志的刑事犯罪构成要件

侵犯地理标志的刑事犯罪包括假冒注册商标罪、销售假冒注册商标的商品罪和非法制造、销售非法制造的注册商标标识罪，三者的构成要件的犯罪主体、犯罪客体、犯罪的主观方面要求相同，即①犯罪主体：一般主体，即包括已满 16 周岁且具有刑事责任能力的自然人和单位；②犯罪客体：复合客体，侵犯的客体为国家商标管理秩序和他人合法的注册商标专用权；③犯罪的主观方面：须为故意，过失不构成犯罪。三者的认定区分主要体现在犯罪的客观方面，因此，下文主要对犯罪的客观方面进行论述。

---

❶ 最高人民法院刑事审判第二庭关于集体商标是否属于我国刑法的保护范围问题的复函（2009）刑二函字第 28 号。

（一）假冒注册商标罪

假冒注册商标罪，是指未经注册商标所有人许可，在同一种商品、服务上使用与其注册商标相同的商标，情节严重的行为。

1. 未经注册商标所有人许可

未经注册商标所有人许可指未经申请并取得商标者许可，或者未经通过商标权的继受取得商标权者许可。

2. 同一种商品或服务

"同一种商品"是指名称相同的商品及名称不同但指同一事物的商品，"名称"是指国家知识产权局商标局在商标注册工作中对商品使用的名称，通常即《商标注册用商品和服务国际分类》中规定的商品名称。"名称不同但指同一事物的商品"是指在功能、用途、主要原料、消费对象、销售渠道等方面相同或者基本相同，相关公众一般认为是同一种事物的商品。同一种服务是指涉嫌侵权人实际提供的服务名称与他人注册商标核定使用的服务名称相同的服务，或者二者服务名称不同但在服务的目的、内容、方式、提供者、对象、场所等方面相同或者基本相同，相关公众一般认为是同种服务。

3. 使用

使用指将注册商标或者假冒的注册商标用于商品、商品包装或者容器以及产品说明书、商品交易文书，或者将注册商标或者假冒的注册商标用于广告宣传、展览及其他商业活动等行为。

4. 相同商标

相同商标指与被假冒的注册商标完全相同，或者与被假冒的注册商标在视觉上基本无差别、足以对公众产生误导的商标。具有下列情形之一的，可以认定为《刑法》第213条规定的"与其注册商标相同的商标"：①改变注册商标的字体、字母大小写或者文字横竖排列，与注册商标之间基本无差别的；②改变注册商标的文字、字母、数字等之间的间距，与注册商标之间基本无差别的；③改变注册商标颜色，不影响体现注册商标显著特征的；④在注册商标上仅增加商品通用名称、型号等缺乏显著特征要素，不影响体现注册商标显著特征的；⑤与立体注册商标的三维标志及平面要素基本无差别的；⑥其他与注册商标基本无差别、足以对公众产生误导的商标。

5. 情节严重

具有下列情节之一的，属于《刑法》第213条规定的"情节严重"：①非法经营数额在5万元以上或者违法所得数额在3万元以上的；②假冒两种以上注册商标，非法经营数额在3万元以上或者违法所得数额在2万元以上的；③其他情节严重的情形。具有下列情节之一的，属于《刑法》第213条规定的"情节特别严重"：①非法经营数额在25万元以上或者违法所得数额在15万元以上的；②假冒两种以上注册商标，非法经营数额在15万元以上或者违法所得数额在10万元以上的；③其他情节特别严重的情形。

（二）销售假冒注册商标的商品罪

销售假冒注册商标的商品罪，是指销售明知是假冒注册商标的商品，违法所得数额较大或者有其他严重情节的行为。

1. 明知

具有下列情形之一的，应当认定为属于《刑法》第214条规定的"明知"：①知道自己销售的商品上的注册商标被涂改、调换或者覆盖的；②因销售假冒注册商标的商品受到过行政处罚或者承担过民事责任、又销售同一种假冒注册商标的商品的；③伪造、涂改商标注册人授权文件或者知道文件被伪造、涂改的；④其他知道或者应当知道是假冒注册商标的商品的情形。

2. 违法所得数额较大

《中华人民共和国刑法修正案（十一）》将《刑法》第214条中的"销售金额数额较大"改为"违法所得数额较大"，据此，"违法所得数额"应为行为人的纯获利润，否则将与"销售金额"无异。根据《最高人民法院、最高人民检察院关于办理侵犯知识产权刑事案件具体应用法律若干问题的解释》第2条规定，销售明知是假冒注册商标的商品，销售金额在5万元以上的，属于刑法第214条规定的"数额较大"。

3. 其他严重情节

相关司法解释没有对销售假冒注册商标的商品罪中的其他严重情节进行规定，但可以明确的是，应将其他严重情节理解为违法所得数额较大之外的情形。

（三）非法制造、销售非法制造的注册商标标识罪

非法制造、销售非法制造的注册商标标识罪，是指伪造、擅自制造他人注册商标标识或者销售伪造、擅自制造的注册商标标识，情节严重的行为。

1. 伪造、擅自制造他人注册商标标识

伪造，是指仿照注册商标标识，制造假商标标识；擅自制造，是指虽经商标标识权利人授权制作某种或者某几种商标标识，但在未经权利人的同意下超数量制作的情况。

2. 销售伪造、擅自制造的注册商标标识

销售，既包括伪造、擅自制造注册商标标识后予以销售，也包括销售他人非法制造、擅自制造的商标标识。

3. 情节严重

伪造、擅自制造他人注册商标标识或者销售伪造、擅自制造的注册商标标识，具有下列情形之一的，属于《刑法》第215条规定的"情节严重"：①伪造、擅自制造或者销售伪造、擅自制造的注册商标标识数量在2万件以上，或者非法经营数额在5万元以上，或者违法所得数额在3万元以上的；②伪造、擅自制造或者销售伪造、擅自制造两种以上注册商标标识数量在1万件以上，或者非法经营数额在3万元以上，或者违法所得数额在2万元以上的；③其他情节严重的情形。

三、侵犯地理标志的刑事责任承担方式

（一）假冒注册商标罪的刑事责任

未经注册商标所有人许可，在同一种商品、服务上使用与其注册商标相同的商标，情节严重的，处三年以下有期徒刑，并处或者单处罚金；情节特别严重的，处三年以上十年以下有期徒刑，并处罚金。

（二）销售假冒注册商标的商品罪的刑事责任

销售明知是假冒注册商标的商品，违法所得数额较大或者有其他严重情节的，处三年以下有期徒刑，并处或者单处罚金；违法所得数额巨大或者有其他特别严重情节的，处三年以上十年以下有期徒刑，并处罚金。

（三）非法制造、销售非法制造的注册商标标识罪的刑事责任

伪造、擅自制造他人注册商标标识或者销售伪造、擅自制造的注册商标标识，情节严重的，处三年以下有期徒刑，并处或者单处罚金；情节特别严重的，处三年以上十年以下有期徒刑，并处罚金。

（四）单位犯侵犯知识产权罪的刑事责任

单位犯前述三罪的，对单位判处罚金，并对直接负责的主管人员和其他直接责任人员依照相关规定追究刑事责任。"直接负责的主管人员"和"其他直接责任人员"是指商标侵权犯罪活动的策划者、组织者、指挥者和主要实施者。

（五）国家工作人员犯罪的刑事责任

国家工作人员利用职务对明知犯有前述三罪的单位或个人故意包庇使其不受追诉，依照刑法有关规定追究刑事责任。

思考题

1. 简述地理标志侵权的类型。

2. 简述地理标志侵权的构成要件。

3. 地理标志侵权认定时，如何考虑地理标志的保护范围？

延伸阅读

本章节选取《关于进一步加强地理标志保护的指导意见》政策解读中涉及地理标志侵权等与本章节有关内容供读者阅读思考。

《关于进一步加强地理标志保护的指导意见》政策解读（摘选）❶

三、总体要求

......

《指导意见》强调在加强地理标志保护工作推进和实践探索中要把握好三个原则：一是坚持高水平保护。完善地理标志法律制度体系，提高地理标志保护法治化水平，严格地理标志审查认定，严厉打击地理标志侵权假冒行为，统筹推进地理标志保护国际合作，提升地理标志保护水平。二是坚持高标准管理。加强地理标志保护顶层设计，强化规划引领，深化管理体制机制改革，建立健全特色质量保证体系、技术标准体系与检验检测体系。三是坚持高质量发展。坚守中国特色，突出"原汁原味"，扩大地理标志专用标志使用覆盖面，提升地理标志产品市场竞争力，更好满足人民日益增长的美好生活需要。

四、主要内容

......

三是加强地理标志行政保护。主要包括严厉打击地理标志侵权假冒行为、强化涉及地理标志的企业名称登记管理、加强地理标志专用标志使用日常监管等3条任务，旨在深入贯彻党中央国务院决策部署、切实推进地理标志保护工作。其中：严厉打击地理标志侵权假冒行为提出了打击伪造或者擅自使用地理标志的生产销售等违法犯罪行为、规范在营销宣传和产品外包装中使用地理标志的行为、加强对相同或近似产品上使用意译、音译、字译或标注"种类""品种""风格""仿制"等地理标志"搭便车"行为的规制和打击、严格监督和查处不按照地

---

❶ 国家知识产权局.《关于进一步加强地理标志保护的指导意见》政策解读［EB/OL］.（2021-05-24）［2023-01-25］.https://www.cnipa.gov.cn/art/2021/5/24/art_66_159590.html.

理标志产品标准和技术规范生产的违规违法行为、加强地理标志领域的行政执法与刑事司法衔接等措施。强化涉及地理标志的企业名称登记管理提出了建立地理标志保护和企业名称的信息互通机制、研究将地理标志有关字段依法纳入全国名称规范管理系统等措施。加强地理标志专用标志使用日常监管提出了建立健全地理标志专用标志使用情况年报制度、实行重点地理标志清单式监管、依法推动将地理标志产品生产和地理标志专用标志使用纳入知识产权信用监管、探索建立地理标志专用标志使用异常名录等措施。

四是构建地理标志协同保护工作格局。主要包括加强地理标志快速协同保护、健全涉外地理标志保护机制等2条任务，旨在加强地理标志保护工作的协同联动。其中：加强地理标志快速协同保护提出了加强地理标志产品生产集中地、销售集散地、网络平台企业总部属地知识产权部门违法线索、监管标准、保护信息的互联互通，支持和鼓励区域知识产权保护协作机制中纳入地理标志保护措施、开展联合保护行动，充分发挥知识产权保护中心作用、加强舆情监测和地理标志侵权假冒线索搜集报送等措施。健全涉外地理标志保护机制提出了严格履行《中华人民共和国政府与欧洲联盟地理标志保护与合作协定》《中华人民共和国政府和美利坚合众国政府经济贸易协议》《区域全面经济伙伴关系协定》等国际协议义务，加强与国外地理标志审查认定机构的交流与合作，鼓励在我国获得保护的国外地理标志产品在华经销商使用我国地理标志官方标志、指导互认互保清单中方产品在海外市场使用外方地理标志官方标志，完善国外地理标志产品在华保护以及我国地理标志产品在外保护年度报告制度等措施。

第七章　地理标志的国际保护

• • • • • • • • • • •

本章节重点掌握的知识：（1）地理标志的国际保护制度类型；（2）地理标志的国际保护所涉及的国际公约、双边协定以及其主要内容；（3）里斯本体系与马德里体系的特点与注册程序；（4）地理标志的国际互认互保。

本章思维导图

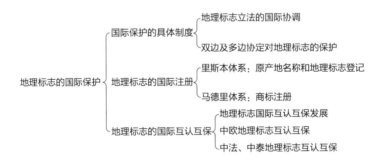

第一节　地理标志国际保护的具体制度

引入案例

原告法国香槟酒行业委员会因告某进口销售公司苏打水产品使用了香槟和"Champagne"字样，向北京市第一中级人民法院起诉其地理标志商标专用权被侵犯。香槟和 Champagne 地理标志集体商标已于 2013 年注册。

法院认为：香槟 Champagne 并非酒类商品通用名称，而是作为原产地名称受到保护。根据 TRIPs 协定，无论其是否注册都应当对该地理标志提供法律保护。因此，被告所售产品使用相关字样，虽然并非起泡酒商品，但足以混淆消费者，构成侵权。

在该案的前提下，如果使用商品并非水饮类产品，是否仍会构成侵权？原告可以直接根据 TRIPs 协定的规定提起诉讼申请吗？ TRIPs 协定的规定在其他国家是否仍然适用？

（**资料来源**：北京市第一中级人民法院（2012）一中民初字第 1855 号。）

地理标志保护最初仅限于国内立法。在全球化的背景下，地理标志保护的规则制定开始引发各国重视。19 世纪后，伴随着国际贸易的深化，海外假冒原产国的地理标志情形日益严重，因此，在互惠基础上开始进行地理标志保护的国际合作非常有必要，以国际条约和双边及多边协定为主要形式。1883 年《巴黎公约》的成功缔结使得地理标志保护从欧洲开始走向世界。再加之 TRIPs 协定使得地理标志和其他知识产权保护伴随着国际贸易和技术革命成为新时代下的重要法律制度。从最初的《巴黎公约》到现下的《里斯本协定日内瓦文本》，国际条约历经两百多年的发展对地理标志保护的实质内容进行了规定，但并没有约束具体的保护模式。因此，地理标志国际保护的制度类型、国际注册及互认互保规则对于地理标志保护法律的制定和实施尤为重要。

一、地理标志立法的国际协调

地理标志立法的国际协调是指在面对地理标志国际保护，国内立法和国际立法需要在概念定义、保护范围等内容上统一协调。以世界知识产权组织官网对地理标志的定义为例可见在已经成熟的几大国际条约内对地理标志一词本身的定义就存在分歧。根据世界贸易组织对于 2003 年对地理标志的各国定义的调查就发现，有 23 个国家对其有不同的界定。❶ 世界知识产权组织已经注意到，围绕地理标志的各种不同法律概念"是在特定历史和经济条件的框架内，根据不同的国家法律传统而发展起来的"，考虑到这一领域保护形式的多样性，哪种制度配置是最优的？因此，阻碍协调努力的一个长期障碍是各国概念的多样性。

广义上的"地理标志"一词包括国际条约和国家或地区管辖范围内使用的各种概念，例如，原产地名称（AO）、受保护的原产地名称（PDO）和受保护的地理标志（PGI）。"地理标志"是 TRIPs 协定和《里斯本协定日内瓦文本》中的定义。"原产地名称"在《里斯本协定》和《里斯本协定日内瓦文本》中有定义。"受保护的原产地名称"（PDO）和"受保护的地理标志"（PGI）则是欧盟内部使用的术语。

对于面向国际贸易的商品来说，单一的国内立法并不能有效制止在国际市场上地理标志产品来源地之外的国家或地区假冒现象。并且，由于地理标志保护的国内立法规则不一，立法技术也有高下之分，当国际贸易的冲突摩擦发生时，仅靠一国立法很难有效解决问题，因此统一的国际规则对于地理标志保护显得愈发重要。随着全球化进程的不断发展以及国际组织作用的日益增强，地理标志的保护也随之国际化，主要有以下条约。

---

❶ AnnexBtotheWTO，'Review under Article24.2 of the Application of the Provisions of the Section of the TRIPs Agreementon Geographica lIndications'，2003，（TP/C/W/Rev.1 ）.

（一）《巴黎公约》

1833 年出台的《巴黎公约》是世界上一个保护知识产权的国际条约，也迈出了地理标志国际保护的第一步，对此后地理标志国际保护制度的发展产生了深远影响，该公约直接影响建立了保护知识产权国际局（Bureaux Internationaux Reunis pour la Preotection de la Propriete Intellectutelle，BIRPR，即 WIPO 的前身）。该公约在 20 世纪进行了多次修改，并明确规定："工业产权的保护对象有专利、实用新型、外观设计、商标、服务标记、厂商名称、货源标记（Indications of Source）或原产地名称（Appellations of Origin）和制止不正当竞争。"首次将货源标记和原产地名称纳入工业产权的范畴予以法律保护。同时根据《巴黎条约》所确立的国民待遇原则，使得地理标志在各成员国中在有国内立法保护的前提下提供同等水平的保护有了可能。

《巴黎公约》对于地理标志的保护措施主要为：禁止对货源标记或原产地名称进行虚假性使用，即当直接或间接使用虚假的货源标记和原产地名称的商品在《巴黎公约》成员国内出现或进口至成员国时，成员国都应予扣押。该公约认为并非真正来自于原产地的商品使用该特定地区的标识的行为是违法的，成员国有义务对货源标记和原产地名称予以保护，并禁止此类假冒行为。

此外，《巴黎公约》还规定了反不正当竞争的内容。对于具有不择手段地对竞争者的营业所、商品或工商业活动造成混乱性质的一切行为；在经营商业中，具有损害竞争者的营业所、商品或工商业活动商誉性质的虚伪说法；在经营商业中使用会使公众对商品的性质、制造方法、特点、用途或数量易于产生误解的表示或说法都予以禁止。通过反不正当竞争的方式，对货源标记和原产地名称予以保护，为此后制止误导性或欺骗性的特定地理标志的侵权使用行为奠定了法律基础。

总体来说，《巴黎公约》对于货源标记和原产地名称的保护还处于较低水平，并未明确规定货源标记和原产地名称的具体含义及假冒货源标记或原产地名称的行为类型。但是对于 19 世纪国际贸易蓬勃发展下的货源标记和原产地名称保护产生了重要意义，促使各个国家开始重视对于货源标记和原产地名称的立法保护。同时，利用反不正当竞争的手段来对地理标志进行保护实现了重大突破，为制止使用虚假性标记来反映产品特定地理区域的侵权行为提供了法律基础。

（二）《制止商品产地虚假或欺骗性标记马德里协定》

1891 年签订的《制止商品产地虚假或欺骗性标记马德里协定》（The Madrid Agreement for the Repression of False or Deceptive Indications of Source on Goods of 1891，以下简称为《马德里协定》（产地）），是根据《巴黎公约》第 19 条建立的特别协定，出发点是对《巴黎公约》第 10 条的不满。《马德里协定》（产地）对成员国之间制止虚假或欺骗性的货源标记使用作出了明确规定。然而因为《马德里协定》（产地）规定各个缔约国不能将在本国已经成为通用名称的货源标志排除在保护范围之外，导致美国、德国、意大利等当时世界上具有影响力的贸易大国拒绝加入该协定，因此其与《巴黎公约》相比影响较弱，但是对于地理标志的国际保护发展来说仍有较大意义。

首先，根据《马德里协定》（产地）的规定："凡带有虚假或欺骗性标志的商品，其标志系将本协定所适用的国家之一或其中一国的某地直接或间接地标作原产国或原产地的，上述各国应在进口时予以扣押。"由此可知，该协定所指的货源标记是指把缔约国或缔约国的某地作为产品的一种标识，只表明产地来源而无须反映某种特定质量或品质的标志。

其次，与《巴黎公约》相比，《马德里协定》（产地）同样制止使用假冒性货源标志的行为，但其规制使用欺骗性货源标志的行为，是对《巴黎公约》的一大突破。所谓使用欺骗性货源标志的行为，主要是指货源标志的文字字面意思是真实的但是会对消费者产生误导欺骗的行为，例如，成员国中两个国家内部有两个地理区域名称一样，但是其中一个地区享有货源标志，另外一个地区使用该货源标志的行为，如果不能构成《巴黎公约》所认定的虚假性货源标志，可以通过《马德里协定》（产地）内规定的对消费者的欺诈行为，予以禁止。

最后，《马德里协定》（产地）建立了一套对于虚假性和欺骗性货源标志的惩罚制度。该协定规定如果成员国发现商品上有协定内某一成员国或成员国内某一特定地理区域的虚假性或欺骗性货源标志时，都应当予以扣押，或禁止进口，或采取其他制裁措施。此外，该协定还规定在销售、陈列和推销商品时，禁止在招牌、广告、发票以及其他任何商业信息传递中使用具有广告性质并且可能使公众误认商品来源的欺骗性货源标志。通过一系列惩罚措施的施行，为早期地理标志（货源标志）的保护提供了强有力的保障。

但是，《马德里协定》（产地）并未区分地理标志与货源标志，即仅仅保护表明产地来源的标志，并未发展至保护与特定地理区域有着紧密自然和人文因素相关的商品的特定声誉阶段，存在一定的局限性。

（三）《里斯本协定》

《里斯本协定》由《巴黎公约》部分成员国于 1958 年签订，是对《巴黎公约》第 19 条创建的另一个特别同盟，确立了在国家保护的基础上对原产地名称的国际保护体系，是尝试对《巴黎公约》和《马德里协定》（产地）所确立的特定地理区域货源标志的保护体系的完善改进结果。在《巴黎公约》的授权下，成立了一个在《巴黎公约》基础上的工业产权保护联盟——里斯本联盟。受法国原产地名称保护制度影响，《里斯本协定》与以往的工业产权保护方面的国际条约相比，对原产地名称的保护力度大大增强。

首先，《里斯本协定》确立了"原产地名称"的准确概念内涵。该协定规定："在本协定中，原产地名称系指一个国家、地区或地方的地理名称，用于指示一项产品来源于该地，其质量或特征完全或主要取决于地理环境，包括自然和人文因素。"这一定义包含了商品特定声誉的内容，即该标志并不仅仅代表商品来自某一特定地理区域，更加强调其所蕴含的地理和人文因素。可见，原产地名称的概念与现在地理标志的概念已经基本一致。

其次，《里斯本协定》对原产地名称的保护力度大大增强。该协定规定，除了对受保护的原产地名称进行误导性使用行为加以禁止之外，还一律禁止任何假冒和仿冒受保护的原产地名称的行为，甚至对于标明了产品的真实来源或者使用名称的翻译形式或附加"类""式""样""仿"字样或类似字样的行为也在禁止的范围内。这一保护措施，为后来 TRIPs 协定中对葡萄酒和烈性酒超过一般商品的保护程度提供了借鉴。通过上述禁止行为，对原产地名称予以空前的保护。

最后，《里斯本协定》确立了原属国保护的基础制度和国际注册体系，即要求原属国要对原产地名称有着一定的国内法保护水平，并通过世界知识产权组织注册，才能获得其他成员国的承认和保护。依照协定的内容，成员国在其领域内对其他成员国经过注册且未作保留的原产地名称予以保护，并禁止国内任何商品的生产经营者使用未经许可的其他原产地名称。

《里斯本协定》首次概括了原产地和原属国的定义，还对保护原产地名称的目的和原产地的国际注册作出了规定。它明确了原产地名称的概念，有利于各国对原产地名称的国内保护。同时它建立了完善的国际注册体系，从而使其成员国更好地保护其他成员国的原产地名称。

（四）《发展中国家原产地名称和产地标记示范法》

1975 年世界知识产权组织公布了《发展中国家原产地名称和产地标记示范法》(*Model Law for Developing Countries on Appellations of Origin and Indications of Source*，以下简称《示范法》)，为发展中国家保护地理标志国内立法提供了法律范本。需要明确，《示范法》并不是法律，也不是国际条约或国际条约草案，仅仅是各国在制定地理标志保护国内法时根据本国国情予以参考借鉴的法律范本。

《示范法》共分为五个部分。第一部分主要规定了概念定义、适用范围、国际条约的适用地位等内容。首先，定义了原产地名称的概念为"一国、一地区或特定地区的地理名称，用于指示某种产品来源于该地，其特殊质量完全或主要取决于地理环境，包括自然或人文因素或两者均具备；任何一个不属于一个国家、地区或特定地方的地理名称，当用在某种产品上如与特定的地理区域有联系，也视为地理名称"，界定了产地标记的概念为"任何用于指示一项产品或服务来源于某个国家、地区或特定地方的标识或标记"。《示范法》为发展中国家在立法提供可以准确把握法律概念，明确保护对象。其次，《示范法》规定的保护范围包括任何自然产品或农产品，及任何手工业或工业产品。"生产者"一词不仅指农产品、手工业或工业的生产者，还包括开发自然资源的任何其他人或经营上述产品的任何贸易商。根据《示范法》，外国人享有与本国国民同等的权利。第二部分规定了原产地名称的保护规则。明确只有经过注册的原产地标志才可以获得保护，同时还继续沿用《里斯本协定》所确立的原产地名称国际注册体系，第 6 条到第 10 条详细规定了申请人、申请对象、申请书内容以及审核程序等内容。第 15 条和第 16 条规定了非法使用原产地名称时的侵权责任和制裁措施。第三部分规定了产地标记保护的一般规则。由于产地标记在没有任何登记的情况下受到保护，一项一般性规定就足以确立对他们的保护。《示范法》规定，直接或间接使用虚假或可能误导公众的来源说明被视为非法，并将对这种违法使用适用民事和刑事制裁。第四部分涉及法院的权限和《示范法》的适用规则，允许各个国内法院有权对专用标识是否属于通用术语作出裁定。最后一部分即第五部分涉及法律的生效，并载有过渡性条款。

《示范法》为完善发展中国家地理标志保护的法律体系、提升了地理标志保护国内立法水平提供了参考，有助于推动地理标志多边国际保护制度的建立。

（五）《与贸易有关的知识产权协定》

由于《巴黎公约》对于知识产权的保护水平和手段有限，《马德里协定》（产地）和《里斯本协定》的缔约国太少，可接受性太弱，《示范法》并不是具有约束性的法律文件，对于地理标志的保护已经不能满足现代国际贸易的发展。在此背景下，1994 年 4 月达成的 TRIPs 协定作为世界贸易组织的三大框架性协议之一，成了当代覆盖面最广、接受性最高、保护力度最强的知识产权保护条约。但值得注意的是，TRIPs 协定并未就地理标志的多边注册达成一致。

TRIPs 协定首次使用了地理标志（Geographical Indications）的概念，并在文本中界定了其准确含义为："就本协定而言，地理标志是指识别一货物来源于一成员领土或该领土内一地区或地方的标识，该货物的特定质量、声誉或其他特性主要归因于其地理来源。"值得注意的是，与《里斯本协定》确定的原产地名称的概念相比，TRIPs 协定中地理标志的概念内涵明显更广，除了包括地理名称之外，还涵盖了并非客观存在的地理名称。"一个地理标志一定是一个符号标记，但并非一个真实存在的地理名称。"❶ 例如云南"过桥米线"中的"过桥"并不是客观存在的地理名称，但是并不妨碍云南"过桥米线"可以被当作地理标志予以保护。其次，TRIPs 协定确定的地理标志仅适用于商品，是广义上的商品，并无具体分类，

---

❶ 田芙蓉. 地理标志法律保护制度研究［M］. 北京：知识产权出版社，2009：195-196.

但是"服务"不属于"商品"范畴，不能被冠以地理标志，例如，法国香槟区生产的酒类可以使用"Champagne"作为地理标志，但是其酿酒技术或酿酒服务就不能使用"Champagne"这一地理标志。最后，从 TRIPs 协定所界定的概念来理解地理标志与商品特定地理区域的联系是关键问题。此种联系必须是客观真实存在的，其背后蕴含着一种底层逻辑：当此种联系客观存在时，国内立法就会对地理标志予以保护，当只有存在国内立法保护时，该地理标志才能在 TRIPs 协定的框架下获得国际保护，而无需再审查该地理标志与特定地理区域的联系。

TRIPs 协定确立了对于一般商品地理标志的最低保护标准。成员国虽无主动对误导公众或不正当竞争的地理标志使用行为进行调查和惩处的强制义务，但是要求成员国对下列行为向利害关系人提供法律救济手段或禁止相关行为：

（1）无论采取何种手段，在商品标识或说明上采用非来源自真正产地的地理标志，足以误导公众的。例如，原产于苏州的龙井茶，加以"西湖龙井"的说明；或原产于印度的咖啡，加以"牙买加蓝山咖啡"的标识等。（2）任何构成《巴黎公约》（1967 年文本）第 10 条所规定的不正当竞争的使用行为。主要包括：具有损害竞争者正常商业活动、商品及商业信誉的虚假宣传；在经营商业中使用会使公众对商品的性质、制造方法、特点、用途或数量易于产生误解的表示或说法等。上述两种行为都是针对地理标志的侵权行为，值得注意的是，第一种情形在于从市场上普通消费者的角度来保护地理标志，第二种情形在于从地理标志产品的生产者和销售者的角度来保护地理标志。（3）当某一商品使用的商标由地理标志构成或包含地理标志，但该商品并非来源于所标示的地区，同时会让公众对商品真实来源地产生误解时，成员国应依职权或依利害关系人的请求，拒绝商标注册或宣布此商标无效。（4）当使用的地理标志文字上确实标明来源自某一地理区域，但是会误导公众认为来自其他地理区域的行为，也应当予以禁止。例如，美国得克萨斯州的巴黎市（Paris）的服装、香水等商品使用"Paris"字样或标识，虽然确实反映了其真实产地，但会误导公众以为商品来源地是法国巴黎（Paris），此种使用行为应当禁止。

此外，TRIPs 协定在第 22 条最低保护标准的基础上还对葡萄酒和烈性酒提供了更高标准的保护措施，即要求成员国必须提供一定的法律途径，防止将用于识别葡萄酒和烈酒的地理标识用作并非来源于所涉地理标志所标明地方的葡萄酒或烈酒，即使货物中已表明其真实产地；同时禁止使用将翻译后的葡萄酒和烈酒的地理标志用于非真实产地的葡萄酒或烈酒；也禁止在葡萄酒和烈酒的地理标志后附有"种类""类型""特色""仿制"或类似表达方式的使用。换言之，对葡萄酒和烈酒的地理标志而言，即使该地理标志的使用未导致对公众的任何误导（譬如已在货物中标明了真实产地），也禁止对非来源于该地理标志产地的葡萄酒和烈酒使用该标识。同时还规定了应该在 TRIPs 理事会内谈判成立葡萄酒地理标志多边通知和注册制度，以便于更好地保护葡萄酒的地理标志。1996 年，WTO 新加坡部长级会议的宣言将对葡萄酒的多边通知和注册制度的范围扩大至烈酒。

最后，TRIPs 协定还规定了地理标志保护的例外情形，即在以下情形中 WTO 成员可以不对地理标志提供保护：①预先取得或善意取得的葡萄酒或烈酒的地理标志，如果一个国家或地区的国民在相同或类似的商品或服务上在其领土内于 1994 年 4 月 15 日之前连续使用该葡萄酒或烈酒的地理标志十年以上或在该日期前善意取得的，则该成员国没有义务对使用该葡萄酒或烈酒的地理标志的行为加以阻止。②预先取得或善意取得的商标权。TRIPs 协定在 WTO 成员适用前或地理标志在原属国受到保护前通过善意使用而获得的商标注册资格、注册的有效性或商标的使用权受到保护。TRIPs 协定的实施不得损害善意申请或注册的商标及其权益，即使该商标与受到保护的地理标志相同或类似。③通用语言中的惯用术语的例外。其他 WTO 成员的货物或服务的地理标志，假如这些地理标志与其领土内作为通用术语的此类货物或服务的普通名称相同，例如，葡萄酒的地理标志与 TRIPs 协定生效之日前某一成员领土内已存在的葡萄品种的惯用名称相同，则该 WTO 成员没有义务保护对所涉及的葡萄酒的地理标志提供保护。④地理标志对抗商标的时间限制。若地理标志的权利利益方不在与之相同或相似的商标被使用并为公众所知悉的 5 年之内提出拒绝注册或请求撤销；或在该商标已经注册或已经公告的情况下超过 5 年再提出拒绝注册或撤销请求的，则不再保护地理标志权利利益方此项请求权。设置该规则的目的在于一方面督促地理标志权利利益方在法定 5 年期限内行使权利，另一方面为该商标取代此地理标志提供了可能。⑤个人姓名权或商业名称权的例外。任何自然人或法人都有在正常的商业贸易中使用其个人姓名或商业名称或前一商业实体名称的权利。这种使用并不视为对地理标志的侵权，个人姓名或商业名称可以与地理标志同时获得法律保护，除非会使公众产生误导性的认识。此外，若受到保护的地理标志已经在先使用，而个人姓名或商业名称是为了"蹭热度"而命名或更名形成的，属于恶意使用，则不适用此例外规则。⑥各成员无义务保护在原属国不受保护或已停止保护或在该国中已废止的地理标志。

通过以上国际条约和示范法的建立，地理标志的国际保护体系也随之不断完善发展，为国际贸易中地理标志产品提供了完备的法律保障体系和纠纷解决机制，大力促进了国际贸易的发展和知识产权的国际化保护。各国际条约关于地理标志保护内容对比如表7-1所示。

表7-1 各国际条约关于地理标志保护内容对比

条约名称	概念名称	概念内容	主要保护措施
巴黎条约	货源标记、原产地名称	无	1. 禁止对货源标记或原产地名称进行虚假性使用； 2. 通过反不正当竞争的方式，对货源标记和原产地名称予以保护
制止商品产地虚假或欺骗性标记马德里协定	货源标记	货源标记是指把缔约国或缔约国的某地作为产品的一种标识，只表明产地来源而无须反映某种特定质量或品质的标志	1. 制止使用假冒性货源标记和欺骗性货源标记的行为； 2. 建立了一套对于虚假性和欺骗性货源标记的惩罚制度
里斯本协定	原产地名称	原产地名称系指一个国家、地区或地方的地理名称，用于指示一项产品来源于该地，其质量或特征完全或主要取决于地理环境，包括自然和人文因素	1. 对受保护的原产地名称进行误导性使用行为加以禁止之外，还一律禁止任何假冒和仿冒受保护的原产地名称的行为，甚至对于标明了产品的真实来源或者使用名称的翻译形式或附加"类""式""样""仿"字样或类似字样的行为也在禁止的范围内； 2. 确立了原属国保护的基础制度和国际注册体系

条约名称	概念名称	概念内容	主要保护措施
发展中国家原产地名称和产地标记示范法	原产地名称、产地标记	原产地名称是指一国、一地区或特定地区的地理名称，用于指示某种产品来源于该地，其特殊质量完全或主要取决于地理环境，包括自然或人为因素或两者均具备；任何一个不属于一个国家、地区或特定地方的地理名称，当用在某种产品上如与特定的地理区域有联系，也视为地理名称；产地标记是指任何用于表明产品或服务起源于某个国家或地区或某个特定地点的表述或符号	1. 规定了原产地名称的保护规则。明确只有经过注册的原产地标志才可以获得保护，同时还继续沿用《里斯本协定》所确立的原产地名称国际注册体系；2. 规定了非法使用原产地名称时的侵权责任和制裁措施；3. 直接或间接使用虚假或可能误导公众的来源说明被视为非法，并将对这种违法使用适用民事和刑事制裁
TRIPs 协定	地理标志	地理标志是指识别一货物来源于一成员领土或该领土内一地区或地方的标识，该货物的特定质量、声誉或其他特性主要归因于其地理来源	1. 确立了对于一般商品地理标志的最低保护标准；2. 在最低保护标准的基础上还对葡萄酒和烈性酒提供了更高标准的保护措施；3. 规定了地理标志保护的例外情形

典型案例　　**地理标志保护中的通用名称——FETA 案**

在经典的 FETA 案中，"FETA"，即菲达希腊奶酪，丹麦、德国和法国向欧洲法院提出请求判定 "Feta" 的注册无效，因为 "Feta" 在他们国家已经变成了一种特殊的白色盐奶酪的普通名称，并且希腊已经容忍了除它之外的国家对该名称的使用，于是 1999 年欧洲法院作出判决撤销 "Feta" 的注册。但是 2002 年欧洲委员会再次将 Feta 列入到受保护的原地产名称目录中，理由是 "Feta" 在希腊的生产方式和在德国、丹麦等其他国家的生产方式不同，并且在消费者观念中，"Feta" 这个名字总是让人联想到该奶酪起源于希腊。

如何判定地理标志在各国不同名称的通用性，地理标志的注册被撤销后可以逆转保护吗？如何逆转保护？如何协调各国之间对地理标志的不同认定？

（**资料来源**：中国知识产权网.知识产权海外风险预警专刊［EB/OL］.（2022–08）［2023–01–08］.http://ipr.mofcom.gov.cn/hwwq_2/zhuankan/file/2022/2022–08.pdf.）

二、双边及多边协定对地理标志的保护

在海外保护地理标志主要有四种途径：一是在相关司法辖区直接申请保护；二是借助于《里斯本协定》；三是借助于马德里国际商标注册体系（其中相关的地理标志在原产国作为集体或证明商标受到保护）；四是借助国家或商业伙伴之间缔结的双边协定。在地理标志的国际保护的历史进程中，双边及多边协定在促进相关国家之间的地理标志产品贸易以及矛盾争端的解决、塑造地理标志保护模式、国际条约的形成等方面起到了重要作用。

（一）双边协定

双边协定，一般是不同国家之间、不同地区之间或者不同国家与地区之间本着互惠互利的原则，以自身国家利益为基础，针对地理标志保护问题签订的双边条约，是地理标志保护的一种传统手段。

对于双边协定而言，就条约签订方式来看，可以在某一双边条约中约定地理标志保护的内容，也可以就地理标志保护签订专门的双边协定，方式较为灵活。就条约签订内容而言，双边协议一般约定，禁止在不具有原产地性质的商品上使用另一方的地理标志，并在协议的附录部分提供一份要求相互保护的地理标志名单；或者约定进一步提供跨国申请。对于不仅表明地理来源还表明商品质量或特征的标志如原产地名称，这种双边协议提供多个保护是非常重要的。在 20 世纪初期的欧洲国家，双边协议的签订已经很频繁，而且对于特殊行业特别是葡萄酒行业，这种协议日益显示出其重要性。❶ 比较典型的是法国，法国作为最早通过国内立法保护地理标志的国家，也是最早开始通过签订双边协议保护地理标志的国家，与意大利、西班牙、美国、中国等国家签订了双边条约来保护地理标志。

中国已与一些国家和地区订立了类似的地理标志双边协定，如《中泰地理标志合作备忘录》等。值得一提的是，2020 年 9 月 14 日，中国与欧盟正式签署了《中欧地理标志协定》。该协定谈判于 2011 年启动，共历时 8 年。2019 年底，中欧双方

---

❶　DevGangjee.RelocatingtheLawofGeographicalIndications［M］.NewYork：CambridgeUniversityPress，2012.

宣布结束谈判，该协定于 2021 年 3 月 1 日生效。《中欧地理标志协定》包括 14 条和 7 个附录，主要规定了地理标志保护规则和地理标志互认清单等内容。《中欧地理标志协定》是我国对外商签的第一个全面的、高水平的地理标志双边条约。通过《中欧地理标志协定》，中欧双方首次大规模互认地理标志，总量超过 500 个。双方还约定受保护的地理标志可以使用对方的官方标志，有利于相关产品开拓市场。《中欧地理标志协定》的生效可以消除双方地理标志持有人的后顾之忧，促进相关产品的进口，有利于提高消费者的生活品质，满足日益增长的美好生活需要。❶

（二）多边协定

多边协定作为地理标志国际保护的一大重要途径，主要是指在一定的区域贸易内区域内主体签订区域性协议，在 WTO 中表现最为明显，主要集中于欧盟内部的协定以及《北美自由贸易协定》（NAFTA）。另外，还有影响力的区域性协定包括《班吉协定》和《安第斯共同体知识产权共同制度的第 486 号协议》。

多边协定作为地理标志国际保护的一大重要途径，主要集中于区域性贸易区。《区域全面经济伙伴关系协定》（*Regional Comprehensive Economic Partnership*，RCEP）于 2012 年由东盟发起，历时八年，由中国、日本、韩国、澳大利亚、新西兰和东盟十国共 15 方成员签订的协定。其知识产权规则达到当前中国所签订的国际经贸协定中的最高水平，RCEP 于 2022 年 1 月 1 日生效。RCEP 的签署，标志着当前世界上人口最多、经贸规模最大、最具发展潜力的自由贸易区正式启航。RCEP 中关于地理标志的章节内容超出了 TRIPs 协定规定的最低标准，要求其签署国就保护地理标志制度方面采取并坚持正当的法律程序和履行透明度义务。关于地理标志方面的义务，RCEP 规定其签署国必须：①按照合理的程序和手续处理地理标志申请；②确保对地理标志申请进行公示并允许异议，并规定地理标志异议的程序；③规定地理标志撤销的程序；④如果地理标志是通用语言中的惯用语，则允许驳回该地理标志；⑤确保对受国际协议保护的地理标志进行公示并允

---

❶ 中华人民共和国商务部新闻办公室.《中华人民共和国政府与欧洲联盟地理标志保护与合作协定》正式生效［EB/OL］.（2021-03-01）［2022-12-30］.http://www.mofcom.gov.cn/article/ae/ai/202103/20210303041578.shtml.

许异议。

　　欧盟一直是多边主义的积极倡议者，签署了众多的多边协定。欧盟先后出台了多部针对葡萄酒、烈性酒、农产品、食品等地理标志的专门多边协定，为欧盟成员国提供了统一、有力的地理标志保护法律规范，例如，针对葡萄酒的地理标志出台了《1308/2013 号条例》予以保护；针对烈性酒的地理标志出台了《110/2008 号条例》予以保护；针对酒类之外的农产品、食品的地理标志出台了《1151/2012 号条例》予以保护。这些条例对于欧盟成员国内部而言，是一种多边协定。

　　2007 年 10 月 22 日欧盟内部通过了针对葡萄酒地理标志进行专门保护的《1234/2007 号条例》，后由于欧盟统一农业政策的调整被 2013 年 12 月 17 日通过的《1308/2013 号条例》取代。其中首先将葡萄酒的地理标志划分为原产地名称和地理标志两类。两者区别主要在于：①原产地名称要求产品的质量或特征必须主要或完全取决于来源地的地理环境，而地理标志仅要求产品具有可以归因于来源地的品质、声誉或其他特征即可。②原产地名称要求产品的生产、加工、制备均来自该特定地理区域，而地理标志仅要求上述三项中的一项来自该地区即可。其次，在申请人方面，《1308/2013 号条例》规定了有利害关系的生产者协会可以提出原产地名称或地理标志的申请，在特定情形下单个生产者也可以提出注册申请。最后，该条例还详细规定了提出注册的具体程序，为来自成员国境内申请和非成员国的第三国申请两种情况分别设置了不同的注册程序。

　　欧盟对于烈性酒的地理标志保护的法律基础是 2008 年 1 月 15 日通过的《110/2008 号条例》。与《1308/2013 号条例》将葡萄酒地理标志分为原产地名称和地理标志不同，该条例仅规定了单一的地理标志的概念。在条例的适用范围上，它适用于欧盟境内市场上所有的烈性酒，包括产自欧盟境内的烈性酒和产自第三国的烈性酒及虽产自欧盟境内但用于出口的烈性酒。

　　针对农产品和食品地理标志的保护，欧盟于 2012 年 11 月 21 日出台了最新的《1151/2012 号条例》，该条例首次以立法的形式在欧盟内建立了一个专门的监管体系，对获得地理标志保护的所有产品实施监控计划并对其进行全过程的质量监管。首先，《1151/2012 号条例》同样区分了原产地名称和地理标志的概念，但是同时在保护的产品上使用了原产地名称和地理标志两个称谓。在适用范围上，该条例保护的对象仅限于食品和农产品，但是属于条例附件中的非食物类农产品也受到该条例的保护，例如甘草、香精油、羊毛、软木塞、柳条制品等。此外，该条例还规定了不受保护的四种情形：①已经成为通用术语的产品名称不得注册。②与植物品种和动物品种名称相互冲突以及结果可能导致公众对产品的真实来源产生误解的名称不得注册。③一个名称全部或部分与根据本条例已经注册的名称相同，注册时应考虑当地传统适用的程度以及实际发生混淆的风险，如果是同名名称会导致公众误解为产品来自其他地区的，则不得注册。④如果原产地名称或地理标志是基于商标的声誉、知名度或长时间使用，并使消费者对产品真实产地发生误解的，同样不得注册。

《北美自由贸易协定》（North American Free Trade Agreement，NAFTA）由美国、加拿大及墨西哥于 1992 年签订，规定了北美自由贸易区内特定地理区域标识的保护制度。首先，规定了各个成员国保护地理标志的义务；其次，明确了成员国在何种情形下因地理标志误导性使用而禁止注册或使之无效；再次，规定了产品上虚假标示地理标志行为的处理方式，以及协议生效之前和之后与地理标志有关问题；最后规定了地理标志与通用名称的问题。从其内容来看，《北美自由贸易协定》所规定的保护措施与之后签订的 TRIPs 协定在规则上有着许多相似之处，可见《北美自由贸易协定》对 TRIPs 协定的借鉴意义。

1977 年 3 月，非洲知识产权组织（African Organization of Intellectual Property，OAPI）通过《班吉协定》正式成立。非洲知识产权组织的一大特点在于其有统一的司法管辖权，其成员国内不设单独的知识产权管理机构，所有商标、专利、地理标志等均通过非洲知识产权组织的统一注册程序在所有成员国中获得保护，而无须像马德里体系一样，要在欲获得保护国家经过实质审查。《班吉协定》附件六中涉及地理标志保护的内容。《班吉协定》修正案最后对地理标志商标注册申请的规定进行了修订。附件六第 1 条将地理标志定义为"用于识别源自某个地方、某一区域或某一国家的产品，在这些情况下，该产品的质量、信誉或其他特征在本质上归因于其原产地"。第 3 条规定，含有或模仿地理标志的商标，如其使用容易使公众发生商品原产地误认的，则应予以驳回或者应予宣告无效，如地理标志不符合上述第 1 条的定义规定，或者违反公共政策或道德，或者在其原产国没有受到保护或已停止受到保护，则该地理标志应排除在非洲知识产权组织的保护范围之外。

　　地理标志保护的双边协议和多边协议除了能在签订协议的主体之间形成一种约束力，促进或保障地理标志产品贸易的正常进行之外，还有一个重要的功能在于协议的主体都欲通过签订双边协议和多边协议的方式来规避 TRIPs 协定中的某些不利规定。这充分说明在有了 TRIPs 协定这样一个国际条约的现代社会，双边协议和多边协议在地理标志保护问题上仍然受到青睐，其作用更加明显。这也是在地理标志贸易自由化的一个表现，充分说明了双边协议、多边协议对贸易自由化的促进作用。

> 典型案例

夏布利 Chabli 商标争议案

　　被申请人广西某酒业公司将"夏布利 Chabli"注册为商标用于葡萄酒、苹果酒等商品，申请人法国勃艮第葡萄酒行业联会以"Chablis"和"夏布利"是法国勃艮第地区的葡萄酒上的原产地名称，该商标侵犯了其原地产名称的合法权利为由请求撤销商标注册。

　　商标评审委员会认为申请人的"Chablis"标示在其所属国法国已获得葡萄酒商品上的地理标志证明商标保护，结合申请人提交的证据显示，"Chablis"所指的是法国一个盛产独特口味葡萄酒的特定地区，而申请人是该地区葡萄酒行业的专业组织，且根据《法汉词典》《商标法》教材，"Chablis"的对应中文译文为"夏布利"。争议商标"夏布利 Chabli"仅比被申请人的"夏布利 Chablis"少一个"S"，在呼叫和外观上十分近似，若使用在指定的葡萄酒、苹果酒等商品上，容易使公众对商品本身及商品产地发生误认，易造成不良影响，从而违反了《商标法》第十条第一款第（八）项的规定，裁定撤销争议商标。

　　（资料来源：国家知识产权局 . 第 3665902 号"夏布利 Chabli"商标争议案［EB/OL］.
（2018-12-08）［2023-01-08］.https://sbj.cnipa.gov.cn/sbj/alpx/201812/t20181207_874.html.）

第二节　地理标志的国际注册

引入案例

　　夏布利（Chablis）酒产自巴黎东南约 260 公里的一个特定地区，农民根据夏布利特有的酿酒指南监督夏布利葡萄发酵成夏布利葡萄酒。美国生产商也出现了一些问题，他们把已经存在的欧洲地名作为自己产品的名称——这一现象在其他欧洲移民的国家也很常见，包括加拿大和许多拉丁美洲国家。原来欧洲的移民企业主熟悉本国与优质产品相关的地名，并利用这些地名来推销自己的产品。争论的核心是双重用途的品名，如"夏布利"（Chablis）或"香槟"（Champagne），在美国法规中被称为"半通用"。美国法院基于三个角度分析该词是半通用的，一是消费者如何理解该词，二是消费者是否认为该商标来源于法国 Chablis 地区申请人的葡萄酒产品，三是消费者购买该产品中决定的关键因素是什么。因为它们被许多美国消费者理解为既指地理产地（在上面两个例子中，指法国的特定地区），也指一种产品类型。在美国和其他一些国家，这些地名被视为某些类型产品的通用名称，这让实际地区所在的国家［如法国的香槟（Champagne）和夏布利（Chablis）酒］感到懊恼。最后，美国法院驳回了法国国家原产地名称管理局的上诉。

　　根据里斯本体系或者马德里体系的规定，签约国如果加入该协定后，其厂商是否还可以继续使用夏布利（Chablis）或者香槟（Champagne）作为商标？

　　（**资料来源**：The Institut National Des Appellations D'origine. Vintners International Company.958 F.2d1574（Fed. Cir. 1992）。）

正如前文所言，在海外保护地理标志除了直接在当地申请或者通过双边协定或者多边协定得到保护外，就是借助于里斯本体系和马德里体系得到地理标志的国际注册保护。这两大体系，均是在地理标志的国际保护的大背景下，由世界知识产权组织构建的两大注册体系。

一、里斯本体系：原产地名称和地理标记登记

里斯本体系（Lisbon）是原产地名称（AO）和地理标志（GI）国际注册的实用且具有成本效益的解决方案，通过一套注册程序和一组注册费用，在为57个国家的38个缔约方提供保护的费用。❶通过向世界知识产权组织的单一注册程序，以一种语言和一种货币仅收取一套费用，完成国际注册，获得在所有缔约国的同等保护，以减少向不同单位提交申请和管理费用的困难和成本。根据世界知识产权组织的信息，2011年，该协定涵盖795个受保护的原产地名称，其中508个属于法国（占总数的63.9%，低于1968年的81.2%）。葡萄酒约占地理标志注册的三分之二，其次是烈酒、奶酪、烟草、矿泉水、啤酒和麦芽。葡萄酒、烈酒和奶酪的名称由法国占多数；所有烟草登记都来自古巴；捷克共和国专门生产矿泉水、啤酒和麦芽。《里斯本协定》涵盖的原产地名称的其他示例包括：波尔图、干邑白兰地、比尔森、香槟、波尔多、龙舌兰酒、哈瓦那雪茄、赫雷，以及所有法国原产地名称。非食品产品也已注册，例如Talavera手工艺品（墨西哥）、Cholet布（法国）和波希米亚玻璃（捷克共和国）。

1958年缔结的《里斯本协定》与2015年通过的《里斯本协定日内瓦文本》共同构成了里斯本体系。里斯本体系建立了一个法律框架，涵盖了亚洲、欧洲、美洲、非洲和加勒比地区等57个国家和地区，为其缔约国提供原产地名称和地理标志的国际保护。任何《巴黎公约》的缔约国都可以加入《里斯本协定》（1967年文本）和《里斯本协定日内瓦文本》。此外，《里斯本协定日内瓦文本》开放了里斯本体系，供《世界知识产权组织公约》缔约国（只要其立法符合《巴黎公约》

❶ 世界知识产权组织WIPO.里斯本体系官网介绍［EB/OL］.［2022-12-30］.https://www.wipo.int/lisbon/en/#accordion__collapse__01.

关于原产地名称、地理标志和商标的规定）和某些经正式授权、可为地理标志提供区域权利保护的政府间组织（如 2019 年 11 月加入的欧洲联盟）加入。

2015 年通过的《里斯本协定日内瓦文本》与 1958 年通过的《里斯本协定》的区别在于，以保护"原产地名称"（AO）为宗旨的《里斯本协定》的协议国已经同意扩大协定的范围，将草签时原本狭隘定义的原产地名称（AO）类别扩大到涵盖地理标志（GI）。地理标志用于标示产品的特定地理产区，它包括质量、口碑或者其他与该产地密切相关联的特性。虽然地理标志与原产地名称相似，但是后者在使用时标准更加严格。《里斯本协定日内瓦文本》在原产地名称的基础上极大地扩展了《里斯本协定》的范围，原产地名称只是地理标志中的一个狭窄的子目录，仅仅与特殊的地理环境挂钩，而地理标志则是一个更广义的类别。地理标志包含指示出产品质量、口碑或者与地域有关属性的任何指标。而原产地名称与原产地位置的联系则表现得更强。除原产地名称外，《里斯本协定日内瓦文本》还允许对地理标志进行国际注册，同时还允许政府间组织加入，使得地理标志国际保护制度更具有包容性和开放性。要成为《里斯本协定》和（或）《里斯本协定日内瓦文本》的缔约方，必须向世界知识产权组织总干事交存对该协定和（或）该文本的批准书或加入书。对《里斯本协定》的加入，在世界知识产权组织总干事通知其他成员国批准书或加入书的交存之日起三个月后生效，或在该文书中所指明的任何更晚日期生效。对《里斯本协定日内瓦文本》的加入，在缔约方交存其批准书或加入书之日起三个月后生效，或在该文书中所指明的任何更晚日期生效。当国家或政府间组织成为《里斯本协定》或《里斯本协定日内瓦文本》的缔约国时，其自动成为里斯本联盟大会成员。

与其他全球知识产权注册体系不同，里斯本体系的主要优势在于明确规定了给予国际注册原产地名称和地理标志的最低保护水平。各缔约方需要保护在其境内注册的原产地名称和地理标志，防止任何盗用和仿冒，即便已标明产品的真正原产地，或以翻译形式使用原产地名称 / 地理标志，或附有诸如"类""式""款""仿"等表述。里斯本体系还保护注册原产地名称和地理标志免受关于商品真实来源或性质的任何其他误导性做法的影响。在里斯本体系下注册后，原产地名称和地理标志就不能再在没有驳回保护的缔约方被认为是用来指称一类产品的通用名称。这种保护的基础是唯一具有法律约束力的原产地名称/地理标志国际注册簿，可在多个司法管辖区直接执行。这使得保护十分有效，并大大减轻了原产地名称/地理标志经营者在国外寻求对其原产地名称/地理标志实施保护的举证责任。

在里斯本体系下，当原产地名称或地理标志完成注册，随之而来的国际保护可能无限延续，因为无须支付任何额外费用来续展注册。原则上，只要原产地名称/地理标志在其原属缔约方仍受保护，国际保护就会持续下去，但有可能在规定期限内被驳回或在缔约方境内被宣告无效。里斯本体系中的注册公告如图 7-1 所示。

APPELLATIONS D'ORIGINE
Notification selon art. 5, al. 2 de l'Arrangement de Lisbonne du 31 octobre 1958

Date d'enregistrement
20 décembre 1967

N° d'enregistrement
231

Pays requérant:
FRANCE

Administration compétente:
Service de la répression des fraudes et du contrôle de la qualité, Ministère de l'agriculture, Paris

Titulaire(s):
Producteurs ou groupements de producteurs des vins bénéficiant de l'appellation d'origine en cause

Appellation d'origine:
CHAMPAGNE

Produit:
Vin mousseux

Aire de production:
Territoire délimité dans les départements de la Marne, de l'Aisne, de l'Aube et de la Seine-et-Marne

Titre et date des dispositions législatives ou réglementaires ou décisions judiciaires reconnaissant la protection dans le pays d'origine:
Loi du 6 mai 1919; loi du 22 juillet 1927; décret du 28 septembre 1935; décret du 29 juin 1936; décret du 26 août 1936; décret du 17 juin 1938; loi du 11 février 1951

Date d'envoi de la demande:
20 novembre 1967

图 7-1 法国"Champagne"在里斯本体系中的注册公告

（一）申请条件

向世界知识产权组织提交原产地名称或地理标志国际注册申请的前提是：

（1）要注册的原产地名称/地理标志与里斯本体系的一个（或多个）缔约方有关：为此，原产地名称/地理标志的原产地理区域（或生产地理区域）需要位于（至少）一个缔约方（即原属缔约方）境内；

（2）根据原属缔约方的法律，原产地名称/地理标志的受益人（即有权使用该原产地名称/地理标志的自然人或法人），或是具有可以主张受益人权利或原产地名称/地理标志其他权利的法律地位的其他自然人或法人；

（3）原产地名称/地理标志在其原属缔约方已通过国内法定权利，如注册、立法或行政规章、司法或行政裁决，得到了这种承认和保护。❶

使用里斯本体系的这些前提条件必须与原产地名称/地理标志原属缔约方的国内立法进行核对。总而言之，里斯本体系可供有权使用源自缔约方的原产地名称/地理标志（或主张其中其他权利的）的自然人或法人使用。与其他全球知识产权注册体系不同，能否受到里斯本体系的保护，与用户的居住地、国籍或企业机构无关。重要的是原产地名称或地理标志与里斯本体系（至少一个）缔约方之间的联系。里斯本体系下部分国家注册地理标志数量如表7-2所示。

表7-2 里斯本体系下部分国家注册地理标志数量 ❷

国家	数量	国家	数量	国家	数量	国家	数量	国家	数量
阿尔及利亚	7	墨西哥	14	塞尔维亚	3	法国	509	以色列	1
保加利亚	51	黑山	2	斯洛伐克	7	格鲁吉亚	28	马其顿	5
哥斯达黎加	1	秘鲁	8	突尼斯	7	意大利	142	摩尔多瓦	1
古巴	20	葡萄牙	7	匈牙利	28	捷克	76		

---

❶ 国内法定权利是里斯本体系下国际注册进一步有效的基础和条件。

❷ WIPO.THE WIPOD EVELOPMENT AGENDA［EB/OL］.（2016-05-26）［2022-12-30］.https://www.wipo.int/edocs/mdocs/africa/en/wipo_ip_recs_ge_16/wipo_ip_recs_ge_16_t_6_c.pdf.

（二）申请程序

通过世界知识产权组织完成原产地名称或地理标志国际注册的具体程序如下：

（1）受益人或有权主张受益人权利或原产地名称或地理标志中其他权利的其他个人 / 实体必须向其主管机关申请进行初步审查，确定是否满足在里斯本体系注册其原产地名称 / 地理标志的前提条件。

（2）主管机关可以代表其向世界知识产权组织提交申请，并成为其原产地名称 / 地理标志生命周期（如驳回、授予保护等）相关通信的主要联络点。根据《里斯本协定日内瓦文本》，缔约方可以使用特定声明，授权受益人和其他权利主体直接向世界知识产权组织提出申请，而无须主管机关作为中介（直接申请）。申请必须按照规定的强制性要求，使用为此提供的正式表格，以英语、法语或西班牙语提交，并且必须由主管机关或代表该部门的个人或实体签字。根据《里斯本协定日内瓦文本》，可能还需满足基于声明的额外要求（如关于原产地名称 / 地理标志的进一步信息），以确保在具有这些要求的特定缔约方获得保护。《里斯本协定日内瓦文本》还引入了一种可能性，即缔约方可以通过指定共同主管机关，联合申请注册源自跨界地理区域（即覆盖相邻缔约方的区域）的原产地名称 / 地理标志。

（三）国际注册

在对申请进行形式审查后，世界知识产权组织在里斯本体系国际注册簿注册该原产地名称或地理标志，并将新注册通知《里斯本协定》（1958 年和 1967 年文本）和（或）《里斯本协定日内瓦文本》的其他缔约方。国际注册日为世界知识产权组织以适当形式收到申请的日期，只要原属缔约方继续给予保护，国际注册就持续有效，无须续展。在里斯本体系注册的原产地名称和地理标志在《里斯本协定日内瓦文本》每个缔约方的管辖范围内均受到保护（如适用），如果该缔约方没有通知驳回，或通知声明给予保护，即从国际注册日起生效（或如果在国际注册日后加入，则从该缔约方加入之日起生效）。

经过国际注册的原产地名称或地理标志，自国际注册之日起，在《里斯本协定》或《里斯本协定日内瓦文本》的各缔约国管辖范围内受到法律保护。只要原属国持续为该原产地名称或地理标志提供保护，国际注册就一直有效，无须另行续费。缔约方必须保护其境内已注册的原产地名称和地理标志免遭任何侵占和仿制，即使注明了产品的真实原产地，或者原产地名称／地理标志以翻译形式使用，或附有"种类""类型""制造""仿制"等术语，还需保护已注册的原产地名称和地理标志免受关于商品真实原产地或性质的任何其他误导性做法的影响。

原产地名称／地理标志在里斯本体系下注册后，其国际注册的有效性和期限取决于国内保护的法定权利。只要原产地名称和地理标志在其原属缔约方受到保护，它们在其他缔约方就仍受到保护（受任何驳回的影响）。不过，国际注册在国际注册簿上成功登记并在未通知驳回的其他缔约方受到保护后，仍可能发生其他变化。国际注册的效力可以在一个缔约方全部或部分失效。但是，只有在受益人有机会为其权利进行辩护，并且不再对无效宣告进行上诉之后，才能宣布无效。此外，原属缔约方的主管机关可以向世界知识产权组织提交变更国际注册的申请，但需付费。此类变更可能涉及受益人、生产（或来源）的地理区域、国内保护的法定权利或原属缔约方本身。最后，缔约方的主管机关可以在任何时候通知世界知识产权组织放弃在一个或部分（但不是全部）缔约方保护原产地名称或地理标志，以及从国际注册簿上一并注销注册。注销与驳回一样，可以在任何时候撤回。

（四）国际注册的驳回

某一缔约方的相关主管部门在接到世界知识产权组织的注册通知后一年内，可以在相关权利人的申请下或依职权（在国内立法允许的前提下）向世界知识产权组织提出驳回通知，并说明具体理由，拒绝在本国管辖范围内提供保护。

驳回具体条件如下：

（1）驳回必须在收到注册通知之日起一年内通知世界知识产权组织；

（2）必须在驳回声明中对驳回所依据的理由作出具体说明；

（3）提供可用于对驳回提出异议的司法或行政救济措施及其适用时限。

在里斯本体系下，可以根据缔约方法律规定的任何实质性理由作出驳回，但事实上最常见的驳回理由是与之冲突的在先权利（例如善意在先商标）、通用名称及注册名称不符合《里斯本协定》或《里斯本协定日内瓦文本》（如适用）对原产地名称或地理标志的定义。驳回可以是全部的（涉及原产地名称／地理标志的全名时），也可以是部分的（仅涉及原产地名称／地理标志的某些要素，或例如仅在所述缔约方所保护的在先冲突权利方面驳回对新原产地名称／地理标志的保护）。驳回可以由主管机关应有关方要求通知世界知识产权组织，也可以在国内立法允许的情况下依职权通知。驳回并非不可撤销，而是可以在任何时候由发出通知的主管机关全部或部分撤回。通过撤回通知或给予保护的通知来撤回驳回。

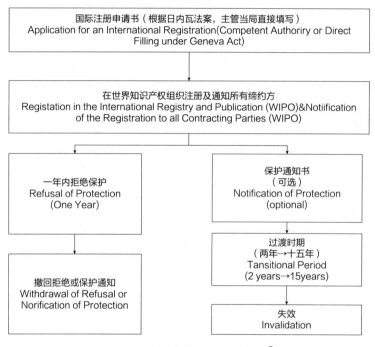

图 7-2　里斯本体系注册示意图 ❶

二、马德里体系：商标注册

马德里体系是由世界知识产权组织管理的关于商标国际注册的体系，地理标志同样可以通过商标体系进行注册申请。1891 年 4 月 14 日通过的《商标国际注册马德里协定》和 1989 年 6 月 27 日通过的《商标国际注册马德里协定有关议定书》

❶　WIPO.THE WIPO DEVELOPMENT AGENDA［EB/OL］.（2016-05-26）［2022-12-30］.https://www.wipo.int/edocs/mdocs/africa/en/wipo_ip_recs_ge_16/wipo_ip_recs_ge_16_t_6_c.pdf.

（以下简称《马德里议定书》）共同构成了国际商标注册的马德里体系。1891 年于西班牙首都马德里签订的《商标国际注册马德里协定》的缔约方数量有限，美国、日本、英国等在国际贸易领域有重要影响的国家没有选择加入。世界知识产权组织自 20 世纪 70 年代末开始努力劝说这些国家加入，经过多方斡旋，1989 年签订了《马德里议定书》，美国、日本、英国得以加入到了马德里体系。根据商标国际注册特别联盟（马德里联盟）大会 2016 年 10 月的最新决定，《马德里协定》已经不再适用，《马德里议定书》是马德里体系下唯一适用的条约，各国不能再加入《马德里协定》但可以同时加入《马德里议定书》和《马德里协定》。马德里体系的法律框架由《马德里议定书》《议定书实施细则》和其《适用〈商标国际注册马德里议定书〉的行政规程》共同组成。截至 2022 年 4 月，马德里联盟共有 112 个缔约方，覆盖 128 个国家。我国于 1989 年 10 月 4 日加入《马德里协定》，于 1995 年 12 月 1 日成为《马德里议定书》的缔约国。

第三节　地理标志的国际互认互保

国家知识产权局印发《地理标志保护和运用"十四五"规划》，明确提出 2025 年三项具体目标之一是进一步扩大地理标志互认互保范围，进一步拓展地理标志保护国际交流合作的广度和深度，进一步提升中国地理标志产品国际市场竞争力。长期以来，各国贸易谈判的焦点都紧紧围绕地理标志，这种焦点演化为对立与纷争，广泛存在于发达国家与发展中国家以及不同的发达国家之间。为缓解因不同历史文化背景产生的地理标志矛盾，各国都企图以协定的形式打通隔阂，地理标志合作协定是旨在加强对地理标志保护的协调合作与发展，促进原产于各自领土并带有地理标志的产品贸易活动而签订的协定。目前，我国签署了《中国国家知识产权局与法国农业和食品部、法国国家原产地和质量管理局关于农业和食品地理标志合作的议定书》(以下简称《中法地理标志合作议定书》)、《中欧地理标志协定》,以增强我国地理标志的国际合作与保护水平。

一、地理标志国际互认互保发展

地理标志互认互保是指在地理标志合作协定书的前提下建立的对地理标志相互承认、相互保护的机制。例如,中欧"10+10"以及"100+100"地理标志互认互保,2020 年中欧双方正式签署中欧地理标志协定,未来将形成"100+100+175"的地理标志互认互保格局。在与欧盟地理标志互认互保后,我国的地理标志产品便可以自由流通于欧盟市场,并享受和欧盟地理标志产品同等的优惠政策。这种地理标志互认互保协定对于连接"一带一路"倡议,对于促进品牌"走出去"、推动企业国际化、高端化具有重要促进作用。❶

2023 年 1 月 16 日,国新办就 2022 年知识产权相关工作情况举行发布会。国家知识产权局表示加强地理标志保护,对于推动区域特色经济发展、助力乡村振兴、传承传统文化、促进对外开放都具有重要意义。地理标志对外合作方面,国家知识产权局正在按照统一部署,积极落实中欧、中法、中泰等地理标志保护方面的协定、协议,参与更多国家和地区的地理标志保护国际合作。❷

对于加入互认互保名录的地理标志产品会在双方国家受到如下保护:

(1)禁止任何在商品名称或说明中采用直接或暗示性表达其特定品质并非来自其真实产地的其他地理区域,会使公众对其地理来源产生误导的行为;

(2)禁止任何使用地理标志指示并非来自该地理标志所指示的产地来源的相同或类似产品的行为,即使该产品已经说明真实来源地或在使用地理标志时运用了意译、音译、字译或同时使用"种类""品类""风格""仿制"等表述字样;

(3)禁止任何使用地理标志指示不符合受保护名称的产品规范的某一相同或

❶　伽红凯,刘颖健.地理标志扶贫:综合价值、作用机制与典型案例[J].山西农业大学学报(社会科学版),2021,20(03):33-41.

❷　中国网.国新办举行 2022 年知识产权工作新闻发布会[EB/OL].(2023-01-09)[2023-02-19].http://www.china.com.cn/zhibo/content_85058049.html.

相似的产品的行为；

（4）禁止保护字面意思上虽真实反映了其产品源地但是仍会使公众错误认为其来源其他地理区域的地理标志，例如，产自中国的任一气泡酒类禁止使用"香槟""Champagne"等字样。

截至 2022 年 10 月，通过单独申请、互认试点和协定互保等模式实现了 110 个中国地理标志在欧保护、134 个欧盟地理标志在华保护。主要包括"安吉白茶""安溪铁观音""五粮液""百色芒果""宁夏大米""丹麦蓝乳酪"（Danish Blue Cheese）、"菲达奶酪"（Feta Cheese）、"帕尔马火腿"（Prosciutto di Parma）、"苏格兰威士忌"（Scotch Whisky）、"波尔多葡萄酒"（Bordeaux），等等。

二、中欧地理标志互认互保

（一）中欧地理标志互认试点

2006 年国家质量监督检验检疫总局与欧盟贸易委员签署了《中华人民共和国国家质量监督检验检疫总局与欧洲委员会贸易总司关于地理标志的谅解备忘录》，中国和欧盟将各确定 10 个地理标志产品，予以双边互认，打假保护。2006 年 7 月 11 日，国家质量监督检验检疫总局与由欧盟农业总司隆戈率领的欧盟代表团就中欧地理标志保护产品互认试点举行会谈。双方正式交换了申请在对方进行保护的 10 个地理标志保护产品的相关文件，互认试点工作进入实质性阶段。2006 年底，双方召开了中欧地理标志互认试点工作第一次会议，双方各推荐 10 个地理标志保护产品作为试点产品，启动了中欧地理标志互认试点工作。❶

2011 年 3 月 22 日，在杭州举行"中欧地理标志保护论坛"，中国和欧盟各自确定了"10+10"互保试点产品清单。中方"10+10"地理标志互保试点产品清单包括龙井茶、东山白芦笋、琯溪蜜柚、金乡大蒜、蠡县麻山药、平谷大桃、陕西苹果、盐城龙虾、镇江香醋和龙口粉丝。欧方"10+10"地理标志互保试点产

---

❶ 国家质检总局. 总局与欧盟地理标志产品保护合作取得实质性进展［EB/OL］.（2007-07-12）［2023-02-15］.http://www.c315.cn/442.html.

品清单包括：洛克福奶酪、阿让李子干、帕加诺奶酪、帕尔玛火腿、科多瓦橄榄油、马吉娜橄榄油、孔蒂奶酪、斯提尔顿奶酪、苏格兰农家三文鱼和农舍奶酪。2012 年 11 月，经过中欧双方政府机构、专家和地理标志产品生产企业的共同努力，中国与欧盟各自 10 个地理标志产品，全部获得对方的批准保护，标志着中欧"10+10"地理标志互认互保试点项目圆满完成。

中欧"10+10"地理标志产品互认互保试点项目的实践证明，我国的地理标志产品保护制度符合国际公认的规则标准，其审查程序与技术要求完全可以实现与欧盟等地理标志专门保护制度发达的国家和地区之间的衔接，将对完善国内地理标志专门保护制度建设，提升我国地理标志保护产品的国内外知名度、促进地方经济社会可持续发展、扩大对外贸易产生重大影响。2015 年 4 月 16 日，国家质量监督检验检疫总局召开"中欧地理标志品牌建设研讨会"，10 个获得欧盟批准的地理标志产品被正式授牌，在中华地标品牌发展史上是具有里程碑意义的标志性成就。

（二）《中欧地理标志协定》的协商与签订

《中欧地理标志协定》谈判于 2011 年启动，2018 年国务院机构调整后，国家质量监督检验检疫总局和国家工商行政管理总局相关职能划入国家知识产权局，谈判也相应地由商务部会同农业农村部和国家知识产权局继续进行。谈判共历经 8 年 22 轮正式谈判和上百次非正式磋商。2019 年 11 月 6 日，商务部部长钟山与欧盟农业委员霍根共同签署了《关于结束中欧地理标志协定谈判的联合声明》，宣布中欧地理标志协定谈判结束，中欧地理标志产品互认保护即将开始。

2020 年 9 月 14 日中欧双方代表正式签署《中欧地理标志协定》，并于 2021 年 3 月 1 日正式生效。该协定共 14 条和 7 个附录，主要规定了地理标志的保护规则和地理标志产品互认清单等内容，共将 550 个地理标志（双方各 275 个）纳入互认清单，涉及食品、酒类、手工艺品、农产品、茶叶等。根据该协定，中欧双方各有 100 个产品列入首批地理标志保护清单。中国消费者将可以在国内市场上放心采购带有地理标志的法国香槟、爱尔兰威士忌、慕尼黑啤酒、帕尔玛火腿及菲达奶酪等知名欧洲产品。欧洲消费者也将安心品尝赣南脐橙、郫县豆瓣、安吉白茶、盘锦大米和安丘大姜等正宗中国农产品。

《中欧地理标志协定》是中国对外商签署的第一个全面的、高水平的地理标志合作保护多边协定。该协定有三个特点：一是保护数量多。这是中欧之间首次大规模互认对方的地理标志，总数量超过500个。二是保护种类丰富。中方列入协定清单的地理标志不仅涉及酒类、茶叶、农产品、食品等，还涉及代表中国传统文化的宣纸、蜀锦等中国特色地理标志，此前欧盟对外商签的地理标志协定中仅涉及农产品、食品和酒类，这是欧盟第一次在其协定中纳入此类地理标志；三是保护待遇高。双方纳入协定保护的地理标志不仅可在对方地域获得高水平保护，还可使用对方的地理标志官方标志，有利于相关产品有效开拓市场。

该协定将带来三方面的利好。中欧双方地理标志资源丰富，对地理标志相互提供高水平保护，将有力促进双边地理标志产品贸易发展，进一步加强中欧经贸合作。一是我国一大批地理标志将受到欧盟保护。随着协定生效，我国首批100个地理标志正式获得欧盟保护。此外，协定还纳入了我国第二批175个地理标志，将在协定生效后四年内获得保护。二是我国相关地理标志产品有权使用欧盟地理标志官方标志。这也是欧盟首次通过国际条约允许国外地理标志持有人使用其官方标志。加贴欧盟地理标志官方标志，意味着产品声誉获得欧盟认可，有利于我国相关产品获得海外消费者的认可，提升知名度，开拓海外市场。三是有利于提升人民生活质量。协定为欧盟优质特色产品进入中国市场提供充分保护，消除欧盟地理标志生产商的后顾之忧，使其放心地向我国出口，使我国消费者能吃到、用上更多欧盟优质产品，提高人民生活品质，满足人民日益增长的美好生活需要。

（三）《中欧地理标志协定》互认互保成效

《中欧地理标志协定》的签署将更好促进地理标志产品的"引进来"和"走出去"，进一步提升地理标志保护水平，完善地理标志保护体系，深化地理标志管理改革，加强地理标志保护国际合作。

从第1批中欧地标产品中国入选的100个产品清单中可以看到，在我国100个地理标志名单中，四川和福建各有11个地理标志获得欧盟保护，数量最多，排名并列第一。四川地理标志包括成都郫县豆瓣、安岳柠檬、宜宾芽菜、苍溪红心猕猴桃、三台涪城麦冬、浦江雀舌、乐山峨眉山茶、绵竹剑南春酒、宜宾五粮液、四川泡菜、泸州纳溪特早茶。福建地理标志包括安溪铁观音、福安坦洋工夫茶、福州茉莉花茶、武夷山正山小种、建宁通心白莲、松溪绿茶、武夷山大红袍、福鼎白茶、武夷岩茶、罗源秀珍菇、福鼎桐江鲈鱼。山东有 8 个地理标志获得欧盟保护，包括烟台苹果、兰陵县（原苍山）苍山大蒜、安丘大姜、烟台葡萄酒、扳倒井酒、莒南花生、威海文登苹果、安丘大葱。浙江有 7 个地理标志获得欧盟保护，包括湖州安吉白茶、丽水庆元香菇、舟山嵊泗贻贝、绍兴酒、建德千岛银针、泰顺三杯香茶、金华两头乌猪。继第一批 244 个地理标志产品互认互保，中欧双方又发布了第二批产品清单，2022 年 6 月，双方各自又遴选了 175 个产品加入了《中欧地理标志协定》。2022 年 12 月，根据国家知识产权局关于受理茵蓝朗姆酒等欧洲联盟产品申报地理标志产品保护的公告（第 506 号），根据《中欧地理标志协定》，依法受理了茵蓝朗姆酒等 175 个欧洲联盟产品的地理标志产品保护申请，实现了对《中欧地理标志协定》的第二次互认互保。

三、中法、中泰地理标志互认互保

（一）中法地理标志互认互保

法国是中国在地理标志领域合作范围最广、获得产品保护最多的国家。中法地理标志合作协定书是与中欧地理标志协定书共同签署的。2019 年 11 月 6 日，在中华人民共和国国家主席习近平和法国总统马克龙的共同见证下，《中法地理标志合作议定书》在北京人民大会堂正式签署。中国国家知识产权局局长申长雨、法国农业部部长迪迪埃·纪尧姆及法国国家原产地和质量管理局局长玛丽·吉塔德分别代表两国地理标志主管部门在议定书上签字。该议定书的签署标志着中法两国在农业和食品地理标志领域的合作关系开启了新篇章。《中法地理标志合作议定书》是我国探索以地理标志合作议定书形式加强地理标志国际保护的一次成功尝试。该议定书就中法双方地理标志的合作保护以及地理标志产品的互认互保以促进贸易往来进行了约定，不仅有助于增强双方地理标志保护，还有利于双方地理标志产品的合作与推广，促进地方特色经济发展，推动双边经贸关系发展。❶

截至 2022 年底，超过 60 个法国地理标志产品通过两国合作、中欧"10+10"地理标志互认互保试点和中欧地理标志协定等方式，在中国受到保护。

（二）中泰地理标志互认互保

2013 年 8 月 29 日，中国国家质量监督检验检疫总局与泰国商务部在北京签署了《地理标志合作备忘录》，为两国的地理标志合作交流奠定了基础。2019 年，中泰"3+3"地理标志互认互保工作取得实质性进展，贵州茅台酒、德化白瓷、凤凰单枞成为中方首批 3 个地理标志产品互认互保试点产品之一。2019 年 6 月 17 日，中国国家知识产权局与泰国知识产权厅进行了会谈。中泰两局有 20 多年良好的合作传统，双方在双边、区域和多边框架下都开展了很好的合作。泰方愿意积极参与"一带一路"建设，落实 2018 年"一带一路"国家知识产权高级别会议上通过的加强"一带一路"知识产权务实合作的联合声明，在专利、商标和地理标志领域开展更深入的互利合作。会谈中，双方还就地理标志领域的未来合作、"一带一路"合作项目及知识产权宣传教育等议题交换了意见。会后，两局签署了关于地理标志合作的谅解备忘录。

随着经济全球化的不断发展和国际利益格局的日益变化，加之 WTO 体制下的 TRIPs 协定对于地理标志的争议搁置与谈判进程的裹足不前，不同国家为实现自身利益最大化，在地理标志保护领域开始谋求新的机制和发展道路。不少国家，特别是欧盟等地理标志保护力度较大的国家和地区在 TRIPs 协定的框架下探索出了一条新的地理标志国际保护道路，即通过自由贸易协定谈判（FTA）来实现地理标志的国际互认互保。

---

❶ 国家知识产权局. 中法两国元首见证中法地理标志合作议定书签署［EB/OL］.（2019-11-08）［2022-12-30］.https://www.cnipa.gov.cn/art/2019/11/8/art_1394_92458.html.

思考题

1. 简述里斯本体系原产地名称或地理标志国际注册申请程序。

2. 简述通过马德里商标国际注册保护地理标志的优势和劣势。

3. 地理标志国际互认互保可以实现何种保护？

延伸阅读

CPTPP 中的地理标志保护 ❶

全面与进步跨太平洋伙伴关系协定（Comprehensive and Progressive Agreement for Trans-Pacific Partnership，CPTPP），是美国退出跨太平洋伙伴关系协定（TPP）后该协定的新名字。2020 年以来，中国国家领导人多次表态"积极考虑加入《全面与进步跨太平洋伙伴关系协定》"。2021 年 9 月 16 日，中国商务部部长王文涛向 CPTPP 保存方新西兰贸易部提交了中国申请加入的书面函件，正式迈出了中国申请加入 CPTPP 的第一步。

美国等 12 个国家于 2015 年 10 月签署了 TPP 协议，美国于 2017 年 1 月 23 日正式宣布退出 TPP。同年 11 月 11 日，剩下的国家就如何推动 TPP 的进程达成了正式协议，并宣布 11 个国家将签订新的 CPTPP。2018 年 3 月 8 日，日本、加拿大、澳大利亚、智利、新西兰、新加坡、文莱、马来西亚、越南、墨西哥、秘鲁 11 个参加 CPTPP 的国家代表在圣地亚哥智利签署了协议，2021 年 9 月 16 日，中国正式提出申请加入 CPTPP。

（一）CPTPP 中的地理标志规定

CPTPP 是一项综合性贸易协定，涵盖了货物的国民待遇和市场准入、原产地规则和原产地程序、纺织品和服装、海关管理和贸易便利化、投资、跨境服务贸易、电子商务、劳工保护、国有企业和垄断。实质内容总计 82 条。

---

❶ 中国商务. 全面与进步跨太平洋伙伴关系协定（CPTPP）文本（含参考译文）[EB/OL]. （2021-01-11）[2023-01-09]. http://www.mofcom.gov.cn/article/zwgk/gkbnjg/202101/20210103030014.shtml.

CPTPP 设知识产权专章（第 18 章），也是 CPTPP 中内容最多的章节，约占 CPTPP 所有内容的 12%。该章节为知识产权建构了全面且系统的制度框架，总共包括 11 节内容，分别是总则、合作、商标、国名、地理标志、专利和未披露实验数据或其他数据、工业品外观设计、版权和相关权、执行、互联网服务提供商和最后条款，涵盖了知识产权国际保护的主要内容。CPTPP 对地理标志的规定总共六条，分别为地理标志的承认、保护或承认地理标志的行政程序、异议和注销的理由、确定名称是否属通用语言中惯用名称的指南、复合名称、地理标志的保护日期和国际协定。

我国《商标法》及其配套规范、司法解释、保护地理标志产品、《反不正当竞争法》等相关法律法规和规范性文件的相关内容，与 CPTPP 的 C、D、E 节对成员国在商标、地理标志、域名、国名、通用名称等方面的义务要求基本一致；但是，对于《商标法》及地理标志产品的保护，仍需进一步细化立法或执法规则。关于集体商标和证明商标的 CPTPP 第 18.19 条规定，缔约方应在商标制度下保护地理标志。第 18.20 条进一步规定，注册商标拥有者享有专用权，可阻止第三方在未经其同意的情况下，在贸易过程中使用与其注册商标相同或相似的标记，包括地理标志。其主要意义在于协调各成员国可能存在的地理标志专有保护制度和商标法保护制度。

（二）CPTPP、RCEP 和 TRIPs 协定对地理标志的关联

RCEP 在第 11.20 条要求"每一缔约方也应当规定，可作为地理标志的标记能够依照其法律法规在商标制度下得到保护"。其另在第 11.25 条规定："每一缔约方应当根据 TRIPs 协定保护其管辖范围内先于地理标志的商标。"这是采纳了日本的建议，基本上将 CPTPP 中关于地理标志保护的共识和内涵，纳入到了 RCEP 当中。就 TRIPs 协定而言，几乎所有实质性条款均完全采纳和延续其前身《跨太平洋伙伴关系协定》，包括第 18 章所列知识产权条款。很明显，RCEP、CPTPP 或 TPP 均采用 TRIPs 定义作为地理标志，但并未限制各成员应以何种具体立法或其他方式加以规制，但均进一步要求"每一成员对地理标志的图示标记应使其在商标体系内受到保护"。这也反映出美国在谈判中的立场，要求所有不需要考虑商

标，而仅依靠个别或特别立法来保护地理标志的成员，必须完全跟进商标法。也就是说，TRIPs 允许在商标范围内提供地理标志保护，而 CPTPP、TPP 和 RCEP 则规定，必须在商标制度下提供同样的保护。

（三）CPTPP 的地理标志保护制度对中国的挑战与机遇

如前所述，与 RCEP 相比，CPTPP 在知识产权方面的规则比 RCEP 要高，因此对于中国来说更具挑战性。条款效力方面，部分争议条款暂时冻结。在美国退出 TPP 谈判之后，其他国家将暂缓适用由美国主导且颇具争议的相关条款。CPTPP 中共有 22 条被冻结，其中涉知识产权内容的有 11 条被冻结，占到一半，成为冻结条款最多的章节。由于上述条款属于暂缓适用，即冻结而非完全废除，因此它仍属于 CPTPP 的一部分。未来，冻结条款是否具有法律效力存在较大变数，主要取决于美国是否会重返 CPTPP 谈判，并继续推进冻结条款的实施。

我国《商标法》没有像 CPTPP 第 18.20 条那样进一步明确在先注册商标可以阻却在后申请注册或使用的、有"混淆的可能性"的地理标志，这在今后的商标与地理标志保护实践中可能存在冲突，如"金华火腿"这样的注册商标，其生产经营者可能并非原产地，但如果属于我国《商标法》第 16 条规定的"善意取得注册继续有效"，那么，如果原产地经营者在同一火腿产品上申请相同地理标志保护，则可能产生"可能混淆"的争议。我国《商标法》对此未作进一步的规定，而 CPTPP 第 18.20 条则对在先注册商标进行了明确的保护。当然，CPTPP 第 18.21 条对描述性使用作了例外规定，即如果在后地理标志使用正当且不构成混淆，则不会被视为侵犯在先注册商标专用权。

如 CPTPP 第 18.20 条所述，在同一商品或服务中使用相同的标记时，应当假定存在混淆的可能性。显然，"金华火腿"属于不同主体使用相同商标和地理标志的典型情况，容易造成混淆。这种矛盾在我国由来已久，由于我国原有的地理标志保护制度存在着商标制度、质检制度和农业制度三大体系，不同主体在不同制度下注册同一地理标志，存在着"一地多标"现象。以"金华火腿"商标为例，商标专用权、原产地保护产品标志专用权、证明商标三大主体实际上处于"平行"状态，直至 2018 年 1 月，"金华火腿"才实现了地理标志商标、地理标志产品合一保护。然而，"金华火腿"的协调过程能多大程度上被存在商标与地理标志潜在冲突的其他产品效仿，取决于相关产业的规模和地方政府的支持，以及不同国家或地区商标与地理标志冲突的解决办法。❶

在国际贸易中，商标制度和地理标志制度的协调一直是一个重要的议题，中欧、中美间的贸易协定都对此高度重视，产生这些问题的根本原因在于利益和需求的不同。美国商标法的典型模式主张，包括地理标志商标的注册、使用和保护与普通商标没有任何区别，二者在商标争议中处于同等地位。而欧洲各国则采取专门法模式，力主保护地理标志的高标准，因为它们在国际市场上具有巨大的传统市场利益，并不愿意被"新大陆"国家瓜分。由于同一产品的商标、地理标志在不同国家或地区不可避免地发生冲突，因此解决的办法只能是以协调为基础的共存。由于传统产品的复杂性和多样性，在实践中难以统一适用商标和地理标志的共存原则。把不涉及二者关系处理的特定产品清单作为附件，强调地理标志对等保护是欧洲对外签订和实施贸易协定的常用做法。因此，面对国际贸易市场和我国巨大的地理标志需求，协调国内外利益需求，努力协调现有地理标志保护形式的协调，对我国而言既是机遇也是巨大挑战。

---

❶ 管育鹰. CPTPP知识产权条款及我国制度的应对［J］. 法学杂志，2022，43（02）：95-108

第八章 地理标志法律制度的发展与展望

· · · · · · · · · · ·

要点提示

本章节重点了解的知识：（1）地理标志立法模式的检视与反思；（2）地理标志统一立法的正当性；（3）地理标志权的学理证成；（4）地理标志权；（5）地理标志认定与保护体系。

本章思维导图

地理标志法律制度的发展与展望
- 我国地理标志统一立法
  - 地理标志统一立法的现实需求
  - 地理标志立法模式的检视与反思
  - 地理标志统一立法的正当性
  - 我国制定《地理标志法》的总体思路
- 地理标志权的设立及其体系化
  - 地理标志权性质纷争
  - 地理标志权的学理证成
  - 地理标志权的诞生及权利构造
- 强化地理标志法律保护策略
  - 完善地理标志管理体系
  - 优化地理标志认定机制
  - 健全地理标志保护法律责任体系

第一节　我国地理标志统一立法

荔浦芋自清朝康熙四十八年（1709年），由福建漳州一带传入荔浦，首先栽于县城城西关帝庙一带，并向周边辐射种植。在荔浦县特殊的地理和自然条件下，受环境气候的影响，逐渐形成集色、香、味于一体的地方名特优产品，品质优于其他地方所产芋头，很早在周边县对荔浦所产槟榔芋就有了"荔浦芋"一词的称谓。在清代，荔浦芋作为广西珍稀的"皇室贡品"，年年进贡朝廷。据民国三年（1914年）《荔浦志》记载："纹棕色致密，粉松而不粘，气香。他处有移种者，仅形似耳，无纹，谓之槟芋"。电视剧《宰相刘罗锅》的播出，桂林荔浦芋在全国家喻户晓闻名天下，2008年被指定为北京奥运会专用芋头。

1996年8月16日由原荔浦县名特优农产品协会（荔浦2018年撤县设市，2021年变更为荔浦市名特优农产品协会）申请注册"荔浦芋"证明商标，2000年4月21日国家工商行政管理总局商标局核准注册。

2005年12月28日国家质量监督检验检疫总局发布2005年第193号公告，根据《地理标志产品保护规定》，对"荔浦芋"实施地理标志产品保护。

2015年7月22日农业部公告发布第2277号公告，根据《农产品地理标志管理办法》规定，对"荔浦芋"实施国家农产品地理标志登记保护，证书持有人为荔浦县农业技术推广中心。

"荔浦芋"成为同时获得我国地理标志证明商标、农产品地理标志和地理标志产品保护三种模式保护的农产品品牌，其中利弊值得探讨。

（**资料来源**：广西壮族自治区农业农村厅网站.荔浦芋［EB/OL］.（2021-04-17）
［2023-01-23］.http://nynct.gxzf.gov.cn/gxzy/gxdfpz/t8694363.shtml.）

2020年11月习近平在中央政治局第二十五次集体学习时强调，要提高知识产权保护工作法治化水平，要加强地理标志等领域立法。2021年9月《知识产权强国建设纲要（2021—2035）》明确提出"探索制定地理标志等专门法律法规"。2021年3月1日生效的《中欧地理标志协定》和2022年1月1日生效的RCEP协定均要求中国妥善处理地理标志同在先商标权利的关系并提高国内保护标准。

一、地理标志统一立法的现实需求

（一）地理标志是中国参与全球知识产权博弈的重要筹码

知识产权制度是一项私法领域财产保护法律制度，但本质是一件市场经济和国际贸易中的竞争工具。这一点在中美贸易摩擦中凸显得淋漓尽致。美国作为世界上最大的知识产权净出口国，凭借自身主导的全球知识产权规则体系加强对本国高新技术和创新的知识产权保护，建立以"美国优先"的国际贸易秩序，维持其以知识产权为核心基础的国际竞争力和全球创新大国地位。"发达国家将不断推动高标准的知识产权保护规则，塑造新的贸易壁垒，以维护国际竞争优势。"❶发展中国家在参与国际知识产权竞争中不得不遵循当前"美国化"的国际知识产权规则体系，中国作为全球知识产权引进大国，2020年进口额达378亿美元❷，尤其是需向美国支付通信技术、汽车技术等高新技术知识产权费用，在专利、版权等传统知识产权领域国际竞争中处于弱势地位。但是中国是全球农业资源大国和历史悠久的文化大国，具有得天独厚的自然和人文资源优势条件。郑成思教授认为"地理标志是中国的长项"❸，地理标志制度将成为中国参与知识产权国际竞争的

❶　易继明.后疫情时代"再全球化"进程中的知识产权博弈［J］.环球法律评论，2020，42（05）：173.

❷　国家外汇管理局.我国已成为全球第五大知识产权贸易经济体［EB/OL］.（2021-10-06）［2022-12-10］.https://politics.gmw.cn/2021-10/06/content_35212410.htm.

❸　郑成思.传统知识与两类知识产权的保护［J］.知识产权，2002（04）：3-5.

重要筹码。中国目前积极探索通过强化地理标志保护水平提升国际知识产权竞争力的路径，如《中欧地理标志协定》框架下中欧双方各 275 件地理标志互认保护。美国是新兴移民国家，历史文化不足、地理标志资源薄弱，制定专门法保护地理标志不符合美国全球利益，因此美国采取依托商标法制度保护地理标志。

（二）地理标志是带动区域经济发展，实现乡村振兴的核心动力

党的十九大报告首次提出了"乡村振兴战略"，党的二十大报告强调"全面推进乡村振兴"，其与"商标品牌战略"相结合形成的"乡村振兴，品牌先行"策略已成为农业供给侧结构性改革的重要抓手。《乡村振兴战略规划（2018—2022）》指出："加快形成以区域公用品牌、企业品牌、大宗农产品品牌、特色农产品品牌为核心的农业品牌格局"以及"加强农产品商标及地理标志商标的注册和保护，构建我国农产品品牌保护体系"。2021 年 5 月国家知识产权局、国家市场监督管理总局联合印发的《关于进一步加强地理标志保护的指导意见》中明确指出，地理标志是重要的知识产权类型，是促进区域特色经济发展的有效载体，是推进乡村振兴的有力支撑。乡村振兴是新时期重大战略任务，地理标志品牌建设是乡村振兴的有力抓手。在培育地理标志带动区域经济发展的探索中，2017 年已经形成两大全国典型经验。一个是"宁德经验"，"全市已拥有 60 件已注册地理标志商标，惠及人口近 300 万，占全市总人口的 89%。农民人均年收入 1.4 万元，其中来自地理标志产业的收入占 53%，66.2 万人因此脱贫，贫困率已降至 5% 以内……地理标志精准扶贫的'宁德经验'迅速在全国推广并登上世界舞台"；[1] 一个是"淮安经验"，截至 2020 年 10 月，淮安市注册地理标志商标 127 件，数量居全国设区市前列，成为引领淮安农民致富的"金字招牌"，特别是"'淮安大米'每年为稻农增收 3 亿余元"。[2] 再如广西最具价值的农产品品牌"横县茉莉花经验"，2020年横县茉莉花产值 19 亿元，茉莉花茶产值 83 亿元，带动餐饮、住宿、交通、物流、旅游等服务业产值超 21 亿元，横县茉莉花（茶）产业综合年产值达 125 亿

[1] 宁德运用地理标志商标助推精准扶贫 [J]. 中华商标，2018（07）: 9.

[2] 顾士荣，张晓红，罗妍. 品牌助力农产品乘风破浪——江苏省淮安市推进地理标志商标工作纪实 [J]. 中华商标，2021（01）: 78.

元；❶2021 年"横县茉莉花茶""横县茉莉花"两个地理标志区域品牌的"综合品牌价值达 215.3 亿元，比 2020 年品牌价值提高了 8.45 亿元"。❷典型经验充分说明地理标志有助于促进乡村农业产业发展，提高农产品附加值帮助农民增收，带动食宿、观光、物流、文创等产业全链条发展，促进以地理标志为载体的本地特色文化传承和传播，强有力助力区域经济发展和乡村振兴战略实施。

（三）地理标志是区域公用品牌建设的主要方式

农产品区域公用品牌是"特定区域内相关组织、企业、农户等所共有的，在产地范围、品牌许可使用、品种质量管理、品牌营销等方面具有相同的诉求与行为，以联合提升区域内外客户的评价，使区域产品与区域形象共同发展的农产品品牌"❸，是带动产业兴旺和推动乡村振兴的有力抓手。地理标志体现特定地域自然因素和人文因素农产品的知名度和美誉度，是当前农产品区域品牌建设的中坚力量。我国地理标志保护卓有成效，截至 2022 年年底，累计登记农产品地理标志 3510 个，批准地理标志保护产品 2495 个，注册地理标志商标 7076 件，存在总数数量多，但品牌知名度不高，能够引领产业发展的代表性区域公用品牌较少等问题。"由于区域公用品牌的公共物品属性，建设区域公用品牌面临严重搭便车问题，为避免'公地悲剧'现象的发生，需要政府有形之手介入以解决市场失灵。"❹申请地理标志一般需要由县级以上人民政府或者行业主管部门出具授权文件，政府可以通过"有形之手"介入地理标志的培育和运用，地理标志成为政府发挥能动作用建设区域公用品牌的主要方式。典型代表如"安溪铁观音"，2000 年 4 月"安溪铁观音"获准注册地理标志证明商标，2005 年被认定为中国驰名商标，在美国、法国、日本、韩国等几十个国家注册了"安溪铁观音"，2022 年以 1430 亿

---

❶ 何任朗.好一朵横县茉莉花［N］.南宁日报，2020–12–11（B08）.

❷ 梁冬明，梁铃."横县茉莉花茶"和"横县茉莉花"综合品牌价值达 215.3 亿元［EB/OL］.（2021–06–26）［2022–12–16］.http://www.gx.xinhuanet.com/2021/06/26/c_1127599025.htm.

❸ 楼晓东.农产品区域公用品牌风险评估方法探讨——基于质量安全视角［J］.社会科学家，2014（03）：73–76.

❹ 李道和，叶丽红，陈江华.政府行为、内外部环境与农产品区域公用品牌整合绩效——以江西省为例［J］.农业技术经济，2020（08）：130.

元位列中国区域品牌（地理标志产品）价值第一，连续七年名列全国茶叶类区域品牌价值第一。"安溪铁观音"的成功不仅仅在于该地理标志本身成为具有影响力的区域公用品牌，同时还带动系列产品品牌发展，八马、凤山、中闽魏氏、三和、华祥苑、日春等龙头企业商标被认定为中国驰名商标，另有著名商标和知名商标几十件，形成了以地理标志证明商标为母品牌，企业商标为子品牌的品牌族群，带动区域产业经济整体发展。

二、地理标志立法模式的检视与反思

当前我国地理标志保护"三元模式"源于 2018 年国务院行政机构改革前的三套地理标志认定管理体系，即原质检系统的"地理标志产品保护模式"：1999 年国家质量技术监督局发布《原产地域产品保护规定》，后被 2001 年新组建的国家质量监督检验检疫总局于 2005 年发布的《地理标志产品保护规定》所替代，建立了"地理标志保护产品"审批的保护体系；原工商系统的"地理标志商标模式"：2001年修订《商标法》，规定了地理标志定义并确立了以证明商标和集体商标对其保护的制度，2003 年《集体商标、证明商标注册和管理办法》细化了地理标志申请相关规定，以商标注册方式建立地理标志保护体系；原农业部的"农产品地理标志模式"：2002 年《农业法》修订，第 23 条增设"农产品地理标志"制度，2007 年原农业部发布《农产品地理标志管理办法》，进一步细化农产品领域地理标志登记和保护规则，至此形成我国特有的地理标志"三元模式"。"三元模式"在我国加入世界贸易组织特定背景下建立起来，对于保护地理标志实现和国际接轨曾起到积极作用，但是其弊端也极为突出，"地理标志"定义逻辑混乱，确权和保护制度设计扭曲，彼此缺乏配合支持。❶2018 年机构改革后，重新组建了国家知识产权局，原质检系统的"地理标志产品保护"和原工商系统的"地理标志商标"归国家知识产权局统一负责管理，新组建的农业农村部负责"农产品地理标志"管理，形成新的"两套机构、三元模式"，但仍未能解决三种模式交叉重叠且部分冲突等体制性问题。

---

❶ 王笑冰. 关联性要素与地理标志法的构造［J］. 法学研究, 2015, 37（03）: 83.

（一）"三元模式"下地理标志管理混乱

"三元模式"下地理标志管理较乱主要体现为：

第一，类型多样。"三元模式"下，地理标志商标通过集体商标或证明商标方式注册，具体表现为"地理标志证明商标""地理标志集体商标"，再加上"地理标志产品保护""农产品地理标志"，理论上与认定上同时存在四种类型"地理标志"。立法上类型不统一导致市场认知混乱，普通申请人无法辨别类型之间的关系，对保护地理标志造成困扰。

第二，标志不统一。"三元模式"下长期存在三种不同地理标志专用标志，造成市场混乱。2019年10月国家知识产权局发布《地理标志专用标志使用管理办法（试行）》，推动地理标志商标和地理标志保护产品的专用标志统一，原专用标志使用过渡期至2020年12月31日。但目前仍然存在地理标志商标和地理标志保护产品使用的"中华人民共和国地理标志"和农产品地理标志使用的"中华人民共和国农业部农产品地理标志"两种标志。

第三，多头申报。由于"三元模式"相互独立，申请条件、申请程序和审查标准存在差异，同一种产品可以多头申报不同类型地理标志，增加了申请成本，各地为了加强地理标志保护，通常追求多头申报，造成社会资源浪费，如"荔浦芋"同时申报了地理标志产品保护、地理标志证明商标和农产品地理标志。以不同的名称多头申请不同类型地理标志的情形同样存在，例如梧州市人民政府以"六堡茶"申报地理标志产品保护，梧州市茶产业发展办公室以"梧州六堡茶"注册了地理标志证明商标，广西茶叶协会以"广西六堡茶"登记农产品地理标志，造成地理标志的多头申请、多头管理，体系混乱。

（二）"三元模式"下地理标志保护主客体差异

首先，"三元模式"下地理标志保护主体存在区别。地理标志商标的申请人是"当地的不以营利为目的的团体、协会或者其他组织，一般为社会团体法人、事业单位法人"，其中地理标志集体商标申请人限于团体、协会等集体性组织，并且地理标志商标申请人须具有监督商品特定品质的能力；地理标志产品保护的申请人是"当地县级以上人民政府指定的地理标志产品保护申请机构或人民政府认定的协会和企业";农产品地理标志的申请人为县级以上地方人民政府根据条件择优确定的农民专业合作经济组织、行业协会等组织。❶ 几种申请人的区别在于:企业仅能作为地理标志产品保护的申请人,不能作为其他类型地理标志申请人,另外实践中出现大量地方政府作为地理标志产品保护申请人的情形;地理标志集体商标申请人限于团体、协会等集体性组织,且申请时需要提供该集体组织成员名称和地址,申请成功后使用人只能是该集体组织的成员,其他类型地理标志使用人不限于特定成员;农民专业合作经济组织可以作为主体申请地理标志产品保护和农产品地理标志,但不能申请地理标志商标。

其次,"三元模式"下地理标志保护客体存在交叉和区别,主要体现为地理标志商标没有限定具体对象,地理标志产品保护对象限于种植、养殖产品、工业品、手工艺品等,但是农产品地理标志的保护对象仅限于初级农产品。

(三)"三元模式"下地理标志与商标权利冲突

"三元模式"下三套地理标志保护并行存在,往往出现权利冲突,突出表现为地理标志与商标之间的权利冲突。

第一,在先地名商标与在后地理标志商标注册冲突。在先地名商标主要包括两类:一是由于历史原因,1993年《商标法》第一次修正以前,大量地名被注册为普通商标且继续有效;二是1993年修法后县级以上行政区划地名除有其他含义外,禁止作为普通商标注册,但出现"县级以下地名地理标志的保护缺失"❷,大量县级以下地名或风景名胜地名被注册为商标,在先地名商标成为地理标志商标注册的障碍,例如"六堡"本是梧州市苍梧县下辖镇的名称,2012年"六堡茶"被四川某企业在"茶"部分核定使用商品上注册为商标,致使梧州六堡茶多年来无

---

❶ 根据《农产品地理标志管理办法》第8条规定,择优选择条件包括:具有监督和管理农产品地理标志及其产品的能力;具有为地理标志农产品生产、加工、营销提供指导服务的能力;具有独立承担民事责任的能力。

❷ 冯寿波,陆玲.我国地理标志法律保护的完善研究——以地名商标可注册性及合理使用为中心 [J].湖北社会科学,2014(09):143-147,152.

法申请地理标志商标，2018 年"六堡茶"因认定为商品通用名称而被撤销注册❶，随后梧州市茶产业发展办公室提交"梧州六堡茶"地理标志证明商标注册申请，期间经历被异议而无效，最终于 2021 年 5 月 14 日获得核准注册；广西贵港市覃塘区盛产毛尖茶，"覃塘"曾为镇名，2003 年才设置贵港市覃塘区，故 1996 年"覃塘"被区内企业注册为普通商标，为避免与在先地名商标冲突，贵港市覃塘区农业技术推广中心 2018 年以"贵港覃塘毛尖"注册地理标志证明商标，但是仍然因在先地名商标被驳回。

　　第二，在先地名商标与地理标志产品保护冲突，典型如"东阿阿胶案"和"金华火腿案"出现地名注册商标和地理标志产品保护（当时为"原产地域产品"）之间严重冲突，特别是浙江省食品公司以持有"金华火腿"注册商标为由，对于被授予使用原产地域产品"金华火腿"的企业发动诉讼和举报，对产业发展造成较大打击。第一种冲突是依托商标法保护地理标志模式先天固有的冲突，第二种冲突是"三元模式"下不同模式之间后天的冲突，针对地理标志专门立法，统一模式才能从根本上解决两种冲突。

> **典型案例**　"金华火腿"案 1：在先地名商标与在后地理标志商标注册冲突

　　1979 年 10 月 31 日，浙江省浦江县食品公司申请注册金华牌火腿商标，1981 年 1 月国家工商行政管理总局向其颁发第 130131 号"金华火腿"《商标注册证》（商标名称：金华；图样：金华火腿）。浙江省食品公司出于统一经营、统一调拨、统一核算的需要，申请将该注册商标转移至名下。1983 年 3 月 14 日，"金华火腿"商标核准转让给浙江省食品公司所有。

图 8-1　第 130131 号"金华火腿"

　　金华市由于"金华火腿"商标为浙江省食品公司所持有，浙江省食品公司要

---

❶　国家工商行政管理总局商标局发布《关于第 11666678 号第 30 类"六堡茶"注册商标成为商品 / 服务通用名称撤销申请的决定》（商标撤通字〔2018〕第 Y000006 号），文件指出由于"六堡茶"已在茶行业通用性使用，认定"六堡茶"成为商品通用名称。

求金华市生产厂家缴纳商标许可使用费，双方冲突不断升级。由于存在以地名"金华"为核心要素的在先注册商标，金华市无法注册申请"金华火腿"地理标志证明商标。为了打破这一困局，金华市成立"金华火腿证明商标保护委员会办公室"，并授权其申请"金华市金华火腿"证明商标。

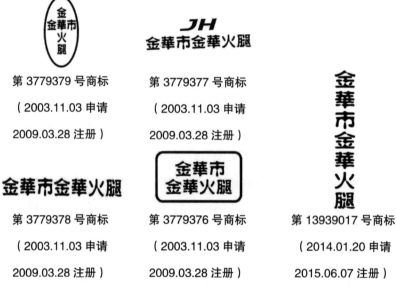

第 3779379 号商标
（2003.11.03 申请
2009.03.28 注册）

第 3779377 号商标
（2003.11.03 申请
2009.03.28 注册）

第 3779378 号商标
（2003.11.03 申请
2009.03.28 注册）

第 3779376 号商标
（2003.11.03 申请
2009.03.28 注册）

第 13939017 号商标
（2014.01.20 申请
2015.06.07 注册）

图 8-2　金华火腿各商标图

　　2003 年金华火腿证明商标保护委员会办公室申请了 4 件"金华市金华火腿"地理标志证明商标，2004 年 7 月 21 日第一件地理标志证明商标核准注册（第 3779379 号），其余 3 件在 2009 年 3 月 28 日才核准注册。2014 年 1 月 20 日金华火腿证明商标保护委员会办公室申请了第 13939017 号文字竖排的"金华市金华火腿"地理标志证明商标，2015 年 6 月 7 日核准注册。目前共有 5 件"金华市金华火腿"地理标志证明商标。

　　原由浙江省食品有限公司持有的"金华火腿"商标（第 130131 号），在 2007 年 3 月 14 日转让给浙江省食品有限公司旗下的浙江省金华火腿有限公司。2018 年 1 月 19 日金华市人民政府同意并授权金华市现代服务业投资发展有限公司收购浙江省金华火腿有限公司 100% 股权。至此，浙江省金华火腿有限公司所持有的第 130131 号"金华火腿"回归金华市。

金华市花了四十年的时间实现了"金华火腿"普通商标、"金华市金华火腿"地理标志证明商标双持有，但同时又留下"金华火腿"是否已经演变为商品通用名称的疑问。

（资料来源：吴振荣."金华火腿"商标回归我市［N］.金华日报，2018-01-22（A01）.）

典型案例　　"金华火腿"案2：在先地名商标与地理标志产品保护冲突

2003年浙江省食品有限公司（以下简称"食品公司"）在上海市南京东路776号的上海市泰康食品有限公司（以下简称"泰康公司"）发现其正在销售的火腿使用了原告的注册商标"金华火腿"，该火腿的生产单位是浙江永康四路火腿一厂（以下简称"永康火腿厂"）。食品公司认为永康火腿厂未经许可擅自使用"金华火腿"字样，侵犯了其注册商标专用权，泰康公司明知销售的系侵犯他人注册商标专有权的商品，也侵犯了原告注册商标专用权，遂诉至上海市第二中级人民法院。

永康火腿厂辩称"金华火腿"是原产地域产品名称，使用该名称未侵犯原告的注册商标专用权（2002年8月28日、2003年9月24日国家质量监督检验检疫总局先后公告，依据《原产地域产品保护规定》，通过了对"金华火腿"原产地域产品保护申请的审查，批准自公告日起对金华火腿实施原产地域产品保护，并通过了对浙江省常山县火腿公司、永康火腿厂等55家企业提出的金华火腿原产地域产品专用标志使用申请的审核）。

法院认为：对于该案争议的商标权与原产地域产品冲突，应按照诚实信用、尊重历史以及权利与义务平衡的原则予以解决。第一，食品公司的注册商标专用权受法律保护；第二，食品公司作为注册商标专用权人，无权禁止他人正当使用；第三，原产地域产品受到法律保护，权利人依照相关规定使用属合法、合理；第四，永康火腿厂经国家质检局审核批准使用原产地域产品名称和专用标志受法律保护，其使用行为不构成对食品公司商标专用权的侵害。

（资料来源：上海市第二中级人民法院（2003）沪二中民五（知）初字第239号。）

（四）"三元模式"保护力度不一

"三元模式"对于地理标志的保护力度不一。第一，"三元模式"各自的法律效力位阶不一，其中，《商标法》属于法律，《地理标志产品保护规定》《农产品地理标志管理办法》属于部门规章，效力低于法律；第二，"三元模式"各自对待地理标志权利性质不一，地理标志商标注册成功后被赋予商标专用权，适用商标法建构的权利义务体系及其救济途径，而地理标志产品保护和农产品地理标志均未赋予地理标志主体特定权利，属于以行政手段建立的管理体系；第三，"三元模式"各自的法律保护手段不一，地理标志商标可以适用《商标法》及《刑法》中关于商标民事、行政和刑事保护的所有法律手段予以保护，保护力度最强，能够有效打击假冒、侵权等行为，而地理标志产品保护和农产品地理标志仅得以部门规章规定的行政处罚手段进行保护，尚未建立体系化的保护手段。因此，目前"三元模式"中"地理标志商标模式"具有立法层级最高、制度建设最为成熟、保护范围最为全面、社会公众最为熟悉等优势，但是该模式忽视地理标志是一种独立的知识产权客体，在知识产权强国建设实践中其弊端日益凸显。

三、地理标志统一立法的正当性

（一）地理标志已经成为一种独立的知识产权客体

1994 年 WTO 框架下的 TRIPs 协定在传承和发展早期国际协议所使用"货源标记""原产地名称"等概念基础上，首次使用"地理标志（geographical indications）"的概念，并将其与作品、专利、商标、工业设计等并列为知识产权客体。长期以来，中国以"三元模式"保护地理标志，地理标志产品保护模式和农产品地理标志模式纯粹以行政手段管理和保护地理标志，不考虑地理标志所涉及权利及客体法律性质等问题，而地理标志商标模式抹杀地理标志的独立性，将其强行纳入商标的子集中，导致地理标志保护模式出现内在逻辑混乱等问题。2017 年通过的《民法总则》第 123 条首次将地理标志从商标中单列出来作为一种独立的知识产权客体，2020 年通过的《民法典》沿袭了该规定，与 TRIPs 协定的规定相吻合，在民事基本法层面为地理标志作为独立客体保护立法奠定了基础。

地理标志与商标同为商业标识，二者均具有识别功能，但是二者内在基因、构成逻辑和制度目标不同，地理标志成为区别于商标的一种独立知识产权客体具体体现为：

第一，标志名称构成差异。商标名称需要具有显著性特征，不具有显著性的标志不能作为商标注册，特别是《商标法》第 10 条第 2 款规定县级以上行政区划地名不能作为普通商标注册，第 11 条明确规定通用名称不能作为商标注册，且第 49 条第 2 款规定注册商标成为通用名称可以申请撤销该注册商标。但是地理标志的构成条件是逆显著性的，表现为"普通性"，由不具有显著性地理区域名称和产品通用名称构成，但二者组成的名称如果属于通用名称将因违背《商标法》而无法申请地理标志商标。例如"六堡茶"由镇级地名"六堡"加通用名称"茶"构成，现已被认定为一类黑茶的通用名称，无法用"六堡茶"申请地理标志，只能再增加范围更大的地理区域名称共同组成名称，如"梧州六堡茶"。再者，已经注册的地理标志商标是否是产品通用名称在实践中争议较大，典型案例如"潼关肉夹馍"系列案，被告在抗辩时主张"潼关肉夹馍"是通用名称。一旦已经注册的地理标志商标成为"描述产自该地区产品的一般用语，该标志将最终丧失显著性，沦为通用名称，不能再受到商标法保护"。[1]注册商标名称构成的"显著性"与地理标志名称构成的"普通性"成为一对不可调和的矛盾，也让地理标志在具体管理、使用和保护中问题突出。

第二，取得权利条件实质有别。注册商标构成条件包括合法性、显著性、非功能性和在先性等"四要件"[2]，其中最重要的是需要具备显著性，即商标标志具有显著特征，能够将使用人的商品或服务与他人的商品或服务区别开来，臆造词显著性最强，如"格力""美的"等。地理标志在名称构成上具有"普通性"，不能随便臆造名称，地理标志的取得条件显然不同于注册商标的"四要件"，因此有学者提出应当将"关联性"作为地理标志取得权利的必备条件，即"地理标志概念

---

[1] 王笑冰.国外地理标志保护的两大制度模式及国际发展 [J].中华商标，2018（08）：48-52.

[2] 杜颖.商标法 [M].北京：北京大学出版社，2016：14.

中产品与产地的关联性（即关联性要素）是地理标志制度的核心，其重要性好比独创性之于作品、新颖性之于专利、显著性之于商标，是地理标志确权的必备要件，也是地理标志保护的灵魂"❶。地理标志的功能不仅在于识别，更重要的在于地理标志与商品的特定质量或其他特征直接的关联性，这种特定关联性基于特定地理区域的自然因素或者人文因素，关联性是地理标志制度存在的价值和意义。关联性应当成为地理标志确权审查的特有条件，但应当排除以消费者主观认知为考虑的主观关联性，采用客观关联性考察特定地理区域与商品特定质量或其他特征的客观关联。

第三，标志功能同中有异。商标和地理标志相同之处在于均具有识别功能，具有识别商品或服务来源的作用，区别是：商标的功能在于识别同类商品的不同生产者，地理标志的功能不在于识别具体生产者，而在于识别商品的产地来源；商标和地理标志均具有品质担保功能，但是该功能对于商标而言是在市场使用中产生的辅助功能，对于地理标志而言却是必备的确权在先条件及确权之后必须通过监督管理予以保障的核心功能。总体来看，商标以识别功能为主，品质担保功能为辅，地理标志以品质担保功能为主，识别功能为辅。因此，依托商标法模式保护地理标志，由于商标专用权属于私权的固有法律属性，商标的使用应由商标专用权人负责监督、管理，行政机关无法过多介入私权行使，地理标志品质担保功能无法得到有效彰显。

从上述三点分析可以看出，地理标志与商标紧密联系，但是有着自身独特的内在基因、构成逻辑和制度目标，是不同于商标的一种独立的知识产权客体，应当构建专门制度保护地理标志权。

（二）地理标志权是一项独特的知识产权

地理标志是不同于商标的一项独立知识产权客体，是一种无形财产。对于该类财产的保护，现有财产法体系无法涵盖，应当在知识产权框架下，设立一种新型的财产权对其保护，即"地理标志权"。地理标志权是指地理标志权人授予特定

---

❶ 王笑冰.关联性要素与地理标志法的构造［J］.法学研究，2015，37（03）：83.

地域范围内的经营者在指定商品或服务上使用地理标志以标示来源的排他性共有权利。地理标志权本质是一种财产权、一种绝对权，属于私权范畴，该权利既具有较强的排他性，即排除特定地理区域外经营者行使该项权利，又具有鲜明的共有性，即特定地理区域内经营者共同享有该项权利。地理标志权作为一项独特的知识产权，具有五个典型的特点。

第一，权利主体的特定性。地理标志权的主体必须是特定地理区域范围内集体性组织如团体、协会等，且须同时具备两个条件：其一，地理标志主体必须获得当地县级以上人民政府指定；其二，地理标志主体必须具有相应的管理能力以保障地理标志所代表的特定质量、声誉或其他特征，即"不仅要具备对地理标志使用的监督管理能力以及对产品品质的检测能力，还应当具有对地理标志农产品的生产、加工和营销提供指导的能力"。❶地理标志权主体的特定性意味着自然人和企业均不能成为申请人，不同于商标专用权主体涵盖自然人、法人和其他组织。

第二，权利客体的关联性。地理标志是地理标志权的客体，客观关联性是地理标志确权审查至关重要的必备条件，是特定地理区域的自然因素或者人文因素与商品特定品质的客观联系。以客观关联性理论为基础，可以明确规范防止地理标志变成通用名称，保障地理标志权客体的稳定性，因为"客观关联性作为产品与产地之间的客观联系，与公众认知无关，原产地名称不会因消费者认知而变为通用名称"❷。

第三，权利内容的限制性。地理标志权主要包括使用权、禁止权。使用权是指特定地理区域范围内生产经营者经地理标志权人授权依法使用该地理标志的权利，使用权的限制性主要体现在地理标志权人只能作为管理人，不能作为地理标志使用人，而使用人只能是特定地理区域内的经营者，不能是区域外的经营者。禁止权是指地理标志权人有权禁止他人使用地理标志的权利，包括禁止特定区域外经营者使用地理标志、禁止特定区域内产品达不到地理标志所要求特定品质的经营者使用地理标志、禁止特定区域内外经营者假冒、侵权地理标志等。地理标

---

❶　储敏，徐娜，姜有玉．乡村振兴战略背景下地理标志法律保护体系的重构——基于对现有多元立法模式的反思［J］．南京财经大学学报，2020（01）：12.

❷　王笑冰．关联性要素与地理标志法的构造［J］．法学研究，2015，37（03）：94.

志权禁止转让，在特定条件下地理标志注册主体变更需要满足三个条件：其一，变更的新主体符合地理标志权主体条件；其二，变更的新主体在同样的地理区域内；其三，主体变更须履行行政审批手续。另外，作为地理标志使用主体没有任何转让权和许可权，"这是由于权利客体即地理标志的本源性所决定的"。❶

第四，权利行使的共有性。地理标志权在行使中体现为一种特定地理区域内生产经营者共同享有的权利。地理标志权虽然归申请地理标志的特定主体所有并由特定主体注册，但是注册主体不得自行使用地理标志，只能以权利管理者的身份出现，将地理标志授权给特定地理区域内符合条件的生产经营者使用。特定地理区域内的生产经营者只要符合地理标志使用条件，达到地理标志要求的商品特定品质，即可要求使用该地理标志，这有别于商标专用权的独占性。当地理标志权受到侵犯时，作为共同享有权利的生产经营者，任何一人均可提起诉讼。

第五，权利期限的永久性。期限性是传统知识产权的显著特征，以保障知识产权权利人和公众之间的利益平衡，防止权利垄断阻碍创新发展，权利期限届满，相关知识即进入公有领域，供人类自由获取。即使是同为商业标志类的商标专用权有效期也仅有 10 年，如需继续使用，必须办理续展手续。地理标志权不同于传统知识产权，地理标志产品的特定品质主要是基于自然条件或者长期生产生活中形成的人文传统，具有一定传承性，其保护期限不应设定具体年限，地理标志权应当作为一种永久性的权利予以保护。

四、我国制定《地理标志法》的总体思路

（一）制定《地理标志法》的顶层设计

我国因地大物博、资源富饶、农耕历史悠久，东西南北各地均产生了极具地域特色、深受国内外消费者喜爱的名优特产，地理标志被认为是中国知识产权的优势之处 ❷，在知识产权强国建设和乡村振兴战略实施背景下，应当以法治手段强

---

❶ 王莲峰. 制定我国地理标志保护法的构想［J］. 法学，2005（05）：71.

❷ 吴彬，刘珊. 法国地理标志法律保护制度及对中国的启示［J］. 华中农业大学学报（社会科学版），2013（06）：21-126.

化地理标志优势地位，制定专门的《地理标志法》，重塑地理标志保护模式、管理体制并以地理标志权为核心构建责任体系，为中国参与国际知识产权博弈、提升国际经济贸易中的竞争力，带动区域经济发展实现乡村振兴，为建设具有国际影响的中国特色、中国气派、中国风格区域公用品牌提供强有力的法律保障。

我国制定《地理标志法》必须做好顶层设计：第一，立法遵循国际协议，借鉴各国经验，凸显中国特色，"以 TRIPs 协议关于地理标志保护的规则为核心，借鉴其他国际公约和有关国家保护地理标志的规定，根据中国国情，制定出具有中国特色的积极、开放、统一和有效的地理标志法律保护体系"；❶ 第二，明确立法的目标定位，《地理标志法》的价值目标在于加强地理标志管理，保护地理标志权，法律定位为行政管理法与权利保障法相结合；第三，实现保护模式从"三元模式"到"三元合一"，即将现有三种地理标志保护模式整合为一种模式，以《地理标志法》统筹地理标志的管理和保护，将当前三种概念统一为"地理标志"，并统一使用"中华人民共和国地理标志"的专用标志，"三元合一"将地理标志作为一种独立知识产权客体对待，建立统一的保护模式从根本上解决"三元模式"下地理标志多种类型、多头申报、多头管理等体制性问题；第四，统一地理标志管理机构和认定标准，改变当前国家知识产权局和农业农村部两个机构负责地理标志工作的局面，统一由国家知识产权局负责，并将三套认定标准统一为一套；第五，以《民法典》为依据，在《地理标志法》正式确立地理标志权，并构建保护地理标志权民事、行政和刑事责任体系。

（二）《地理标志法》的体例结构与基本框架

《地理标志法》的体例结构应当包括总则、分则和附则三个部分，基本框架主要为：

第一部分，总则。本部分包括立法宗旨、地理标志的含义和产品形式、本法的适用范围、地理标志的主管机关、地理标志申请与使用的基本原则、地理标志名称构成方式、申请地理标志应当具备条件、不给予地理标志保护的情形、申请

---

❶ 王莲峰. 制定我国地理标志保护法的构想［J］. 法学，2005（05）：69-74.

地理标志的方式、地理标志专用标志、地理标志的保护期限、地理标志的国际保护等。

第二部分，地理标志的申请、审查和认定。本部分包括地理标志的申请人、申请材料、外国申请人申请材料、地理标志保护要求、地理标志产地区域范围建议主体、地理标志申请的审查程序和审查时限、受理公告、异议受理与决定、技术审查、认定公告、驳回申请、驳回复审申请及审理、驳回复审行政诉讼。

第三部分，地理标志的撤销、变更。本部分包括对违反禁止性规范获得地理标志认定的撤销、撤销的审查及撤销公告、不服撤销决定的行政诉讼等，变更地理标志注册人名义、地址或者其他事项等。

第四部分，地理标志的监督管理、运用和使用。本部分包括地理标志监督管理机关及监督管理内容、地方知识产权管理部门促进地理标志运用、地理标志使用的方式等。

第五部分，地理标志权的保护。本部分包括地理标志权的内容和范围、地理标志权侵权行为类型、地理标志权例外与限制、侵犯地理标志权应当承担的民事法律责任、行政法律责任和刑事法律责任等。

第六部分，附则。本部分包括地理标志与集体商标、证明商标的衔接，本法的生效时间等。

（三）《地理标志法》与相关法律的衔接

《地理标志法》作为我国首部针对地理标志这一独特知识产权类型的专门立法，在制定过程中以及出台后实施均需要考虑其与相关法律的衔接问题，既要做到立法之间的体系性协调，又要与《商标法》等法律形成合力，同时要废止《地理标志产品保护规定》与《农产品地理标志管理办法》等部门规章。达到立法统一，实现对地理标志权的有效管理、运用与保护。

第一，《地理标志法》与《民法典》的衔接。首先，《民法典》第123条知识产权条款是《地理标志法》的上位法依据，必须在《地理标志法》第一条法律依据中阐明"依据《民法典》，制定本法"；其次，《民法典》作为民事领域基本法，无论是总则还是合同编、侵权责任编的具体规则均为地理标志的管理、运用和保护提供体系化法律架构；再次，地理标志权的侵权责任，除适用传统民事责任方式承担外，可参照知识产权领域普遍建立的惩罚性赔偿机制，依据《民法典》第179条第2款规定惩罚性赔偿，并参照《商标法》《专利法》《著作权法》将最高法定赔偿额定为500万元。

第二，《地理标志法》与《刑法》的衔接。《刑法（修正案十一）》2021年3月1日起实施后，侵犯知识产权犯罪增加至八种，涵盖对注册商标、作品、专利和商业秘密等四种知识产权的保护，当前地理标志的刑法保护仅针对通过商标法体系注册地理标志证明商标或集体商标的类型，可适用《刑法》假冒注册商标罪、销售假冒注册商标的商品罪和非法制造、销售非法制造的注册商标标识罪等三个罪名。《地理标志法》出台后，力争在今后修订《刑法》时，在分则第三章第七节增加一条规定"侵犯地理标志权罪"，将假冒地理标志、销售假冒地理标志产品、非法制造、销售非法制造的地理标志专用标识情节严重的行为纳入刑法规范，同时做好本罪与商标类犯罪的竞合协调。

第三，《地理标志法》与《商标法》的衔接。截至2022年年底，我国拥有注册地理标志商标7076件，《地理标志法》通过以后，这些数量巨大的地理标志商标是否继续以商标法进行保护值得探讨，关系到《地理标志法》与《商标法》之间的功能区分。《知识产权强国建设纲要（2021—2035年）》明确提出"健全专门保护与商标保护相互协调的统一地理标志保护制度"，理想状态是以《地理标志法》为主，《商标法》为辅的保护模式，在《地理标志法》出台后，仍然保护已经注册的地理标志商标，并且允许继续注册地理标志证明商标或集体商标，获得地理标志商标注册，仅得到所注册标识的商标专用权，不再同时获得地理标志专用标志的使用权，单纯作为注册商标予以保护。另外在市场监管中，市场监督管理机关根据主观关联性对地理标志商标保护侧重"信誉"的维护，根据客观关联性对地理标志侧重"质量"的监管以保障其"特定品质"。❶

---

❶　王笑冰.关联性要素与地理标志法的构造［J］.法学研究，2015，37（03）：100-101.

第二节 地理标志权的设立及其体系化

一、地理标志权性质纷争

TRIPs 协定正式将地理标志作为保护对象，世界各国在此框架下对于地理标志的保护形成了商标法模式和专门立法模式两大阵营，无论是理论研究还是立法实践对于如何保护地理标志的问题产生严重分歧，其根本原因在于对地理标志权利性质认识不清。因此，必须从百家观点和系列纷争中拨开云雾，在根本上厘清地理标志的权利性质，确立其保护的逻辑起点。

（一）地理标志是否设立权利之争

无论是 TRIPs 协定还是我国《民法典》都正式确认了对地理标志的保护，但是否应当设立独立的"地理标志权"则争议较大。易健雄认为，"地理标志权"的术语不能滥用，要经过严密论证，探讨能否确立为一项独立的知识产权类型，并提出构建独立地理标志权应当考量现有保护模式、与商标权的协调及与现代知识产权制度框架的衔接等因素。❶ 地理标志是否有必要构建独立权利已经形成否定说和肯定说两大争论。否定说认为当前我国已经通过商标法和专门法共同保护地理标志，不必另设权利，如李青青反对设定独立的地理标志权，认为以商标权保护已经足够；❷ 马晓莉认为以商标制度保护地理标志可以节约法律资源。❸ 肯定说认

---

❶ 易健雄. 地理标志与"地理标志权"考辨［J］. 法学杂志，2007（06）：19-23.

❷ 李青青. 地理标志权的考量［J］. 商场现代化，2009（23）：82.

❸ 马晓莉. 地理标志权与一般商标权之权利冲突［J］. 广西社会科学，2005（08）：80-82.

为，无论从国际条约还是民法典等国内立法来看，地理标志权已成为一种与商标权相区别的独立知识产权，如吴汉东认为"不能否认地理标志权利形态的存在"；❶王莲峰认为"地理标志毕竟是一种独立于商标法律体制之外的知识产权"；❷李亮认为"国家需要规范地理标志的使用，而规范地理标志的使用的手段之一，就是创设权利"。❸随着国家知识产权强国战略和乡村振兴战略的深入实施，地理标志作为区域公用品牌建设最重要的载体，对于带动区域经济发展作用越来越重要，地理标志蕴含巨大的商业价值，已经成为知识经济时代的一种重要无形财产，且我国《民法典》第123条已将其作为一种与商标相并列、独立的知识产权客体，创设"地理标志权"有利于进一步完善知识产权权利体系，保障地理标志相关主体的权益，维护国际国内地理标志市场秩序，且发挥地理标志作为中国知识产权长项的作用，为构建全球地理标志治理体系贡献"中国智慧"。

（二）地理标志权利公权与私权之辨

由于目前我国地理标志保护"三元模式"并存，且三种模式中均有强烈的公权力介入色彩，以至于学界对于地理标志权的法律属性存在不同认识，形成公权说、私权说和双重属性说三种观点。主张公权说的理由有两类：一类观点认为地理标志是集体智慧的结晶，其权利不属于特定私主体，而为集体所共有，更有甚者主张为国家所有，且涉及公共利益，属于一种公共性权利，如赵小平基于地理标志是集体智慧结晶，属于集体共有而主张其为"一种公权利（a public right）或集体性的垄断权（collective monopoly rights）"；❹另一类观点认为地理标志的申请、审核、管理均由国家机关控制，且借助公法手段予以保护，应当属于公权范畴，如王笑冰认为"商标权是民事权利，地理标志产品保护属于公权。虽然《地理标志产品保护规定》也提出了地理标志产品保护遵循申请自愿原则，但仍带有强烈的公权色彩，表现在：地理标志保护产品专用标志由官方机构持有，政府机构不

---

❶ 吴汉东.无形财产权基本问题的研究［M］.北京：中国人民大学出版社，2013：380.

❷ 王莲峰.制定我国地理标志保护法的构想［J］.法学，2005（05）：69-74.

❸ 李亮.论商标权与地理标志权冲突的危害、成因与对策［J］.法律适用，2008（10）：41-44.

❹ 赵小平.地理标志的法律保护研究［M］.北京：法律出版社，2007：6.

仅负责这些标志的注册登记，而且还对其使用进行审查注册，并对产品的生产、销售及专用标志的使用进行全面监控"；❶ 曾洁认为"我国《地理标志产品保护规定》则更多地体现了公权对私权行使的保护和监督，具有较强的公权属性"。❷ 私权说对公权说的理由予以驳斥，认为公共利益的特征、公法手段的介入、集体共有的归属等并不能改变地理标志权属于私权利的属性，如张玉敏认为"不管是证明商标制度、集体商标制度还是专门的地理标志保护制度，它们所赋予权利人的都是一种私权，而不是公权"；❸ 郭禾认为不能因地理标志的财产权属于集体，就否定其作为一种私益，或将其混同于公共利益；❹ 王弈通认为"国家对地理标志实施的严格管理与控制，并不会影响到地理标志权的私权性质"；❺ 洪莹莹等认为公共性权利不等于"公权"，地理标志是一种集体性私权利。❻ 除驳斥公权说外，学者们还从地理标志的本质揭示其私权性质，如杨雄文等认为"地理标志权本质是一种财产权、一种绝对权，属于私权范畴"；❼ 也有学者认为 TRIPs 协定已经一锤定音，地理标志权的私权属性没有争论必要。❽ 双重属性说则兼容并蓄公权说与私权说，认为地理标志权同时具备双重属性。"知识产权"也有双重属性说的论点，如冯晓青主张"知识产权作为一种私权公权化的权利，兼具有私权属性和公权属性，二者既互相对立又互相融合"❾，在此类理论框架下地理标志权就不难论证为双重属性。有学者根据地理标志"产权成分"论证其双重属性，如"地理标志在其地理

❶ 王笑冰. 我国地理标志保护的问题和对策 [J]. 电子知识产权, 2006（06）: 25-29.

❷ 曾洁. 酒类地理标志权的权属性质及法律界定 [J]. 湖南社会科学, 2010（05）: 223-224.

❸ 张玉敏. 地理标志的性质和保护模式选择 [J]. 法学杂志, 2007（06）: 6-11.

❹ 郭禾. 我国地理标志保护制度发展的应然进路 [J]. 知识产权, 2022（08）: 3-14.

❺ 王弈通. 论地理标志权的性质 [J]. 行政与法, 2011（02）: 122-126.

❻ 洪莹莹, 韩志勇, 邱丘. 地理标志及相关权利属性探析 [J]. 商业时代, 2012（02）: 116-117.

❼ 杨雄文, 何家灿. 知识产权垄断性质疑: 历史与逻辑 [J]. 重庆理工大学学报（社会科学）, 2021（08）: 138-146.

❽ 金多才. 地理标志权的特征、法律属性及其归属辨析 [J]. 公民与法（法学版）, 2009（11）: 6-10; 付大学, 韩志红. 浅议地理标志财产权的配置 [J]. 北京市政法管理干部学院学报, 2004（02）: 20-23.

❾ 冯晓青, 刘淑华. 试论知识产权的私权属性及其公权化趋向 [J]. 中国法学, 2004（01）: 63-70.

范围内处于公有领域，在此领域内对其他人开放，其受益人是地理范围内的所有人。而在其地理范围之外处于私有领域，具有排他性。地理标志同时具有公权利性和私权利性"❶，也有根据地理标志制度对市场经济的调节作用，认为地理标志权具有经济法属性，如张辉认为"不能简单地从TRIPs协定的规定和财产权的浅显认识出发将地理标志权认定为一种私权利。相反地理标志权兼具私权和公权的特征，如果遵从现行学术研究的态势和公法、私法及第三法域的分法，这种法律属性当属于经济法或第三法域性质的权利"。❷由于TRIPs协定对知识产权已经总体定性为私权，地理标志权在此框架下应为私权的观点日益成为主流学说，但是地理标志权在私权基础上，是否添加了公权色彩，或者兼具公权属性，或者已经私权公权化，则成了当前笼罩其上的"权利迷雾"，亟待从根本上予以厘清。

（三）地理标志权利是否为知识产权之歧

若地理标志设立权利，该项权利是否应当纳入知识产权范畴，学界目前仍存在分歧，难以达成共识。反对者认为，地理标志不属于智力创造成果，不符合传统知识产权的特性，特别是与知识产权典型特征专有性、地域性和时间性相冲突，地理标志不属于知识产权。如李冬梅认为"地理标志不是独立的知识产权但其具有知识产权的某些属性，如专用性、客体的非物质性。所不同的是没有严格的时间性"。❸国内外已有诸多学者认可地理标志权是一种新型知识产权，但是理由却各不相同。部分学者认为地理标志属于传统知识产权所派生，并成为一种独立的知识产权类型。如吴汉东等认为"地理标志权是随着知识产权制度的发展从商标权派生出来的一种知识产权保护方式"；❹王莲峰认为"地理标志毕竟是一种独立于商标法律体制之外的知识产权"；❺王春梅认为"无论从劳动财产理论，还是信息产

❶ 王正环，王军哲.公权还是私权：地理标志保护的法律制度选择[J].科技咨询导报，2006（08）：123-124

❷ 张辉.论地理标志权之经济法属性[J].法学论坛，2005（01）：97-103.

❸ 李冬梅.地理标志知识产权性质分析及法律对策[J].大连海事大学学报（社会科学版），2003（01）：27-31.

❹ 吴汉东，胡开忠.无形财产权制度研究[M].北京法律出版社，2001：472.

❺ 王莲峰.制定我国地理标志保护法的构想[J].法学，2005（05）：69-74.

权理论，都可以为地理标志的财产性寻找到合理的说明。因而将其作为工业'产权'或知识'产权'的客体不是没有道理的"❶，事实上地理标志所涉领域以农业为主，将其归为"工业"产权，并不准确。部分学者基于国际公约和国内立法以及地理标志的功能价值，论述地理标志权应当是一种独立知识产权。如法国农业国际合作研究发展中心研究员戴尔芬·玛丽·薇薇安（Delphine Marie-Vivien）等认为"鉴于地理标志具备实现多元公共目标的潜力，地理标志不仅被视为一类知识产权，更被视为一种政策工具"；❷印度学者瓦鲁（D. K. Varu）等认为"地理标志（GI）是一项重要的知识产权，用于贸易领域，以突出产品的原产地，该原产地仅限于生产地、地区或地点"；❸刘春荣等认为"地理标志权是知识产权保护公约规定的知识产权的标的之一"；❹冯术杰认为"地理标志在国际公约和我国法律中都是一种独立的知识产权客体"。❺在国际条约和我国《民法典》已经将地理标志纳入知识产权客体的形势下，知识产权说已占据主导地位并将逐渐成为理论界和实务界的共识，但仍需从学理角度对地理标志权予以证成，并论证其符合知识产权类权利诞生的内在逻辑。

二、地理标志权的学理证成

（一）地理标志应当设定权利的正当性

捍卫人的"劳动价值"是地理标志设定权利的理论根基。地理标志作为特定地理区域劳动群众通过长期智力劳动形成的商业标识，凝结了劳动者的创造性劳动，成为一种新型知识财产，通过立法设定权利对其保护具有正当性。

第一，劳动创造了人本身。劳动作为实践的重要形式，是人改造物质世界并

---

❶ 王春梅.我国地理标志私权保护与模式选择［J］.北方法学，2009（05）：95–102.

❷ DELPHINEMARIE-VIVIEN, ESTELLEBIÉNABE. The Multifaceted Role of the Statein the Protection of Geographical Indications：A Worldwide Review［J］.World Development，2017，98.

❸ D.K.VARU，A.V.BARAD，I.U.DHRUJ. Geographica lindication（GI）of Kesar Mango：Apride of Saurashtra region［J］.International Journal of Innovative Horticulture，2017，6（01）.

❹ 刘春荣，张国赞.关于地理标志权的思考［J］.绥化学院学报，2005（01）：62–63.

❺ 冯术杰.论地理标志的法律性质、功能与侵权认定［J］.知识产权，2017（08）：3–10.

形成自为意义人类世界的关键要素，是马克思历史唯物主义理论认识和分析人及其社会历史的基本逻辑起点。马克思认为劳动是人和动物的根本区别，"劳动是整个人类生活的第一个基本条件，而且达到这样的程度，以致在某种意义上不得不说：劳动创造了人本身"❶，并将人的本质与实践相互关联，指出"自由的有意识的活动恰恰就是人的类特性"❷，即人的生命活动具有自由的和有意识的两大特性，与动物凭借原始本能、无意识的生命活动相区分。地理标志是人类有意识地根据自身需求在改造自然界过程中形成的代表产品特定品质的标识，凝结着人类的劳动和智慧，承载着人类的劳动价值，在创造地理标志的历史进程中也创造了人本身。

第二，人通过劳动创造财产获得产权。洛克的劳动财产权理论认为土地和一切低等动物为人类所共有，每个人对自己的人身享有所有权，通过控制自己身体进行劳动而获得的所有物，该所有物脱离自然正当地成为其所有的财产。❸该说成为经典的所有权产生理论，并被延展至论证知识财产的产生。地理标志作为一种知识财产，关联性是其认定的必要条件，要求产品特定品质或声誉与特定地理区域的自然因素和人文因素存在联系，其中人文因素即申请认定地理标志的是凝结人类劳动、经过人类改造的种植、养殖产品及工业品、手工业产品等蕴含地理来源的特有标识。地理标志的关联性契合了洛克劳动财产论，只有通过人类劳动创造产生的特有标识才能申请地理标志，同时地理标志是凝结人类智力劳动积淀形成的无形财产，使得某一特定地理标志从普通产品名称或标识中脱离出来，形成特定财产。如"百色芒果"地理标志经过百色区域内劳动群众的劳动从普通"芒果"标识中脱离出来，成为特定知识财产，创造者通过智力劳动获得对地理标志的财产权，只不过地理标志的创造者通常是某区域内的群体，而非常规的财产创造主体为个体。

第三，在自然权利基础上创设法定权利。借助洛克的劳动财产权理论可从自然法角度论证地理标志成为财产权客体，卢梭社会契约论中的"公意"理论和康德的自由意志论则进一步阐明自然权利只有获得社会公意的认可，经过"共同意

---

❶ 马克思恩格斯选集：第三卷［M］.北京：人民出版社，2012：988.

❷ 卡·马克思.1844年经济学哲学手稿［M］.北京：人民出版社，2014：153.

❸ 洛克.政府论：下篇［M］.叶启芳，瞿菊农，译.北京：商务印书馆，1964：19.

志"即"公共的、集体的和权威的意志"确认，通过立法形成普遍认可的法则，实现"纯粹法律上的占有"❶，才能成为所有权。地理标志作为一种凝聚人类智力劳动形成的财产，且作为一种无形财产，具有比传统知识财产更强的共享性，必须依赖体现"共同意志"的法律予以确权保护，使其中"蕴含的经济利益上升为有'法力'保障其实现的'法益'"。❷当前，地理标志亟须从一种自然权利上升为法定权利，通过制定专门立法，设定地理标志权并构建其权利体系，以加强对地理标志这一新型知识产权客体的保护。

（二）地理标志符合利益上升为权利的前提条件

一项新型利益上升为民事权利，通常需要具备三个前提条件：第一，该项利益是当前社会需要保护的重大法益；第二，该项利益成为一项独立的民事利益，能与相关利益明确区分；第三，该项利益不能为现有权利类型所涵盖。❸地理标志利益能否成为一项新型权利，可从三个前提条件予以考察：

首先，地理标志赋权符合知识产权强国背景下重大法益保护需求。第一，从国内市场秩序来看："地理标志制度的基础和核心作用是保障商品产地和质量信息传递的准确性"❹，地理标志的指示来源功能，成为商品特定品质、声誉的保障，其背后隐藏巨大的市场价值和直接的商业价值，能够直接为市场主体创造财富，因此，地理标志成为现代社会市场经济环境下的重大法益，创设权利既是为地理标志创造者提供私权保障，更是维护其潜在的市场利益，这是地理标志利益应当创设权利的基本出发点。第二，从国际知识产权博弈策略来看：地理标志是中国参与国际市场竞争的重大法益，是参与全球知识产权治理的关键切入点。"中国是全球农业资源大国和历史悠久的文化大国，具有得天独厚的自然和人文资源，郑成思教授认为'地理标志是中国的长项'"❺，"强化地理标志的保护，不仅具有良化安

❶ 康德.法的形而上学原理——权利的科学［M］.沈树平，译.北京：商务印书馆，1991：54-55.

❷ 朱继胜.知识财产论［M］.桂林：广西师范大学出版社，2016：189.

❸ 陈星.论个人信息权：定位纷争、权利证成与规范构造［J］.江汉论坛，2022（08）：138-144.

❹ 管育鹰.我国地理标志保护中的疑难问题探讨［J］.知识产权，2022（04）：3-17.

❺ 陈星.论我国地理标志专门立法保护［J］.社会科学家，2022（03）：130-137.

排和根本改造国际秩序下本民族竞争力的意义，同时它还直接关涉我国民族国家的政治建构"。❶中国可以充分利用地理标志产品开拓国际市场，并积极与各国谈判磋商开展地理标志国际互认互保，维护在全球的市场份额。如 2022 年 1 月至 6 月，预包装柳州螺蛳粉出口 134 批次，货值 3337 万元，同比增长 179.9%，出口目的地已多达 28 个国家和地区。❷随着柳州螺蛳粉对外贸易量的增长，地理标志对其出海保驾护航维护海外市场份额的作用将日益凸显，地理标志将是中国参与全球市场竞争的利器。第三，从全球知识产权治理来看：以英美为代表的西方国家，以高新技术保护为核心建立起知识产权规则体系并推广至全球，建立起西方主导的全球知识产权规则。《知识产权强国建设纲要（2021—2035 年）》提出"积极参与知识产权全球治理体系改革和建设……推动完善知识产权及相关国际贸易、国际投资等国际规则和标准"。地理标志是中国参与知识产权全球治理的切入点，充分利用本国地理标志产品优势，探索中国特色地理标志权利体系和制度体系，参与构建地理标志互认互保国际规则体系，维护地理标志国际市场利益，以此实现"从知识产权国际规则的学习者、遵循者向参与者、引领者转变，为全面建设社会主义现代化国家提供更多有力支撑，为全球知识产权治理贡献中国智慧和中国方案"。

其次，地理标志利益成为一项特定和独立的民事利益。借鉴物权理论，作为物权客体的物必须具备特定性和独立性。第一，地理标志利益具有特定性。地理标志利益是特定主体对于特定标志所享有的特定利益。特定主体是指地理标志利益的创造者是特定地理区域范围内历经世代的劳动群众，权利代表者是该特定地理区域县级以上人民政府。特定客体是指地理标志不同于其他商业性标志，也不同于普通地名或产品通用名称，通过"地理区域名称 + 产品通用名称"予以命名，其本身代表着商品的特定品质。特定利益是指地理标志代表着特定的利益，其本质是特定地理区域范围内劳动群众长期积累的智力劳动成果，是一种无形财产，

---

❶　黄汇. 我国地理标志保护模式质评——兼论发展中国家知识产权立法的应然思维［J］. 学术论坛，2008（01）：128-132.

❷　中国新闻网. 柳州螺蛳粉首次"飘香"阿联酋　上半年出口货值同比增 179.9%［EB/OL］.（2022-07-28）［2022-08-03］. http://www.chinanews.com.cn/cj/2022/07-28/9814622.shtml.

同时地理标志背后蕴含着巨大的市场价值和经济价值，可以为特定主体占据市场创造财富。第二，地理标志利益具有独立性。在物权领域，有学者提出"某物是否具有独立性取决于直接支配的实益及公示的可能性"❶，同为财产范畴的地理标志是否具有独立性可借鉴物的独立性判断标准，从支配实益和公示可能性两个方面分析。一方面，支配实益是指能够为特定主体直接支配并且满足人们生活需要。地理标志通过"地理区域名称 + 产品通用名称"成为独立的客体，能够与其他客体相区别开来，如与普通地名或者地名商标相区别、与纯粹产品通用名称相区别，形成独特的能够识别特定地理区域范围产品的标志，是能够由授权管理的特定主体直接支配管理，通过许可方式授权给具体生产经营者使用，并监督使用该标志的产品达到特定品质的要求，满足了生产经营者使用地理标志证明产品特定品质的需求，同时满足了消费者对特定品质产品便捷选择的需求，符合支配实益的特征。另一方面，公示可能性在物权领域指物权的发生和变动必须按照法定方式进行，使第三人能够从外部加以识别。在地理标志领域，我国目前地理标志三元模式中，"地理标志商标""地理标志产品保护"和"农产品地理标志"均以申请登记为前提，由国家知识产权局或农业农村部以法定方式公告为标志实施保护，符合公示可能性的特征。因此，借鉴物的独立性判断标准，地理标志符合支配实益和公示可能性两个方面，地理标志是具有独立性的民事利益。

再次，地理标志利益不能为现有权利类型所涵盖。商号、商标、地理标志等同属能够识别商品来源并具有紧密关系的商业标记，商号之上对应的是名称权，根据我国《民法典》第990条的规定，属于一种具体人格权；商标之上产生了商标专用权，作为一种知识产权，本质是一种财产权。名称权是法人或非法人组织对自己名称享有的权利，而地理标志并非特定法人或非法人的名称，是特定地理范围具有特定品质产品的名称，不能为名称权所涵盖。与地理标志利益最紧密相关的权利类型为商标权，且以美国为代表的国家通过商标权保护地理标志利益，商标制度也是我国保护地理标志的重要方式，获得证明商标或集体注册的地理标志，纳入商标专用权保护体系。但是就二者本质来看，地理标志与商标具有明显

---

❶ 房绍坤. 论用益物权的法律属性 [J]. 现代法学，2003（06）：10-13.

区别，商标专用权并不能完整涵盖地理标志利益。第一，权利取得核心要件不同：商标专用权取得的核心要件在于商标的显著性，强调商标的识别功能，但是显著性不能涵盖地理标志，地理标志由普通地名加产品通用名称构成是逆显著性的，且纯粹显著性并不能被认定为地理标志。在地理标志申请过程中，着重考察的是"地理标志与商品的特定质量或其他特征的直接关联，这种特定关联基于特定地理区域的自然因素或者人文因素，关联性是地理标志制度存在的价值和意义"。❶ 第二，权利主体不同：商标专用权的权利主体为注册人，地理标志是经过县级以上人民政府授权的团体、协会等集体性组织作为注册申请单位，获准注册登记的单位仅为经过政府授权的管理人，不是享有绝对权的专用权人。第三，权利客体不同：商标专用权的客体为商标，地理标志与传统商标并不相同，地理标志代表着产品的特定品质，且在使用中需要对产品的特定品质进行监督和检测，商标的功能主要是识别产品来源，并不代表产品特定品质，二者具有本质不同。第四，权利内容不同：商标专用权是一种典型的财产权，商标专用权人享有自己使用、许可他人使用、禁止他人使用以及转让商标等权利。地理标志的注册登记人仅享有对地理标志使用管理的职责，不能行使商标专用权人的大部分权利，如不能自己使用地理标志从事生产经营，不能许可特定地理区域范围外的生产经营者使用地理标志，不能随意转让处分地理标志，因此地理标志利益和商标专用权的内容并不对应。第六，权利期限不同：商标专用权的有效期是 10 年，期限届满可以申请续展，否则商标将回到公有领域，以防止特定权利人垄断商标资源，但是地理标志的产生本来就是一个长期的过程，有的甚至经历上百年的积淀，一经获准认定，如按照商标专用权的有效期限每 10 年进行一次续展，不仅丧失了商标有效期的制度功能且造成行政审批资源的极大浪费，因此地理标志一经认定，应当是长期有效的，除非该项具有特定品质的产品消失。经过论证发现，地理标志从学理上看并不能为商标专用权所涵盖，只是借助了较为成熟的商标制度体系予以保护，随着地理标志背后的产业发展壮大，其对权利的呼唤将日益迫切。

---

❶ 陈星. 论我国地理标志专门立法保护［J］. 社会科学家，2022（03）：130-137.

（三）地理标志利益符合权利的特征

地理标志赋权符合知识产权强国背景下重大法益保护需求，且地理标志利益是一种独立的民事利益，不能为现有权利类型所涵盖，达到了一种利益上升为民事权利的前提条件，但是地理标志利益是否符合权利的特征则需要进一步论证。德国学者认为建立权利的特征有三个，只有同时具备，方可构成权利，即"拉伦茨与卡纳里斯为侵权法上的权利建立的三个特征分别是归属效能、排除效能和社会典型公开性"，❶被称为权益区分理论，可依其论证地理标志利益是否符合一项民事权利的特征。

首先，地理标志利益是否符合归属效能的特征。归属效能要求需要保护的利益归属特定主体。前已述及，地理标志的注册登记人本质上并非专有权人，因此，地理标志是否归属特定主体，具体归属和主体有待分析厘清。依据洛克的劳动财产权理论已经论证出地理标志是特定地理区域范围内劳动群众通过智力劳动创造出识别特定品质产品的标识，故地理标志这一无形财产的权利应当归属其创造者。由于地理标志往往是成年累月，经过一代代劳动积淀形成的，其创造者涵盖特定地域范围内的不特定人群，包括不同时代的劳动群众，有的地理标志已历经几代人，如何确定其创造者，是否意味着地理标志是无主财产而不符合归属效能特征？照此逻辑，全民所有土地，会因为"全民"中人员不断生老病死的变动而无法确定归属主体，显然是荒谬的。事实上在探讨自然资源配置中的所有权归属问题过程中，早已形成较为成熟的理论，典型如公共信托理论。"公共信托理论可以被追溯到罗马法上对于海洋、空气、流水等资源公共所有的思想，后通过英国普通法和衡平法的发展而形成，最终在美国落地生根，并逐渐为其他国家所借鉴"。❷根据该理论，"信托意味着两种所有权的共存，即受托人在普通法上的所有权和受益人在衡平法上的所有权"。❸公众作为委托人创设公共信托将公共自然资源委托给受托人政府进行管理，由政府行使名义上的所有权，保障作为受益人的公众

---

❶ 于飞. 侵权法中权利与利益的区分方法［J］. 法学研究，2011（04）：104-119.

❷ 王灵波. 公共信托理论在美国自然资源配置中的作用及启示［J］. 苏州大学学报（哲学社会科学版），2018（01）：56-66.

❸ 王涌. 所有权概念分析［J］. 中外法学，2000（05）：513-527.

（包括当代和后代）利益。地理标志虽然为一种无形财产，但和有形财产的自然资源权利配置有共同之处，其归属可以阐释为特定地理区域的劳动群众享有该利益财产权，但是通过公共信托的方式，委托由当地政府进行权利管理，享有名义上和法律上的财产权。因此，地理标志利益法律上归属主体应为当地政府，这也和实践中地理标志申请需要由县级以上人民政府授权具体集体性组织相吻合，地理标志利益有明确的归属主体，具备归属效能的特征。

其次，地理标志利益是否符合排除效能的特征。排除效能是绝对权的根本特征，也是考察地理标志能否赋予知识产权的关键要素。从法理分析看，地理标志作为一种无形财产应由特定主体控制并排除他人干涉，从地理标志制度实际管理运行考察来看，地理标志利益满足该项特征。具体体现在：地理标志利益由县级以上人民政府授权的集体性组织管理控制，只有特定地理区域范围内、产品符合特定品质的生产经营者可以向该组织申请使用该地理标志，且《集体商标、证明商标注册和管理办法》第 21 条规定了集体商标、证明商标注册人应当承担有效管理或者控制职责，《农产品地理标志管理办法》第 19 条规定了农产品地理标志登记证书持有人的管理职责。法理上地理标志作为一种无形财产的排除效能在法律制度上和具体实践中是得以实现的，待地理标志专门立法体系形成，设定独立的"地理标志权"，排除效能将得到进一步强化。

再次，地理标志利益是否符合社会典型公开性的特征。社会典型公开性"取决于一项法益是否典型、规律、公开"❶，要求构成某项权利的利益具有清晰的边界，形成可被感知的客体外观，并公开为外界所识别。地理标志利益的外观和形态已经日益清晰：第一，地理标志利益通过注册登记制度公开其利益内容及保护范围，形成可被外界感知的客体外观。当前我国"三元模式"框架下，地理标志的保护均需要向相关国家机关提交申请，经过审核后，由国家机关发布官方公告宣告对其进行保护，且除宣告"地理区域名称 + 产品通用名称"构成的标识受到保护外，还授予"中华人民共和国地理标志"或"农产品地理标志"等官方专用标志的使用权，进一步强化了对地理标志客体外观的勾勒，让外界得以识别地理

---

❶　于飞 . 侵权法中权利与利益的区分方法 [J] . 法学研究，2011（04）：104–119.

标志利益，并预见侵犯其利益可能承担不利后果。第二，地理标志利益一旦获得国家机关认定，即为他人划定了行为禁区。特定地理区域范围内产品不符合地理标志所要求特定品质的和特定地理区域范围外的产品，均不能使用地理标志，负责管理的集体性组织有权禁止，并依法追究其责任。《农产品地理标志管理办法》第 20 条和《地理标志产品保护规定》第 21 条要求对伪造、冒用地理标志等行为进行依法查处，地理标志商标则可依据《商标法》和《刑法》追究民事、行政乃至刑事法律责任。由此可见，地理标志利益符合社会典型公开性的特征。

综上所述，地理标志利益进入权利具有内在正当性，且已经具备利益上升为权利的前提条件，符合权益区分理论的"权利三特征"，从学理上能够证成地理标志利益应当成为一项独立的新型知识产权——"地理标志权"。在知识产权强国建设和乡村振兴战略背景下，地理标志权应当从自然权利迈向法定权利。

三、地理标志权的诞生及权利构造

《知识产权强国建设纲要（2021—2035 年）》《地理标志保护和运用"十四五"规划》为构建中国特色地理标志保护法律制度擘画蓝图，并提出"健全专门保护与商标保护相互协调的统一地理标志保护制度"的任务。地理标志专门立法如何定位，是私法还是公法？关键要深入探究地理标志之上是否赋予权利，该项权利是私权还是公权，是否属于知识产权范畴。借助洛克劳动财产权理论分析，地理标志利益进入权利具有内在正当性并得以从学理证成一项独立的新型知识产权"地理标志权"已经诞生。

（一）《民法典》下地理标志权已成为一项独立知识产权

首先，《民法典》为地理标志权诞生提供了直接法律依据。从学理上已经论证地理标志权具备一项自然权利条件和要素，需要通过立法将其确认为法定权利。2017 年《民法总则》我国立法首次将地理标志与商标相并列，同时列举为知识产权的客体，2020 年出台的《民法典》延续了这一规则，在第 123 条规定"民事主体依法享有知识产权。知识产权是权利人依法就下列客体享有的专有的权利……

（三）商标；（四）地理标志……"。该条"明确将地理标志单独列举为一类知识产权客体，为建立完善地理标志法治留下了制度空间"。❶根据该条文规定可以解读得出：第一，地理标志正式被我国《民法典》确认为一项独立类型的知识产权客体；第二，权利人就地理标志享有的专有权利是知识产权，即地理标志权是知识产权；第三，地理标志权不同于商标权。因此，《民法典》不仅为地理标志权提供了直接的法律依据，更在事实上直接宣告了地理标志权的诞生，但是《民法典》仍为地理标志权的体系化保障留下了空白，甚至连地理标志之上的该项知识产权应当如何命名都没有提及，该项权利的权利体系、具体内容，以及如何行使、如何救济等需要进一步构建。关于权利名称，学界有讨论使用"地理标志相关权利""地理标志财产权""地理标志知识产权"等名称，借鉴知识产权领域著作权、专利权、商标权及植物新品种权等命名方式，宜采用"地理标志权"。

其次，地理标志权的法律属性为私权。地理标志权的法律属性存在公权说、私权说和双重属性说等观点，判断其法律属性究竟为何，可以借助吴汉东提出的"权利的属性，取决于权利的基本内容而不是权利的产生方式"。❷前面已经论证地理标志利益满足权益区分理论的归属效能、排他效能，并符合社会典型公开性，将该项利益上升为权利即为"地理标志权"，因此，地理标志权的基本内容可以从这三特征切入予以界定。有人提出"地理标志权是指法人或者其他组织依法对地理标志所享有的权利"❸，"地理标志权是指为国内法或国际条约所确认的或规定的与地理标志保护相关的权利"❹，此类界定方式并未揭示地理标志权的核心内容，地理标志权应当界定为：权利人依法对特定地理标志所享有的直接支配和排他的权利。依据权利的基本内容来判断，地理标志权本质上是一项财产权，"一种具有对世性的权利"❺，因此，地理标志权属于私权范畴。公权说和双重属性说依据地理标

---

❶　管育鹰.我国地理标志保护中的疑难问题探讨［J］.知识产权，2022（04）：3-17.

❷　吴汉东.关于知识产权私权属性的再认识——兼评"知识产权公权化"理论［J］.社会科学，2005（10）：58-64.

❸　金多才.地理标志权的特征、法律属性及其归属辨析［J］.公民与法（法学版），2009（11）：6-10.

❹　张辉.论地理标志权之经济法属性［J］.法学论坛，2005（01）：97-103.

❺　郭禾.我国地理标志保护制度发展的应然进路［J］.知识产权，2022（08）：3-14.

志权的主体涉及集体性主体或者政府，得出权利属于公权是荒谬的，土地也有集体所有权、国家所有权，并不影响土地是一种典型的物权、私权；另有依据公权力介入审查、保护地理标志，主张其为公权，专利权、商标权、著作权等知识产权均有强烈的公权力介入，亦不影响其为私权。

再次，地理标志权具有独特的"五性"特征。[❶] 地理标志权具有不同于传统知识产权"专有性、地域性和时间性"等特性，甚至一定程度上与之相悖，具有权利主体的特定性、权利客体的关联性、权利内容的限制性、权利行使的共有性、权利期限的永久性等独特的"五性"特征。权利主体的特定性是指地理标志权的主体特定，在归属效能部分已经论证地理标志权归属于特定主体所有，不同于专利权、著作权等权利主体通常为自然人、法人或其他组织，地理标志权的主体具有一定集体性，特定的自然人或者企业均不能成为权利主体；权利客体的关联性是指地理标志以客观关联性为构建要件，要求特定地理区域的自然因素或者人文因素与商品特定品质存在客观联系；权利内容的限制性是指地理标志权的持有人不能自行使用，必须授权给特定地理区域范围内具体经营者使用，并仅限授予本地理区域内经营者使用，不能授予地理区域外经营者使用，且地理标志权禁止转让；权利行使的共有性是指地理标志为特定地理区域范围内经营者共有，区别于传统知识产权严格的"专有性"，地理标志权对于特定地理区域外的经营者是"专有"，而特定地理区域内的经营者为"共有"，只要符合地理标志使用条件，即可申请使用；权利期限的永久性是指不同于传统知识产权设定具体保护期限，地理标志权不设定具体保护期限，在地理标志存续期间，该项权利长期有效。

（二）地理标志权的二元"产权"主体

地理标志权具有特定主体，满足归属效能，但是特定主体具体为什么，则莫衷一是，并形成六种学说。第一，国家说。张梦飞认为"地理标志的所有权归国家所有是显而易见的"。第二，全体居民说。张玉敏认为"作为一种财产，它既不能归个人所有，也不能归国家所有，而应当属于地理标志保护产品产地的居民共

---

❶ 陈星.论我国地理标志专门立法保护［J］.社会科学家，2022（3）：130-137.

同所有"。❶ 第三，社会主体说。付大学等认为"地理标志应属于特定地区的不特定使用者共有（即社会所有）"❷，不能归属于任何生产经营者，而是不特定使用者共有。第三，生产者说。王肃认为"地理标志的专有权主体应该是产品产地的生产者集体"。❸ 第四，经营者说。吴汉东认为地理标志权"由该地域内生产同一商品所有经营者共同行使，是一项集体产权"。❹ 第五，生产者和经营者说。王莲峰认为地理标志权"归产地生产者和经营者集体共有，是一种集体性的共有权"。❺ 第六，注册者说。金多才认为，地理标志商标权由其注册人享有，地理标志保护产品专用标志权由其持有人享有，农产品地理标志权由其登记注册人享有。❻ 国家说简单地将地理标志归属于国家所有，不利于地方政府管理、运用地理标志，且容易衍生为"公地悲剧"；全体居民说揭示了地理标志的创造者因智慧劳动创造而成为权利主体，根据劳动财产论等理论具有一定的合理性；社会主体说、生产者说、经营者说、生产者和经营者说等将地理标志的使用主体与产权主体混为一谈；注册者说，在商标法框架下从商标权解释具有合理性，但是当地理标志权与商标权相区分开来时，便丧失成立根基。

地理标志权不同于专利权、商标权等传统知识产权，权利主体单一、清晰，其至少涉及地理标志创造主体、管理主体、注册主体以及使用主体等，几类主体之间究竟具有何种法律关系，究竟何者是通常意义上的"产权人"？根据澳大利亚学者彼得·德霍斯（Peter Drahos）阐释的"积极共有"理论❼，特定地理区域的劳动群众因世代劳动积累了地理标志的特定品质与知名度而成为共同享有地理标志权的实质权利主体，类似于《土地管理法》中的"全民所有"；特定地理区域的劳动群众通过公共信托的方式，将其地理标志"所有权"委托给当地政府进行管理，

---

❶ 张玉敏.地理标志的性质和保护模式选择［J］.法学杂志，2007（06）：6-11.

❷ 付大学，韩志红.浅析地理标志财产权的配置.［J］北京市政法管理干部学院学报，2004（02）：21-22.

❸ 王肃.集体专有与个体共有：地理标志制度的权利配置［J］.商场现代化，2009（04）：293-294.

❹ 吴汉东.无形财产权基本问题研究［M］.北京：中国人民大学出版社，2013：381

❺ 王莲峰.制定我国地理标志保护法的构想［J］.法学，2005（05）：69-74.

❻ 金多才.地理标志权的特征、法律属性及其归属辨析［J］.公民与法（法学版），2009（11）：6-10.

❼ 彼得·德霍斯.知识财产法哲学［M］.周林，译.北京：商务印书馆，2008：68-71.

政府成为地理标志权的"行使代表"及法律上的权利主体,类似于"国家所有土地的所有权由国务院代表国家行使";政府通过授权的方式,由团体、协会等集体性组织作为注册人,负责地理标志的申请和使用许可等工作,集体性组织成为地理标志权的"持证主体"和直接管理主体,但非"产权"主体,类似于"物业公司";地理标志使用主体,经授权许可具体使用地理标志,包括特定地理区域的生产者、经营者是使用主体,亦非权利主体。因此,地理标志权的主体由实质权利主体(特定地理区域的劳动群众)和代表权利主体(当地政府)组成,形成知识产权领域中特殊的二元"产权"主体。

(三)地理标志权的客体"三元归一"

地理标志权的客体,由早期国际条约和国际组织使用"货源标记(indication of source)""原产地名称(appellations of origin)""地理来源标志(indication of geographical origin)"等名称,直至 TRIPs 协定正式使用"地理标志(geographical indications)"一词,概念逐步走向统一。我国 2001 年修订《商标法》,在第 16 条引入"地理标志"并界定概念;2002 年《农业法》修订,第 23 条增设"农产品地理标志"规定;2003 年原国家工商行政管理总局出台部门规章《集体商标、证明商标注册和管理办法》,形成地理标志商标规则体系;2005 年原国家质量监督检验检疫总局出台部门规章《地理标志产品保护规定》,采用"地理标志保护产品"概念;2007 年原农业部发布了《农产品地理标志管理办法》,形成我国独有的地理标志保护"三元模式"。"三元模式"中对于地理标志分别采取不同的概念,申请条件和审查标准存在差异,造成了地理标志管理以及消费者对地理标志认识的混乱,并且三个概念均不构成学理意义上的地理标志权客体。地理标志证明商标、集体商标,借助商标专用权的权利体系予以保护,商标法体系下的地理标志是商标专用权的客体,非地理标志权的客体;"地理标志保护产品"落脚点为"产品",是地理标志的物化载体,已经构成物权的客体,偏离了地理标志权客体;"农产品地理标志"属于地理标志权客体的下位概念,范围局限于"农产品"。因此,在构建地理标志权时,应当整合"三元模式"中的不同名称,统一客体名称,实现"三元归一"。

《民法典》第 123 条已经明确将"地理标志"列为知识产权的客体，因此应当采用此概念作为地理标志权的客体，并从地理标志专门立法的角度，对该概念予以界定。我国《商标法》❶《地理标志产品保护规定》❷《农产品地理标志管理办法》❸对地理标志相关概念进行了定义，总体上和 TRIPs 协定第 22 条第 1 款对地理标志的界定趋同，但是也存在实质差异：在赋权要素上，地理标志商标和地理标志保护产品的定义基本沿袭 TRIPs 协定的界定方式，赋权要素是在"质量""信誉 / 声誉""特征"三选一的，农产品地理标志则借鉴了《里斯本协定》的界定方式排除了"信誉 / 声誉"要素，不同的是要求同时具备"品质和特征"两项要素；在地理来源上，地理标志商标对于"自然因素"与"人文因素"是二选一的"或"，地理标志保护产品和农产品地理标志是要求二者兼具的"和"。"产品特性与特定地域之间的联系是地理标志保护中最为重要的关键点"❹，被称之为"关联性"，是地理标志的核心构成要件，是地理标志确权的必备条件。上述我国立法中关于赋权要素和地理来源规定的差异，实质是"主观关联性""客观关联性"的长期冲突导致立法选择的彷徨。主观关联性侧重于消费者将特定产品和特定地理来源相关联的主观认知，表现为"声誉"要素，客观关联性考虑产品的特定品质与特定地理来源相关联。早期国际条约关于地理标志构成要件的要求在主观关联性和客观关联性中摇摆，TRIPs 协定对于两种关联性兼容并采取了较大灵活性。根据洛克劳动财产权理论，地理标志是特定地理区域劳动群众世代智力劳动创造的成果，是凝聚了集体智慧的结晶，从而产生地理标志权。地理标志权是凝聚智力劳动的成果，越是体现人类智力劳动的要素，越是应该作为地理标志赋权要素，以"声誉"为代表的主观关联性应当作为地理标志构成要件，且客观关联性不能仅要求商品

---

❶《商标法》第 16 条第 2 款将地理标志界定为"指标示某商品来源于某地区，该商品的特定质量、信誉或者其他特征，主要由该地区的自然因素或者人文因素所决定的标志"。

❷《地理标志产品保护规定》第 2 条将地理标志产品界定为"指产自特定地域，所具有的质量、声誉或其他特性本质上取决于该产地的自然因素和人文因素，经审核批准以地理名称进行命名的产品"。

❸《农产品地理标志管理办法》第 2 条第 2 款将农产品地理标志界定为"指标示农产品来源于特定地域，产品品质和相关特征主要取决于自然生态环境和人文历史因素，并以地域名称冠名的特有农产品标志"。

❹ 郭禾 . 我国地理标志保护制度发展的应然进路 [J]. 知识产权，2022（08）：3–14.

质量或特征与特定地理区域的自然因素相关，还应当同时具备人文因素，故地理标志构成要件应当同时兼具主观关联性和客观关联性。在此基础上可以将地理标志界定为：标示某产品来源于特定地理区域的标志，该产品的特定质量、声誉或者其他特征，主要由该地理区域的自然因素和人文因素所决定。

（四）地理标志权的权利内容

地理标志权作为一种新型的知识产权，是权利人依法对特定地理标志所享有的直接支配和排他的权利，该项权利具体包括哪些内容，具有何种权能，目前仍无定论。有人认为地理标志权分为集体专有权和个体共有权，集体专有权内容包括：排他使用权、许可使用权、管理控制权、自我使用权、地理标志维护权以及适当发展权，个体共有权内容包括：使用权、禁止权以及请求权；❶ 有人认为地理标志权总体上权利配置应当包括：从个体角度看，特定地域生产者一般享有地理标志使用权、收益权、禁止权，从社会角度看，特定地域生产者协会或行业协会等中间组织享有地理标志注册申请权、地理标志使用人资格认定权、地理标志合法使用管理权、地理标志非法使用禁止权；❷ 甚至有人认为地理标志权非单一权利，是多主体权利复合权利束，包括产品生产者权利、消费者的权利以及特定地域的公民环境权等。❸ 上述几类观点将地理标志权和与之相关的权利相混淆，如同将土地的所有权、用益物权以及土地租赁债权等杂糅在一起统称土地权。地理标志权本身是一种单一的财产权，具有以下几项权能。

第一，排他占有权能。有人以地理标志是集体共有的权利，认为地理标志的排他性、独占性较弱，甚至因此否定地理标志的排他独占权能，事实上"地理标志的'专有'使地理标志知识产权的权利和义务得到理顺，而'分享'使各方利益得到兼顾，成为利益共同体"❹，地理标志的集体共有，只是使得地理标志权不同

---

❶ 王甫. 集体专有与个体共有：地理标志制度的权利配置 [J]. 商场现代化，2009（04）：293-294.

❷ 洪莹莹，韩志勇，邱丘. 地理标志及相关权利属性探析 [J]. 商业时代，2012（02）：116-117.

❸ 张辉. 论地理标志权之经济法属性 [J]. 法学论坛，2005（01）：97-103.

❹ 李晓波."利益分享"对地理标志知识产权权利构造的影响 [J]. 华南理工大学学报（社会科学版），2014（04）：79-88.

于传统单一权利主体的财产权,排他的范围是特定地理区域以外的主体,不得使用地理标志,有的称之为"禁止权",但正当使用地理标志中的地名不受禁止。

第二,许可使用权能。地理标志归属特定地理区域全体劳动群众所有,当地政府作为"产权代表"为法律上的权利主体,由政府指定的集体性组织作为注册人进行管理,在商标法模式下注册人不得在自己提供的商品上使用地理标志证明商标,在地理标志专门立法构建中,应当规定作为"产权代表"的政府和作为注册人的集体性组织均不得自己使用地理标志进行生产经营,只能许可给特定地理区域内的生产者或经营者使用。特定地理区域内符合使用条件的生产者和经营者,在履行相关手续后,可以获得许可使用。

第三,品质监管权能。地理标志权具有独特的"关联性",即产品的特定质量、声誉或者其他特征与其地理来源的关联,经当地政府授权的地理标志注册人在提交地理标志申请时须说明其所具有的或者其委托的机构具有的专业技术人员、专业检测设备等情况,以表明其具有监督该地理标志产品特定品质的能力。地理标志在许可使用中,地理标志注册人受权利人委托对其监督管理,要求获准许可使用的生产者、经营者符合地理标志使用管理规定中的品质要求。

此外,不同于传统财产权可以转让,地理标志权的二元"产权"主体决定了其禁止转让,"这是由地理标志的本源性所决定的,如果地理标志允许任意转让,就会造成商品地域来源的混淆,导致地理标志的本来功能与作用丧失"❶,但是作为政府授权的注册人,可以经过法定程序予以变更。

---

❶ 王莲峰.制定我国地理标志保护法的构想[J].法学,2005(05):69-74.

第三节　强化地理标志法律保护策略

引入案例

以"阳澄湖大闸蟹"为例，1997年5月14日吴县市湘城阳澄湖水产养殖总厂获得原国家工商行政管理总局商标局核准注册"阳澄湖"商标，2005年5月原国家质量监督检验检疫总局授予苏州市人民政府"阳澄湖大闸蟹"原产地域产品保护证书，2017年10月苏州市阳澄湖大闸蟹行业协会成功注册了"苏州市阳澄湖大闸蟹行业协会"集体商标。2020年4月30日农业农村部第290号公告准予苏州市阳澄湖大闸蟹行业协会"阳澄湖大闸蟹"农产品地理标志登记。

原国家工商行政管理总局、原国家质量监督检验检疫总局及农业农村部多头注册、登记，造成了消费者提出"阳澄湖大闸蟹"谁家正宗之问。

（**资料来源**：国家知识产权局地理标志产品检索.2005年第71号［EB/OL］.［2023-04-23］.https://dlbzsl.hizhuanli.cn：8888/Product/Detail/508.

中华人民共和国农业农村部.中华人民共和国农业农村部公告第290号［EB/OL］.（2020-07-06）［2023-04-23］.http://www.moa.gov.cn/nybgb/2020/202006/202007/t20200706_6347898.htm.）

一、完善地理标志管理体系

（一）明确地理标志主管机构职责

农业农村部停止农产品地理标志登记工作后，仅由国家知识产权局全面负责地理标志管理工作，需要进一步明确其职责。

2019 年 3 月 26 日《国家知识产权局关于印发〈商标局职能配置、内设机构和人员编制规定〉的通知》（国知发人字〔2019〕19 号）规定，商标局主要职责为：承担商标审查注册、行政裁决等具体工作；参与《商标法》及其实施条例、规章、规范性文件的研究制定；参与规范商标注册行为；参与商标领域政策研究；参与商标信息化建设、商标信息研究分析和传播利用工作；承担对商标审查协作单位的业务指导工作；组织商标审查队伍的教育和培训；完成国家知识产权局交办的其他事项。参照商标局的主要职责，地理标志主管机构的主要职责应当包括：承担地理标志审查注册、行政裁决等具体工作；参与地理标志相关立法、规章、规范性文件的研究制定；参与规范地理标志专用标志使用行为；参与地理标志保护产品相关质量标准、技术规范建设；参与地理标志典型案例遴选；参与国家地理标志产品保护示范区、地理标志运用促进工程项目遴选；参与地理标志领域政策研究；参与地理标志信息化建设、地理标志信息研究分析和传播利用工作；组织地理标志审查队伍的教育和培训；完成国家知识产权局交办的其他事项。

地理标志主管机构的核心职责主要是五方面：

第一，地理标志认定工作。拟订地理标志统一认定制度并组织实施，结合地理标志与商标不同的特性，明确地理标志的认定要素，制定地理标志认定产品分类标准，优化地理标志注册程序，制定地理标志审查审理指南，同时针对地理标志注册中的异议复审、驳回复审等作出准予注册或不予注册的行政裁决，依据法定事由作出无效宣告的行政裁决。

第二，地理标志立法工作。参与地理标志相关立法的起草工作，以及制定《地理标志侵权判断标准》《地理标志代理监督管理规定》等相关规章和规范性文件。

第三，地理标志专用标志管理工作。根据《地理标志专用标志使用管理办法（试行）》，参与组织实施地理标志专用标志使用监督管理，指导地理标志专用标志合法使用人正确使用专用标志，对未经公告擅自使用或伪造地理标志专用标志等行为配合执法部门调查处理。

第四，地理标志保护产品质量标准建设工作。特定质量是地理标志认定中的必要条件，认定成功后，只有达到特定质量的产品才能使用地理标志。因此加强地理标志质量标准建设工作是一项长期、可持续的工作，指导地理标志管理人制定质量标准和相关技术规范，监督地理标志合法使用人在达标的产品上使用地理标志。

第五，地理标志运用与保护先进典型工作。选树地理标志运用与保护先进典型，推进国家地理标志产品保护示范区、地理标志运用促进工程项目遴选与建设，遴选地理标志运用与保护典型案例，提升地理标志价值内涵，推动地理标志与特色产业发展、生态文明建设、历史文化传承有机融合，为推进供给侧结构性改革，培育经济发展新动能，推动形成知识产权强国建设新格局。

（二）与其他涉地理标志管理部门协作机制

地理标志的保护与运用，涉及多家单位的共同协作，有赖于进一步理顺各家单位的关系，加强协作，形成地理标志保护运用的合力。

第一，与国家知识产权局内设机构协作。国家知识产权局条法司具有拟订地理标志审查政策和授权确权判断标准，组织实施申请、受理、授权等工作的职责，因此涉及地理标志认定相关工作，地理标志主管机构需与条法司协作；战略规划司具有拟订地理标志审查、注册、登记计划等职责，涉及《地理标志保护和运用"十四五"规划》及后续相关规划和计划，地理标志主管机构需与战略规划司协作；知识产权运用促进司具有拟订和实施强化知识产权创造运用的管理政策和制度等职责，因此遴选国家地理标志产品保护示范区、地理标志运用促进工程项目，推动地理标志质押融资，发展和监管地理标志中介服务机构等工作需要由地理标志主管机构与知识产权运用促进司协作；公共服务司具有组织实施全国知识产权信息公共服务体系和信息化建设等职责，建立地理标志统一信息平台、促进地理标志信息的传播利用，研究分析和发布地理标志申请、注册等信息工作，需要地理标志主管机构与公共服务司协作；国际合作司（港澳台办公室）负责统筹协调涉外知识产权事宜，涉及拟订地理标志相关国际条约、地理标志国际互认互保等工作，地理标志主管机构应与国际合作司协作。

第二，与国家市场监督管理总局内设机构协作。由于地理标志不仅仅是一种商业标记，还承载着特定质量、声誉等功能，如何维护地理标志的独特性，则需要地理标志主管机构加强与国家市场监督管理总局产品质量监督管理部门、标准技术管理部门的协作。国家市场监督管理总局产品质量安全监督管理司负有指导和协调产品质量的行业、地方和专业性监督等职责，可以充分发挥行业和专业性监督的作用，加强对地理标志保护产品特定质量的监督；标准技术管理司承担强制性国家标准、推荐性国家标准（含标准样品）和国际对标采标相关工作，标准创新管理司承担行业标准、地方标准、团体标准、企业标准和组织参与制定国际标准相关工作，涉及指导制定地理标志保护产品相关标准，地理标志主管机构需与标准技术管理司、标准创新管理司协作。

第三，与农业农村部协作。农产品是地理标志产品的主要表现形式，地理标志是农产品区域公用品牌建设的主要抓手，因此，即使农业农村部不再负责农产品地理标志登记工作，地理标志事业的发展也离不开与农业农村部紧密协作。《地理标志保护和运用"十四五"规划》提出"推动原产地政府加强应用标准、检验检测、认证等质量基础设施建设，构建政府监管、行业管理、生产者自律的质量保证体系。鼓励综合运用大数据、区块链、电子围栏等技术，建立来源可查、去向可追、责任可究的地理标志来源追溯机制"。农业农村部市场与信息化司承担农业品牌建设有关工作，农产品质量安全监管司指导农产品质量安全监管体系、检验检测体系和信用体系建设，承担农产品质量安全标准、监测、追溯、风险评估等相关工作，均与地理标志产品紧密相关，且应当发挥农业农村部相关机构在农产品质量管理的专业所长，加强地理标志农产品质量的监管。

第四，与检察机关协作。地理标志是一种凝聚特定地理区域范围内劳动人民智慧的财产，虽然是一种私权，但是权利主体具有集体性，因此，地理标志的保护更应当发挥国家机关的优势，特别是检察机关公益诉讼的制度优势。在地理标志统一立法中，可参考环境保护公益诉讼制度建立地理标志公益诉讼制度，充分发挥检察机关参与社会治理的作用，服务社会经济发展大局。

第五，与审判机关协作。审判机关通过司法手段为地理标志提供最终保障力量，必须强化地理标志的民事责任、行政责任和刑事责任，解决地理标志保护体系及滥用规制、地理标志侵权认定及举证责任、地理标志侵权抗辩事由等司法实务中的疑难问题，统一司法裁判标准，实现既有效保护地理标志，同时防止权利滥用。

（三）加强地方地理标志管理体系建设

地理标志已经成为地方发展特色产业、推动乡村振兴的重要抓手，在国家地理标志管理框架下，地方积极探索符合本地实际情况的地理标志保护和运用体系，细化地理标志保护规则与认定标准，推进地理标志领域治理体系和治理能力现代化。地方地理标志管理体系建设主要体现在以下三个方面。

第一，探索制定地理标志专项保护地方性法规。2022 年 11 月 30 日广东省第十三届人民代表大会常务委员会第四十七次会议通过《广东省地理标志条例》，自 2023 年 1 月 1 日起施行，是全国首部地理标志保护地方性法规。《广东省地理标志条例》共 28 条，涉及地理标志管理机关的监管职责和相关市场主体的权利义务、地理标志资源普查、地理标志产业发展推进体系、地理标志国际交流合作、地理标志保护产品特色质量监管体系、全链条地理标志公共服务体系、地理标志违法行为法律责任、地理标志领域相关公益诉讼制度等，在立足广东地理标志工作经验的基础上，积极探索构建与国家规定相衔接的地理标志保护体制机制。

第二，编制地方地理标志保护和运用规划。2022 年 2 月 23 日，山东省市场监督管理局印发《地理标志保护和运用"十四五"规划》，是全国首个地方地理标志规划。该规划明确了"十四五"时期山东地理标志工作的发展目标、主要任务、重点行动和保障措施，提出山东要进一步完善地理标志保护和运用制度，全面提升综合实力，不断增强地理标志产品竞争力和国际影响力，推动山东地理标志由量向质转变、由多向强转变，打造地理标志"齐鲁样板"，并提出了 5 个方面 15 项重点工作任务：一是挖掘地理标志资源。开展地理标志资源调查，加强地理标志资源储备，打造地理标志资源优势。二是强化地理标志保护。夯实地理标志保护工作基础、创新地理标志保护模式、建设地理标志产品保护示范区。三是突出地理标志运用。培育地理标志品牌体系、促进地理标志品牌运营、推动地理标志产业技术创新。四是规范地理标志管理。建立地理标志监管体系、实施地理标志智慧监管、建立常态化监督检查工作制度。五是优化地理标志服务。建设地理标志公共服务平台、加强地理标志服务载体建设、拓展地理标志产品推介渠道。《规划》明确，要实施地理标志保护专项执法行动、地理标志标准化建设行动、地理标志赋能行动、地理标志产业高质量发展行动、地理标志产品"走出去"行动、地理标志人才引育行动、地理标志知识宣传普及行动共"七大行动计划"。

第三，编制地理标志保护团体标准。2022年4月25日，由北京地理标志产业协会牵头，中国知识产权研究会、中国茶叶流通协会、中国果品流通协会、北京市商业联合会、北京烹饪协会及北京京东世纪贸易有限公司、北京农智地理标志研究院、北京黄金智慧知识产权代理有限公司共同参与编制的团体标准《北京重点地理标志保护名录》，经技术审查委员会审定，向社会公开发布，同年5月15日正式实施。该项标准是全国首个关于地理标志保护的团体标准，具有开创性，为加强地理标志保护和运用促进提供了新的模式。

二、优化地理标志认定机制

（一）统一规范地理标志名称

地理标志商标没有规范名称形式，因此既有以中文形式注册的地理标志商标，也有拼音形式，还有"图形＋文字"形式的地理标志，表现形式较为丰富。《地理标志产品保护工作细则》（已废止）第6条规定"经申请、批准，以地理名称命名的产品方能称为地理标志保护产品。地理标志名称由具有地理指示功能的名称和反映产品真实属性的产品通用名称构成。地理标志名称必须是商业或日常用语，或是长久以来使用的名称，并具有一定知名度。"《农产品地理标志管理办法》第7条规定申请地理标志登记的农产品"称谓由地理区域名称和农产品通用名称构成"。在实践中，地理标志的"地理区域名称"不仅表现为现行和历史行政区划名称，也包括山河湖泊等自然区域名称，但是已经注册或登记的地理标志名称却存在诸多乱象：第一，地理区域名称不规范，既不是行政区划名称也不是自然区域名称。例如"化橘红"由化州市化橘红产业协会2015年10月28日注册为地理标志证明商标，"雅鱼"由四川省周公河珍稀鱼类省级自然保护区雨城管理处2009年3月28日注册为地理标志证明商标，这里的"化"是"化州市"的简称，"雅"

是"雅安市"的简称，勉强算作地理区域名称，但是 2014 年 2 月 13 日《质检总局关于批准对安泽连翘等产品实施地理标志产品保护的公告》（2014 年第 13 号）批准广东省肇庆市鼎湖区沙浦镇产的"文鲤"作为地理标志保护产品，则实难判断出"文"和产地的关系。第二，地理区域名称已经演化为产品通用名称，但是"新地理区域名称 + 老地理区域名称作为产品通用名称"与"老地理区域名称 + 产品名称"两类地理标志共存。例如"龙井茶"，2001 年国家质量监督检验检疫总局正式批准为原产地域保护产品，"龙井茶 Longjin Tea"由浙江省农业技术推广中心 2008 年 12 月 07 日注册为地理标志证明商标，"龙井"系位于西湖之西翁家山的西北麓龙井村，在杭州狮峰山下的宋广福院内也有"龙井泉"，因此"龙井"作为地理区域名称与茶共同组成的"龙井茶"地理标志，但是由于"龙井茶"逐渐演化为一种绿茶的通用名称，因此杭州市西湖龙井茶管理协会 2011 年 6 月 28 日将"西湖龙井"注册为地理标志证明商标，在此"龙井"又作为一种产品通用名称，与"西湖"地理区域名称共同组成地理标志名称，且"龙井茶"与"西湖龙井"两枚地理标志保护证明商标共存，与通用名称不能作为地理标志的原则相悖。第三，同一种产品在不同类型地理标志名称不同。例如前已举例"六堡茶"为地理标志保护产品名称，"梧州六堡茶"为地理标志证明商标名称，"广西六堡茶"为农产品地理标志名称。第四，缺乏产品通用名称。如贵州省湄潭县茶业协会 2011 年 7 月 28 日注册的"遵义红"，昭平县茶叶协会 2014 年 1 月 7 日注册的"昭平绿"，"遵义""昭平"是地理区域名称，但是仅用"红"或者"绿"无法完整准确表示产品通用名称。

因此，统一地理标志认定制度，首先要制定地理标志名称规范，坚持"地理区域名称 + 通用产品名称"的命名原则，规范地理标志命名。对于同一种产品存在不同名称的情况，未来有必要进行系统清理，净化地理标志环境，统一地理标志市场。

（二）确定地理标志认定产品范围

在我国地理标志"三元模式"中，地理标志商标没有限定具体产品范围，地理标志产品保护的申请范围根据《地理标志产品保护规定》限于种植、养殖产品及采用特定工艺生产和加工的产品，农产品地理标志产品的申请范围根据《农产品地理标志管理办法》限于来源于农业的初级产品，即在农业活动中获得的植物、动物、微生物及其产品。

2006年原国家质量监督检验检疫总局《地理标志产品保护规定实施细则（暂行）》第7条将地理标志保护产品进一步细化分为三类：第一类是在特定地域种植、养殖的产品，其特殊品质、特色和声誉主要取决于当地的自然因素；第二类是原材料全部来自该地区，其产品的特殊品质、特色和声誉主要取决于当地的自然环境和人文因素，并在该地采用特定工艺生产；第三类是原材料部分或全部来自其他地区，其产品的特殊品质、特色和声誉主要取决于产品产地的自然因素和人文因素，并在该地采用特定工艺生产和加工。2006年原国家质量监督检验检疫总局《地理标志产品保护规定实施细则（暂行）》第2条将上述后两类可以申请认定地理标志保护产品表述略作调整，一是强调"在产品产地采用特定工艺生产加工"，二是明确人文因素是"生产该产品所采用的特定工艺中的人文因素"。"种植、养殖的产品"仅强调自然因素，不需要体现人文因素，则可将野生动植物品种纳入到地理标志产品保护范围，实际上是背离了地理标志的制度初衷。因为地理标志作为一种知识产权客体，凝结了劳动人民世代智慧劳动，地理标志认定需要具备关联性，即要求产品的特殊品质、特色质量、特色声誉与产地的自然因素和人文因素相关联，人文因素是不可或缺的一个因素。在构建统一地理标志认定制度过程中，制定地理标志申请的产品范围及其标准是科学认定地理标志的前提。地理标志认定的产品范围应当排除天然产品，限于种植、养殖的初级农产品，加工制造产品和手工艺产品。

（三）制定地理标志认定产品分类标准

地理标志商标申请直接适用《商标注册用商品与服务国际分类尼斯协定》所确定的商品范围，地理标志产品保护在确定了上述三类产品范围的基础上，在《地理标志产品保护规定实施细则（暂行）》第8条明确地理标志保护产品类别一般包括：种植、养殖类产品及初加工产品、加工食品、酒类、茶叶、中药材、工艺品及传统产品等。农产品地理标志登记则通过《农产品地理标志登记保护目录

（试行）》（农质安发〔2013〕11号）将农产品作了较为细致的分类，共分为种植业产品、畜牧业产品和渔业产品三大类，种植业产品分为蔬菜、果品、粮食、食用菌、油料、糖料、茶叶、香料、药材、花卉、烟草、棉麻蚕桑、热带作物和其他植物等14个二级类别；畜牧业产品分为肉类产品、蛋类产品、奶制品、蜂类产品和其他畜牧产品等5个二级类别；渔业产品分为水产动物、水生植物和水产初级加工品等3个二级类别。每个二级类别下罗列了若干具体产品形式。

随着地理标志"三元合一"的推进，制定专门的地理标志认定产品分类已经迫在眉睫。2022年7月29日全国知识管理标准化技术委员会地理标志分技术委员会发布《关于对〈地理标志认定 产品分类与代码〉国家标准征求意见的通知》。通知表示：根据国家标准化管理委员会国家标准制修订计划，由全国知识管理标准化技术委员会地理标志分技术委员会（SAC/TC554/SC1）提出并归口的国家标准《地理标志认定 产品分类与代码》（计划编号：20214639-T-463），已组织行业内有关单位及专家经多轮研讨修改形成征求意见稿，按照《国家标准管理办法》的有关规定，向社会各界公开征求意见。《地理标志认定 产品分类与代码》（征求意见稿）采用线分类法为主、线面分类法相结合的分类方法，将地理标志产品划分为大类、中类、小类三个层级。地理标志产品大类按产品的产地关联性和食用性进行分类排序。地理标志产品中类为产品大类的下一层级，同层次类目为并列关系，按产业类别和生物学属性进行分类排序。地理标志产品小类为产品中类的下一层级，同层次类目为并列关系，按加工工艺和生物学属性进行排序。起草组将已批准的2394个地理标志保护产品和已注册的6085件地理标志证明商标进行产品分类，充分总结了所有产品的类别。产品大类分为食用农林产品及食品、非食用农林产品、中药材、手工艺品及其他等5个部分，产品大类食用农产品及食品中，将我国特色的产品茶叶类和酒类作为产品种类前置，突出中国特色，分类过程中以《地理标志产品保护规定》为指导依据，参照《GB/T 4754-2011 国民经济行业分类与代码》，并参考了欧洲议会和理事会关于农产品和食品质量方案的第 1151 号实施条例附件中规定的产品分类❶，规定了产品大类和中类的相关内容划分。具体类别分类过程中，加工食品类参考了《市场监管总局关于修订公布食品生产许可分类目录的公告［2020 年第 8 号］》，茶叶类参考了《GB/T 30766–2014 茶叶分类》，酒类参考了《GB/T 17204–2008 饮料酒分类》，调味品类参考了《GB/T 20903–2007 调味品分类》；农产品类参考了《NY/T 3177–2018 农产品分类与代码》；水产品类参考了《GB/T 41545–2022 水产品及水产加工品分类与名称》；中药材类参考了《中华人民共和国药典》2020 年版及《GB/T 7635.1–2002 全国主要产品分类与代码第 1 部分：可运输产品》。

《地理标志认定 产品分类与代码》国家标准正式出台前或者出台后的进一步完善，应当重点考虑三个要素：第一，中国风格。地理标志认定产品分类应当凸显中国风格，将中国特有物产纳入产品类别，特别是强化对中药材的分类保护，《知识产权强国建设纲要（2021—2035 年）》明确提出"推动中医药传统知识保护与现代知识产权制度有效衔接，进一步完善中医药知识产权综合保护体系"，地理标志是为传统中药材提供知识产权保护的有力手段，应当尽可能明确能够申请地理标志中药材产品细目。第二，时代特色。根据地理标志产品范围，除了初级农产品和手工艺产品，加工制造产品也可以申请地理标志，中国作为世界制造大国，改革开放 40 余年来，部分地区在特定加工制造业已经形成享誉世界的特色工艺和声誉，但是目前纳入地理标志保护的屈指可数。欧洲理事会成员国相关各部长 2022 年 12 月 1 日通过了其工艺和工业产品地理标志（GI）保护条例的立场（"一般方法"），在欧盟层面为工艺和工业产品（如珠宝、纺织品、玻璃、瓷器等）建立直接适用的地理标志保护，以补充欧盟对农业领域地理标志的现有保护，帮助工匠和生产者，特别是中小企业，按照欧盟竞争规则在欧盟层面推广和保护其传统知识，从而促进更多的创新和工艺投资。地理标志作为一种发展中的知识产权制度，应当与时代相结合，体现工业时代的产业发展保护需求，纳入更多工业产

---

❶ 欧盟《第 1151/2012 号条例》在附录一列举了具体的产品：啤酒；巧克力及相关产品；面包、点心、蛋糕、糖果、饼干及其他焙烤产品；从植物中榨取的饮料；面食；盐；天然橡胶和树脂；芥末糕；干草；精油；软木塞；胭脂虫红；花卉和观赏植物；棉花；羊毛；柳条；打成棉的亚麻；皮革；毛；羽毛。

品类别。第三，与国际接轨。《中欧地理标志协定》是中欧之间首次大规模互认对方的地理标志，协定附录共纳入双方各 275 个地理标志产品，总共 550 个，实现地理标志互认互保，因此制定地理标志认定产品类别，不能故步自封，仅考虑国内产品情况，还要考虑产品走出国门，在国外主要市场如何保护、如何与国外地理标志产品类别接轨的问题，同时，也做好中国特色产品类别划分标准向国际输出的工作，以地理标志作为中国参与国际知识产权规则共建的切入点。

三、健全地理标志保护法律责任体系

（一）完善地理标志惩罚性赔偿责任

地理标志保护产品和农产品地理标志目前并无民事法律责任，地理标志商标通过《商标法》中的民事法律责任为权利人提供救济。2013 年《商标法》第三次修正，首次规定了商标侵权惩罚性赔偿条款，第 63 条第 1 款规定："侵犯商标专用权的赔偿数额，按照权利人因被侵权所受到的实际损失确定；实际损失难以确定的，可以按照侵权人因侵权所获得的利益确定；权利人的损失或者侵权人获得的利益难以确定的，参照该商标许可使用费的倍数合理确定。对恶意侵犯商标专用权，情节严重的，可以在按照上述方法确定数额的一倍以上三倍以下确定赔偿数额。赔偿数额应当包括权利人为制止侵权行为所支付的合理开支。"2019 年《商标法》第四次修正，将惩罚性赔偿从损失的一倍以上三倍以下进一步提高到了一倍以上五倍以下。

虽然《商标法》确定了惩罚性赔偿制度，但是由于惩罚性赔偿制度适用，需要以实际损失数额、违法所得额或因侵权所获得的利益作为计算基数，司法实践中常常因为基数无法确定导致法院不支持惩罚性赔偿。《最高人民法院关于审理侵害知识产权民事案件适用惩罚性赔偿的解释》第 5 条第 1 款、第 2 款"人民法院确定惩罚性赔偿数额时，应当分别依照相关法律，以原告实际损失数额、被告违法所得数额或者因侵权所获得的利益作为计算基数。该基数不包括原告为制止侵权所支付的合理开支；法律另有规定的，依照其规定。前款所称实际损失数额、违法所得数额、因侵权所获得的利益均难以计算的，人民法院依法参照该权利许可使用费的倍数合理确定，并以此作为惩罚性赔偿数额的计算基数。"例如在信阳市茶叶协会、佛山市联和益承百货有限公司侵害商标权纠纷民事二审案，一审判被告侵犯"信阳毛尖"地理标志证明商标赔偿数额金额仅为 3000 元，信阳市茶叶协会不服一审判决，提起上诉，请求适用惩罚性赔偿，二审法院认为当事人对信阳市茶叶协会因侵权所受到的实际损失及联和益承公司因侵权所获利益等情况均未举证以致难以确定，因此未支持惩罚性赔偿。❶ 五常市大米协会与北京京东叁佰陆拾度电子商务有限公司、中山小芽米农业有限公司侵害商标权纠纷、不正当竞争纠纷案中，由于惩罚性赔偿的适用条件为恶意侵害商标权且情节严重，五常市大米协会未能举证证明小芽米公司具有恶意且给五常市大米协会造成了严重的损害后果，故五常市大米协会要求适用惩罚性赔偿但一审法院不予支持。秀山土家族苗族自治县家禽养殖专业经济协会与成都盒马鲜生网络科技有限公司、重庆君立得商贸有限公司、蒋其侵害商标权纠纷案中，针对"秀山土鸡"地理标志证明商标侵权，因原告未提交足够证据证明其因被侵权遭受的实际损失和被告君立得公司因侵权而获得的利益的具体数额，法院认为原告主张适用惩罚性赔偿没有依据。杭州市西湖区龙井茶产业协会与芜湖麒麟茶叶有限公司侵害商标权纠纷、不正当竞争纠纷案中，法院认为被告主观上具有恶意，依法适用惩罚性赔偿，由于原告未能举证证明实际损失数额、被告因侵权所获得的利益，因此法院最终酌定赔偿额。❷ 因此，司法实践中，地理标志证明商标侵权案件鲜有适用惩罚性赔偿。

2022 年 4 月"2022 年中国茶叶区域公用品牌价值评估"发布，西湖龙井以 79.05 亿元品牌价值位列榜首，信阳毛尖以 75.72 亿元品牌价值位列第三位。同年 9 月 5 日，"2022 中国品牌价值评价信息"发布，五常大米品牌价值达 710.28 亿元，连续 7 年蝉联地标产品大米类全国第一。由此可见地理标志作为区域公用品牌的主要形式，通常具有较高的品牌价值，如果继续固守商标法体系下的民事侵权责任赔偿计算方法，不仅惩罚性赔偿几乎无适用空间，就连地理标志品牌所遭

❶ 广东省佛山市中级人民法院民事判决书（2021）粤 06 民终 16761 号。
❷ 安徽省芜湖经济技术开发区人民法院民事判决书（2020）皖 0291 民初 466 号。

受的实际损失也严重低估，加之商标法体系下法定最高赔偿额为 500 万元，而一个地理标志的品牌价值高达数十上百亿元，500 万元的法定最高赔偿额限制了对地理标志的强力保护。

因此，商标法体系下，无论是惩罚性赔偿还是法定最高赔偿额，均不适应地理标志强保护的民事侵权责任计算。根据《商标法》，权利人的损失或者侵权人获得的利益难以确定的，参照该商标许可使用费的倍数合理确定，由于地理标志许可使用，一般不收取许可使用费，所以无法参照地理标志许可使用费的倍数合理确定。地理标志侵权，在权利人的损失或者侵权人获得的利益难以确定的情况下，可以考虑引入地理标志品牌价值的一定比例（如当年品牌价值的万分之一）作为计算依据，且进一步提高地理标志最高法定赔偿额（如提高至 1000 万元）。

（二）增设"侵犯地理标志权罪"

2023 年 1 月 1 日在"中国裁判文书网"以"地理标志"和"侵犯知识产权犯罪"作为检索条件，共显示 15 篇裁判文书，其中仅 1 篇"王某销售假冒注册商标的商品一审刑事判决书"❶涉及到波尔多葡萄酒行业协会（CIVB）在中国申请注册第 10474883 号"BORDEAUX 波尔多"、第 19564619 号"BORDEAUX"和第 19564619 号"波尔多"地理标志集体商标，但并非该案件关键事实，其他案件均未实质涉及地理标志。另从媒体报道得知，被称为"上海地理标志集体商标刑事保护第一案"的上海菲桐假冒"BORDEAUX"（波尔多）案，系当前较有影响，且已生效判决的涉及地理标志的刑事案件，通过假冒注册商标罪维护了地理标志权利人的权利，惩治了地理标志侵权犯罪行为。从全国来看，地理标志刑事案件总体较少，究其原因，在于地理标志犯罪惩治的制度供给不足，许多利用地理标志打擦边球的行为，依靠侵犯商标犯罪无法有效解决地理标志犯罪问题。因此，在《刑法》中增设"侵犯地理标志权罪"已经迫在眉睫。

"侵犯地理标志权罪"是指违反国家地理标志管理法规，未经地理标志注册人许可，在同一种产品上使用与其注册地理标志相同的地理标志，情节严重的行为。

---

❶ 山东省蓬莱市人民法院刑事判决书（2018）鲁 0684 刑初 109 号。

第一，本罪的主体为一般主体，自然人和单位均能成为本罪主体。就自然人而言，只要行为人达到了法定刑事责任年龄，具有刑事责任能力，实施了侵权地理标志权的行为，即可构成犯罪。就单位而言，单位实施了侵权地理标志权的行为，构成犯罪的，实行双罚制，即对单位判处罚金，对直接负责的主管人员和其他直接责任人员依法追究刑事责任。第二，本罪的客体是国家对地理标志的管理制度和他人的地理标志权。本罪侵犯国家对地理标志的管理制度，破坏社会主义市场经济秩序，同时侵犯《民法典》第123条所规定的新型知识产权——地理标志权，是对权利主体财产权、私权的侵犯。第三，本罪的主观方面为故意，且以营利为目的，过失不能构成本罪，行为人系出于谋求市场利益，故意侵犯地理标志方能构成本罪。第四，本罪客观方面表现为未经地理标志注册人许可，在同一种产品上使用与其注册地理标志相同的地理标志，情节严重的行为。地理标志作为特定地理区域劳动人民所共有的财产，本地理区域内生产者、经营者符合合理使用条件的，可以合理使用而无须经过注册人许可。本地理区域内生产者、经营者在不符合合理使用条件情况下及本地理区域外的生产者、经营者，恶意在同一种产品使用与已经注册的地理标志相同的地理标志，情节严重的行为，方可构成本罪。增设"侵犯地理标志权罪"有利于建立立体式的地理标志保护体系，适应地理标志市场化运用的需要，构建知识产权强国建设中市场化、法治化、国际化营商环境。

思考题

1. 未来如果地理标志专门立法，如何协调地理标志法与商标法的关系？
2. 地理标志权的权利体系应该如何构建？
3. 地理标志侵权判断标准如何设定？

延伸阅读

本章节选取《地理标志保护与运用"十四五"规划》中涉及地理标志法律制度完善等与本章节有关内容供读者阅读思考。

《地理标志保护和运用"十四五"规划》(摘选) ❶

三、主要任务

(一)夯实地理标志保护和管理基础

1. 健全地理标志法律制度。积极推动地理标志专门立法工作,深入开展地理标志立法调研论证,加强国外地理标志法律制度比较研究,健全专门保护与商标保护相互协调的统一地理标志保护制度。明晰地理标志的权利内容和保护范围,明确行政保护的基本原则、管理机关的监管职责和相关市场主体的权利义务,优化地理标志保护程序,提高地理标志保护水平,构建中国特色地理标志保护法律制度。(条法司、保护司、商标局按职责分工负责)

2. 建立协调有序的地理标志统一认定制度。有序推进地理标志统一认定和立体保护机制。完善地理标志认定机制,统一规范不同保护渠道的地理标志名称、保护地域范围划定等认定要素,优化地理标志认定流程,制定发布地理标志认定产品分类标准。推动在地理标志保护机制下,强化初级农产品、加工食品、道地药材、传统手工艺品等的保护。(条法司、保护司、商标局按职责分工负责)

3. 优化地理标志审查工作机制。严格地理标志保护申请审核认定规则和审查流程,完善作为集体商标、证明商标注册的地理标志审查质量管理体系。强化信息化手段,推进审查智能化。加强审查认定人员能力建设,打造高水平的专业人才队伍。积极发挥产品技术、质量、标准、历史文化等领域专家作用,为地理标志审查工作提供有效智力支持。(条法司、保护司、商标局按职责分工负责)

4. 健全地理标志标准化体系。充分发挥全国知识管理标准化技术委员会地理标志分技术委员会作用,加快构建涵盖地理标志保护、运用、管理、服务的地理标志标准体系。加强地理标志保护关键技术标准研究,推进地理标志基础通用类和产品类国家标准制修订工作。强化地理标志产品原产地政府在地理标志标准实施中的作用,定期监测和评估标准实施效果。鼓励开展地理标志相关标准外文版研制,提升我国地理标志品牌的国际传播力。鼓励研制地理标志国家标准样品。

❶ 国家知识产权局. 地理标志保护和运用"十四五"规划[EB/OL].(2022-01-10)[2023-01-23].https://www.cnipa.gov.cn/art/2022/1/10/art_65_172702.html.

支持各地建立健全以地方标准为基础的标准体系。（保护司负责，各地方知识产权管理部门参与）

5. 建立地理标志保护资源动态管理制度。规范地理标志相关数据指标体系、分析方法和数据报表。推进地理标志保护资源管理信息化建设，建立完善地理标志保护资源数据库和电子化应用平台。探索建立地理标志保护资源管理数据发布机制，探索研究发布地理标志年度公报。（保护司负责，各地方知识产权管理部门参与）

6. 加强地理标志保护基础理论研究。布局建设一批国家地理标志保护理论研究基地，开展地理标志保护理论与实践研究。鼓励开展地理标志产品产地溯源、假冒线索搜集等方面的技术研发，强化运用技术手段保护地理标志。发布地理标志行政保护典型案例和指导案例。（办公室、保护司按职责分工负责，各地方知识产权管理部门参与）。

参考文献

［1］康德 . 法的形而上学原理——权利的科学［M］. 沈树平，译 . 北京：商务印书馆，1991.

［2］洛克 . 政府论（下篇）［M］. 叶启芳，瞿菊农，译 . 北京：商务印书馆，1964.

［3］马克思恩格斯选集（第三卷）［M］. 北京：人民出版社，2012.

［4］卡尔·马克思 .1844 年经济学哲学手稿［M］. 北京：人民出版社，2014.

［5］彼得·德霍斯 . 知识财产法哲学［M］. 周林，译 . 北京：商务印书馆，2008.

［6］吴汉东，胡开忠 . 无形财产权制度研究［M］. 北京：法律出版社，2001.

［7］王迁 . 知识产权法教程［M］. 北京：中国人民大学出版社，2011.

［8］刘春田 . 知识产权法［M］. 北京：中国人民大学出版社，2022.

［9］王笑冰 . 经济发展方式转变视角下的地理标志保护［M］. 北京：中国社会科学出版社，2019.

［10］王笑冰 . 论地理标志的法律保护［M］. 北京：中国人民大学出版社，2006.

［11］于波 . 地理标志保护制度［M］. 上海：上海人民出版社，2018.

［12］田芙蓉 . 地理标志法律保护制度研究［M］. 北京：知识产权出版社，2009.

［13］胡海容 . 地理标志申请与保护实务［M］. 北京：国防工业出版社，2016.

［14］李祖明 . 地理标志的保护与管理［M］. 北京：知识产权出版社，2009.

［15］赵小平 . 地理标志的法律保护研究［M］. 北京：法律出版社，2007.

［16］董炳和 . 地理标志知识产权制度研究［M］. 北京：中国政法大学出版社，2005.

［17］王文龙 . 中国地理标志农产品品牌建设研究［M］. 北京：中国社会科学出版社，2019.

［18］杜颖.商标法［M］.北京：北京大学出版社，2016.

［19］黄晖.商标法［M］.北京：法律出版社，2016.

［20］贾引狮，宋志国.中国与东盟地理标志法律制度比较研究［M］.北京：知识产权出版社，2009.

［21］易继明.新时代中国特色知识产权发展之路［J］.政法论丛，2022（01）.

［22］王雪，尹玥.《民法典》背景下我国地理标志保护制度的困境与发展［J］.贵州大学学报（社会科学版），2022，40（02）.

［23］孙远钊.论地理标志的国际保护、争议与影响——兼论中欧、中美及相关地区协议［J］.知识产权，2022（8）.

［24］郭禾.我国地理标志保护制度发展的应然进路［J］.知识产权，2022（08）.

［25］孙智.地理标志法律概念溯源及其重新界定——兼论《地理标志保护规定（征求意见稿）》的修改完善［J］.知识产权，2022（08）.

［26］管育鹰.我国地理标志保护中的疑难问题探讨［J］.知识产权，2022（04）.

［27］陈星.论我国地理标志专门立法保护［J］.社会科学家，2022（03）.

［28］孙智.地理标志保护全球化的历史变迁及启示［J］.国际经济法学刊，2021（04）.

［29］林秀芹，孙智.我国地理标志法律保护的困境及出路［J］.云南师范大学学报（哲学社会科学版），2020，52（01）.

［30］孙智.地理标志国际保护新发展的路径分歧及我国选择［J］.知识产权，2019（01）.

［31］王笑冰.国外地理标志保护的两大制度模式及国际发展［J］.中华商标，2018（08）.

［32］王灵波.公共信托理论在美国自然资源配置中的作用及启示［J］.苏州大学学报（哲学社会科学版），2018（01）.

［33］冯术杰.论地理标志的法律性质、功能与侵权认定［J］.知识产权，2017（08）.

［34］王笑冰.关联性要素与地理标志法的构造［J］.法学研究，2015，37（03）.

［35］吴彬，刘珊.法国地理标志法律保护制度及对中国的启示［J］.华中农业大

学学报（社会科学版），2013（06）.

［36］洪莹莹，韩志勇，邱丘.地理标志及相关权利属性探析［J］.商业时代，2012（02）.

［37］于飞.侵权法中权利与利益的区分方法［J］.法学研究，2011（04）.

［38］王弈通.论地理标志权的性质［J］.行政与法，2011（02）.

［39］魏丽丽.我国地理标志保护模式的立法选择［J］.合肥工业大学学报（社会科学版），2010，24（03）.

［40］王笑冰，万怡挺.我国参加WTO地理标志谈判的立场和对策［J］.知识产权，2010，20（01）.

［41］金多才.地理标志权的特征、法律属性及其归属辨析［J］.公民与法（法学版），2009（11）.

［42］王春梅.我国地理标志私权保护与模式选择［J］.北方法学，2009（05）.

［43］王肃.集体专有与个体共有：地理标志制度的权利配置［J］.商场现代化，2009（04）.

［44］李亮.论商标权与地理标志权冲突的危害、成因与对策［J］.法律适用，2008（10）.

［45］张玉敏.地理标志的性质和保护模式选择［J］.法学杂志，2007（06）.

［46］王正环，王军哲.公权还是私权：地理标志保护的法律制度选择［J］.科技咨询导报，2006（08）.

［47］王笑冰.我国地理标志保护的问题和对策［J］.电子知识产权，2006（06）.

［48］吴汉东.关于知识产权私权属性的再认识——兼评"知识产权公权化"理论［J］.社会科学，2005（10）.

［49］马晓莉.地理标志权与一般商标权之权利冲突［J］.广西社会科学，2005（08）.

［50］易健雄.地理标志与"地理标志权"考辨［J］.法学杂志，2007（06）.

［51］王莲峰.制定我国地理标志保护法的构想［J］.法学，2005（05）.

［52］张辉.论地理标志权之经济法属性［J］.法学论坛，2005（01）.

［53］冯晓青，刘淑华.试论知识产权的私权属性及其公权化趋向［J］.中国法学，

2004（01）.

［54］李冬梅.地理标志知识产权性质分析及法律对策［J］.大连海事大学学报（社会科学版），2003（01）.

［55］Delphine Marie-Vivien，Estelle Bi é nabe. The Multifaceted Role of the State in the Protection of Geographical Indications：A Worldwide Review［J］. World Development，2017（98）.

［56］VARUDK，BARADAV，DHRUJIU. Geographical indication（GI）of Kesar Mango：A pride of Saurashtra region［J］. International Journal of Innovative Horticulture，2017，6（01）.

［57］Translating terroir：the global challenge of French AOC labeling［J］. Elizabeth Barham.Journal of Rural Studies，2002（01）.

［58］World Intellectual Property Organization.WIPO intellectual property handbook：policy，law and use［M］. New York：World Intellectual Property Organization，2004.

［59］WIPO. Protection Against Unfair Competition—Analysis of the Present World Situation［M］. New York：World Intellectual Property Organization，1994.